Bosquejos biográficos
de José Smith

y de sus progenitores
por varias generaciones

————————

Por Lucy Mack Smith,
madre del Profeta

Smith, Lucy Mack; Manuel Zein; Allam Granados

Bosquejos biográficos de José Smith y de sus progenitores por varias generaciones – Salt Lake City : Historia Publishing, 2018.

ISBN 13: 978-0-692-10554-2

Derechos exclusivos de edición en español
reservados para todo el mundo
© 2018, Manuel Zein
Ilustraciones, Allam Granados, instagram.com/adograna2

Historia Publishing
PO Box 9862, UT 84409, USA
www.delahistoria.com

ISBN 13: 978-0-692-10554-2

Impreso en Argentina

Agradecimientos

Gracias a M. Carmen Ledesma por su invaluable ayuda con la revisión del manuscrito de la traducción. Gracias también a todos los que me ayudaron con donaciones en Patreon mientras terminaba la traducción y la publicaba allí mensualmente, y a todos los que me animaron y apoyaron con este trabajo, incluyendo a mi difunta madre, quien fue la primera lectora y crítica de los primeros capítulos que traduje cuando comencé el proyecto hace años.

Manuel

INTRODUCCIÓN

En su volumen *Lucy's Book*,[1] la versión anotada de la autobiografía de Lucy Smith, la editora Levina Fielding Anderson[1] incluye una excelente historia textual del libro. Según Fielding, este fue el primer y único libro en la historia del mormonismo que fue a la vez condenado en el púlpito y luego impreso por una orden en el mismo púlpito.

---

[1] Todas las referencias, *Lucy's Book, A Critical Edition of Lucy Mack Smith's Family Memoir*, editado por Lavina Fielding Anderson. Salt Lake City: Signature Books, 2001. Este ensayo disponible en línea en http://signaturebookslibrary.org/lucys-book-the-textual-history-of-lucy-mack-smiths-book/

El libro de Lucy Mack es una curiosidad histórica. Ha sido elogiado, criticado, condenado, defendido, recibió una orden de ser destruido por el profeta mismo de la iglesia, Brigham Young, y todo a la vez. Afortunadamente, y a pesar de la orden de destrucción total del libro, ha sobrevivido hasta nuestros días en varias ediciones, y nos permite ver la perspectiva de un pariente tan cercano del profeta fundador mormón sobre su familia y sus pruebas.

El libro no habla de doctrinas, sino que se limita a darnos un vistazo de la dinámica familiar de los Smith desde varias generaciones antes del nacimiento del profeta, a pesar de que, según la autora Jan Shipps, el primer boceto de Lucy sufre de "una cronología algo confusa e información incompleta". Pero, para el historiador Richard L. Bushman, el enfoque del libro no es la exactitud doctrinal, sino que está en "sus pruebas, triunfos, lamentos y felicidades. El orgullo de Lucy era el orgullo de su familia... Su orgullo no se basa en los éxitos de la familia, sino en cómo enfrentaron las adversidades... Lucy Smith honró a quienes triunfaron. Ella hizo que su narrativa fuera la historia de muchos problemas, convirtiendo a la historia de las desdichas de la familia Smith en ejemplos de su carácter".

A los pocos meses del asesinato de José y Hyrum, Martha Jane Knowlton Coray, una conversa en la iglesia a la edad de cinco años, le sugirió a Lucy escribir una historia de su familia para así ella misma entender mejor la vida del profeta. Lucy, quien tenía sesenta y nueve años en ese tiempo, consintió en dictarle a la joven conversa la historia de su familia.

Comenzado en 1844, el libro tardó un año en completarse, produciendo tres bocetos, uno de los cuales fue finalmente obtenido por Orson Pratt, quien lo publicó casi diez años más tarde. Brigham Young quedó enfurecido con el libro, ordenando que cada copia del mismo fuera destruido, considerando que era peligroso que los niños crecieran leyendo las "terribles mentiras" contenidas en el mismo. En 1901-03, una versión "corregida" fue publicada de forma serial en el periódico *Improvement Era*, proyecto aprobado por el entonces presidente de la iglesia Lorenzo Snow.

Hay varias versiones diferentes de cómo Orson Pratt obtuvo el manuscrito de Lucy, pero lo más probable es que Almon W. Babbitt, un líder temprano de la iglesia, lo recibió de Lucy a comienzos de 1853, quien a su vez se lo vendió a Orson Pratt. Acusaciones tardías de Young dicen que Babbitt robó el manuscrito, y de que Pratt lo compró ilegalmente con el único motivo de ganar dinero. Pero si esto fuera cierto, cuando Pratt le escribió a Lucy Mack para pedirle el derecho de publicar el libro, Lucy se hubiera quejado del robo. Podemos afirmar entonces que esta campaña de ensuciar el buen nombre de Pratt no tenía fundamento y que su única intención era, indirectamente, desacreditar al libro.

Lo que sabemos es que cuando Babbitt trató de persuadir a Lucy a mudarse a Utah para seguir al nuevo profeta mormón, Lucy se negó, diciendo que prefería vivir en la pobreza que seguir a Young. "Almon Babbitt", respondió Lucy, "es posible que usted me crea pobre, pero nunca seré lo suficientemente pobre como para convencerme de seguir a Brigham Young".

Este rechazo del nuevo profeta puede haber sido la verdadera razón por el inmediato y rotundo odio de Young hacia el libro de Lucy. Después de todo, cuando Emma se negó a seguir a Young, prefiriendo quedarse en Illinois, Young lanzó un alud de insultos hacia la esposa del difunto profeta fundador. La desobediencia a su liderazgo no era una característica respetada por Young.

En mayo de 1853 Pratt viajó a Liverpool con el manuscrito. Allí arregló para que el impresor de la iglesia, Samuel W. Richards, lo publicara. Según declaraciones de Pratt, publicar el libro costó entre dos y tres mil dólares, aunque nunca recibió ninguna remuneración por su inversión. La edición, aunque basada en el manuscrito de Lucy, probablemente incluye correcciones gramaticales y ortográficas de Pratt, de Richards y del impresor.

En el *Millennial Star* se publicaron varias promociones del libro. En mayo de 1853 apareció lo siguiente:

Pronto a ser publicado, Los progenitores de José Smith, el Profeta, por muchas generaciones. *Esta obra incluirá muchos eventos maravillosos relacionados con el descubrimiento, la traducción del Libro de Mormón y la historia temprana de la Iglesia de Jesucristo de los Santos de los Últimos Días, nunca antes publicados. Los manuscritos que contienen esta información, con la excepción de la porción pertinente al martirio, fueron escritos bajo la dirección e inspección del Profeta. Este trabajo será de tremendo interés para los santos, y será evidencia muy convincente, para todas las naciones, de la divinidad de su grandioso y último mensaje del evangelio.*

Probablemente Orson Pratt realmente pensó que José había estado involucrado en la producción del libro, pero esto habría sido imposible, ya que el manuscrito comenzó a ser dictado meses después del martirio del Profeta.

En octubre de 1853, Pratt le escribió a la "querida madre Smith" para decirle que había comprado "algunos manuscritos tocantes a la vida temprana de José el Profeta" de Almon Babbitt, y para pedirle permiso, como dueña de los derechos reservados del libro, para publicarlo en los Estados Unidos. Él le prometió enviarle "algunas de las mejores copias de Inglaterra", las cuales estarían listas en un par de meses. "En cuanto obtenga los medios, también le enviaré cien dólares en efectivo como regalo. El hermano Babbitt me dijo que usted estaba dispuesta a vender los derechos del libro por \$100, y ojalá pudiera darle más, pero soy pobre y mis circunstancias no me lo permiten. Tal vez, en algún tiempo futuro, me sea posible el ayudarla con más".

En enero del siguiente año, Pratt le envió varias copias, y Lucy le respondió que "he estudiado el asunto y he concluido que usted puede usar [los manuscritos] como mejor le parezca".

Doce años después de su publicación, Brigham Young ordenó a los santos que entregaran sus copias del libro a sus obispos, quienes se las enviarían a él para ser destruidas. La razón dada por el profeta tenía que ver con problemas de inexactitud y con temas doctrinales.

En una carta escrita al *Millennial Star* el 31 de enero de 1855, Young declaró,

Hay muchos errores en la obra intitulada "Esbozos biográficos de José Smith el Profeta, y sus progenitores por muchas generaciones, por Lucy Smith, madre del Profeta"... He tenido una copia de estos esbozos por varios años, y contiene mucha de la historia del Profeta José. Si alguna vez se considera apropiado publicar estos esbozos, no será hecho hasta después de ser cuidadosamente corregidos. Aprovecho esta oportunidad para informar a la mente del público, para que no estén sorprendidos o decepcionados al encontrar discrepancias, y que sepan cuál es la [versión] más confiable, en caso de que una edición corregida sea alguna vez publicada.

Después de tanta crítica pública, Orson publicó esta "disculpa" en el Deseret News:

Fui informado en ese tiempo de que la mayoría de la obra fue escrita bajo la inspección del Profeta, pero gracias a las evidencias recibidas, se cree que la mayoría de los manuscritos no fue revisados por él, ya que hay elementos que se ha determinado que son incorrectos.

Estas imperfecciones indudablemente han surgido de la deteriorada memoria de la anciana y altamente respetada autora, o de la falta de información correcta; o, lo cual es más probable, de la ocasional falta de cuidado por parte de la copista al escribir afirmaciones aisladas de su boca sin un entendimiento suficiente o de su contexto... Si las escuelas de nuestro Territorio introducen esta obra como un libro de lectura, le dará a los jóvenes y a las generaciones futuras algún conocimiento de los hechos e incidentes relacionados con la apertura de la gran dispensación de los últimos días.

En febrero de 1859, Wilford Woodruff recordó cómo Brigham Young lo había instruido para que revisara y corrigiera los *Esbozos biográficos*, lo cual el futuro presidente de la iglesia, junto con George A. Smith, comenzó a hacer inmediatamente.

No se sabe bien por qué Young tenía tanta animosidad contra el libro, pero en 1865 afirmó que tenía que ver con las amorosas palabras por parte de Lucy sobre su hijo William Smith, el hermano del profeta.

[William Smith] juró que deseaba que José nunca regresara, sino que fuera colgado; vino de Misuri injuriando como un diablo, y profiriendo insultos sobre el nombre del Profeta; pero este libro de Madre Smith nos dice que ella sabía que William era uno de los mejores santos de los últimos días. Ella sabía que era incorrecto, que no era así.

Con respecto a las declaraciones de Young de que William había sido representado por su madre como un "fiel hombre de Dios" y un "santo", no hay ninguna referencia tal en el libro de Lucy, por lo que pareciera que Young o no recordó bien lo que leyó o inventó una justificación para explicar su odio por el libro y para justificar su prohibición. O tal vez el hecho de que Lucy no hubiera insultado a su hijo en su libro fue, en la mente de Young, lo mismo que llamarlo un "fiel hombre de Dios". Pero, para ser justos, ¿qué madre amorosa no piensa eso de su hijo?

De Martha Jane Knowlton Coray, Young dijo,

... hay una hermana viviendo en Provo Nauvoo, la hermana Coray, una mujer inteligente y activa, con una mente muy brillante, pero <ella tenía un gran gusto, por lo que entiendo> por la lectura de novelas novedosas. Supongo que, cuando era joven, ella "devoraba" todas las novelas, como dice el dicho, que podía encontrar. Su deseo era ser novelista, <especialmente una escritora novedosa,> y rogó

en Nauvoo el privilegio de escribir la historia de Madre Smith. Nosotros sabíamos que lo estaba haciendo, pero no sabíamos qué estaba escribiendo en ella. Madre Smith estaba muy anciana y olvidadiza, y <apenas> podía recordar <correctamente> algo de lo que había ocurrido. La Srta. Coray <esta mujer> recompilaba pequeños datos de [boca de Madre Smith], y entonces escribía, escribía, escribía en el estilo de una novela y [se lo daba a Madre Smith] para que la leyera. "¿Está bien?". Preguntaba, leyendo lo que había escrito: "Realmente, no me acuerdo; suena muy bien: Supongo que sí". Y así es que fue admitido como historia correcta.

Más tarde, Martha Jane le escribió una carta a Young que suena tanto conciliatoria como defensiva:

Yo fui su memorista durante el tiempo en el que el libro fue escrito. Primero, permítame decirle la causa por la que me encontré en esa posición: Yo era, y había sido desde la edad de trece años, del hábito de anotar todo. Oí y leí lo que tenía particular interés para mí, para así poder preservar los hechos. En ese tiempo yo estaba ocupada, de tiempo en tiempo, en cuanto la ocasión lo permitía, tomando notas de sermones y otras cosas que pensaba que eran confiables, tales como: discursos suyos, de los doce, y de otros hombres responsables cuando notaba que no había ningún secretario presente. Esto hizo que fuera algo simple para mí transmitir al papel lo que la anciana decía, y me llevó a dedicarme a conseguir toda la información posible, para mí y para los niños; además, yo esperaba que sus simples historias pudieran ser recopiladas en un pequeño libro de lectura para niños. Madre Smith estaba, durante todo el tiempo que me narró su historia, en un estado de salud muy pobre, a veces sufriendo grandes dolores a causa del reumatismo y a menudo muy sofocada por una afección [aflicción] del pecho. La nefasta influencia de su malvado hijo William fue otra causa de gran confusión. Hyrum y José estaban muertos, y, por lo tanto, sin la ayuda de ellos, ella trató de completar la obra, confiando mayormente en su memoria, teniendo poco acceso a declaraciones auténticas cuyas correspondientes fechas le podrían haber ayudado. El libro, cuando fue terminado, requirió una revisión cuidadosa por parte de aquellos que poseían mayores facilidades para corregirlo de lo que me era posible a mí. Se prepararon dos manuscritos, una copia le fue dada a Madre Smith, y la otra se la quedó la Iglesia. La primera copia cayó en manos del Sr. Arthur Miliken, el yerno de Madre Smith, y de él fue, he oído, a Don A. W. Babbitt, y después pasó a manos de un editor llamado Sheen, quien se lo vendió a élder Orson Pratt, quien lo llevó a Inglaterra y lo publicó en su estado original. El prefacio, impreso por élder Orson Pratt, dice que el trabajo fue mayormente escrito bajo la supervisión de José Smith; esto no es verdad, ya que no comenzó hasta después de su muerte.

Madre Smith era una mujer amable, afectuosa, noble y buena. Ella se regocijaba en su familia y tenía un deseo natural de perpetuar sus memorias, y al confiar mucho en sus recuerdos, en algunas cosas se equivocó; ¿pero, quién no se ha equivocado? Yo escribí el libro, y mis afirmaciones fueron fieles y verdaderas, tanto como pude enterarme de ellas en ese tiempo; pero al recibir más información, estoy convencida de que contiene muchos errores inevitables, y que no debería ser impreso en su forma actual, y que su impresión debería ser suprimida. Esperé que pasara por las manos del Historiador de la Iglesia, pero como no fue así, su publicación parece <haber sido> inapropiada.

Señor, con respeto y honor, permanezco Su Hermana en los vínculos del sagrado evangelio, M. J. Coray.

Más allá de los errores cronológicos, las fallas de la memoria, y los problemas con las autoridades mormonas contemporáneas, la realidad es que este libro es la memoria de una mujer notable que vivió una vida fascinante y que obviamente amó mucho a su familia; además de ser un objeto histórico como pocos.

Manuel Zein, 15 de marzo, 2018.

PRÓLOGO

Las siguientes páginas, las cuales contienen bosquejos biográficos y la genealogía de José Smith, el Profeta, y de sus progenitores, fueron mayormente escritas antes de la muerte del Profeta y bajo su inspección personal.

La mayoría de los elementos y de los sucesos históricos relatados nunca antes han sido publicados. Serán, por lo tanto, extremadamente interesantes para todos los santos y para los honestos investigadores de la verdad, ofreciéndoles el privilegio de conocer más sobre la vida privada y el carácter de uno de los profetas más grandes que jamás hayan vivido sobre la tierra. Aparte de esto, los eventos que ocurrieron en conexión con la historia de su notable familia son, en sí mismos, del tipo más extraordinario, y de infinita importancia para las generaciones presente y futura.

Ningún evento ocurrido desde la primera venida de nuestro Salvador es de mayor interés que los vinculados con la historia del Profeta José Smith. Cada incidente relacionado con su vida, o con las vidas de sus progenitores, será ansiosamente buscado por futuras generaciones. Los descubrimientos científicos, geográficos, y demás de la edad moderna no tienen ninguna relevancia cuando se comparan con la importancia de los descubrimientos hechos por este gran hombre. Están diseñados por el Todopoderoso para producir las mayores revoluciones morales y físicas que los habitantes de este globo jamás hayan presenciado, revoluciones que, a través de los juicios de Dios, derrocarán y destruirán completamente todos los gobiernos y los reinos que no se sometan a Cristo.

Ante estas consideraciones infinitamente importantes, las siguientes páginas se recomiendan para una lectura cuidadosa y sincera de todas las naciones,

ORSON PRATT, 18

CAP. I
SOLOMON MACK, EL PADRE DE LUCY MACK; EXTRACTO DE SU NARRATIVA.

Mi padre, Solomon Mack, nació en la ciudad de Lyme, en el condado de New London, estado de Connecticut, el 26 de septiembre de 1735. Su padre, Ebenezer Mack, fue un hombre con muchas propiedades, y vivió holgadamente, con toda la consideración y el respeto que siempre se muestran a los que viven en circunstancias favorables y hábitos de estricta moralidad. Por un período de tiempo disfrutó con plenitud de los frutos de su labor. Pero esta situación no continuó para siempre, porque una serie de desgracias le aconteció a mi padre, por las cuales fue reducido a esa extrema condición por la que una familia que una vez fue feliz y próspera se ve obligada a dispersarse y depender de la caridad de un frío mundo sin sentimientos.

Mi padre fue aceptado en la familia de un granjero vecino, donde permaneció hasta que tuvo unos veintiún años de edad, tiempo en el que se alistó en el servicio de su país.

Tengo un bosquejo de la vida de mi padre, escrita por él mismo, en la que se detalla el relato de una de sus cuantiosas campañas, y muchas de sus aventuras mientras estaba en el ejército. De allí extraigo lo siguiente:

"A la edad de veintiún años me fui de la casa de mi maestro. Poco después me alisté en el servicio de mi país, bajo el mando del capitán Henry, y me incorporé al regimiento comandado por el coronel Whiting.

"De Connecticut marchamos a Fort Edwards, en el estado de Nueva York. Participamos en varias batallas, peleamos en Half-Way Brook en 1755. Durante la expedición cogí un fuerte resfriado, el cual me incapacitó para la lucha hasta el regreso del buen tiempo. La siguiente primavera me llevó a Albany.

"En 1757 tuve dos yuntas de bueyes en el servicio del rey, los cuales fueron usados para cargar el equipaje del general. Una mañana cuando fui a uncir a mis yuntas noté que tres de mis bueyes habían desaparecido. Cuando el oficial se enteró, se enojó conmigo, y desenfundando su espada me amenazó con matarme, tras lo cual me ordenó que fuera a buscar otros

1

tres bueyes, lo cual hice, y nos dirigimos con el equipaje hacia el fuerte Edwards, y al día siguiente regresé para tratar de encontrar mis tres bueyes perdidos.

"Mientras estaba viajando, el siguiente evento tuvo lugar: En medio del viaje de Stillwater al fuerte Edwards vi a cuatro indios a unas treinta varas de distancia saliendo del bosque. Estaban dotados con cuchillos para cortar cueros cabelludos, hachas y armas de fuego. Yo estaba solo, pero a unas veinte varas detrás de mí estaba un hombre llamado Webster. Me di cuenta del peligro en el que estaba, y que no había manera de escapar, a menos que lo hiciera usando una artimaña, así que corrí hacia ellos, gritando con toda mi voz, 'apúrense, apúrense muchachos. Viene el diablo'. La única arma que tenía era un bastón, sin embargo, corrí hacia donde estaban, y cuando en ese momento el otro hombre apareció, les dio un susto tan terrible que no los vi más.

"Me apresuré hacia Stillwater el siguiente día, como ya mencioné, y encontrando a mis bueyes después de llegar allí, regresé al fuerte Edwards esa misma noche, a una distancia de siete millas, las cuales estaban cubiertas de densos bosques.

"En 1758, me alisté bajo el mando del mayor Spencer y procedimos inmediatamente a vadear el lago George con una compañía que cruzó en barcas, hacia la orilla occidental, donde tuvimos un encuentro sangriento con el enemigo, en el cual lord Howe cayó al comienzo de la batalla. Sus entrañas fueron extirpadas y enterradas, pero su cuerpo fue embalsamado y llevado a Inglaterra.

"El siguiente día nos encaminamos al fuerte, pero no tuvimos éxito, teniendo que retroceder con una pérdida de quinientos hombres muertos y otros tantos más heridos.

"En este contexto es que escapé, aunque apenas: una bala de mosquete me pasó debajo del mentón, a media pulgada del cuello. El ejército regresó al lago George, y, en su camino hacia allí, una expedición de exploración del enemigo se nos acercó por Skeenesborough, y, en Halfway Brook, destruyó un gran número de hombres, bueyes y caballos. Inmediatamente después del ataque, mil de nuestros hombres fueron enviados a perseguir al enemigo en Skeenesborough, pero cuando llegamos a South Bay, el enemigo estaba completamente fuera de nuestro alcance.

"Acto seguido, el enemigo marchó a Ticonderoga, Nueva York, con el fin de procurar alimentos, después de lo cual procedió a perseguirnos, pero los eludimos adelantándonos hasta Woodcreek y luego hasta el fuerte Ann, donde llegamos el día 13 de ese mes. Apenas llegamos al fuerte cuando los centinelas nos informaron que el enemigo nos estaba rodeando, a consecuencia de lo cual fuimos llamados a las armas. El mayor Putman dirigió la compañía, y el mayor Rogers comandó la retaguardia. Habíamos marchado no más de tres cuartos de milla cuando de repente nos encontramos con una compañía de indios que nos tendieron una emboscada. El mayor Putman comandó a sus hombres a través de sus filas, a lo cual los indios respondieron abriendo fuego, creando confusión entre nuestros hombres. El mayor Putman fue emboscado, y habría sido capturado por los indios si no hubiera sido rescatado por un teniente francés.

"El enemigo se levantó como una nube y dirigió una descarga sobre nosotros. Como yo estaba en la fila delantera, el repliegue de mi compañía me llevó hacia la retaguardia, y las hachas y balas volaron alrededor mío como una tormenta de granizo. Mientras estaba corriendo, vi delante de mí una montaña de elementos destrozados por el viento, tan alta que parecía ser infranqueable, sin embargo, haciendo un gran esfuerzo, pude superarla. Un poco más adelante vi a un hombre muy mal herido en su última batalla, y un grupo de indios acercándosele. Inmediatamente regresé para ayudarle y tuve éxito en ayudarlo a adentrarse en medio de nuestro ejército, donde estuvo seguro.

"En este encuentro, un hombre llamado Gersham Bowley tenía nueve agujeros de bala en sus ropas, pero él no recibió ninguna herida. Ensign Worcester recibió nueve heridas, perdió el cuero cabelludo, y fue golpeado con un hacha, a pesar de lo cual vivió y finalmente se recuperó.

"El encuentro mencionado anteriormente comenzó temprano en la mañana y continuó hasta cerca de las tres de la tarde, cuando la mitad de nuestros hombres estaban muertos, heridos, o hechos prisioneros. Como consecuencia de semejante carnicería, nos vimos obligados a enviar al fuerte Edwards por más hombres para que nos ayudaran a cargar a los heridos, que sumarían unos ochocientos.

"Tuvimos que cargarlos por aproximadamente catorce millas. Cargar tantos hombres fue agotador, tanto fue así que cuando llegamos a nuestra destinación, mis fuerzas estaban extintas.

"Yo marché inmediatamente a Albany con el propósito de obtener provisiones, después de lo cual regresé al ejército tan pronto como las circunstancias me lo permitieron.

"Con la llegada del otoño pude ir a casa, donde permanecí durante el invierno.

"En la primavera de 1759, el ejército se dirigió a Crownpoint, donde fui dado de baja. Ese mismo año conocí a una joven y talentosa mujer, una maestra de escuela llamada Lydia Gates, la hija de Nathan Gates, el cual era un hombre de fortuna que vivía en la ciudad de East Haddam, Connecticut. Esta joven mujer se convirtió en mi esposa poco tiempo después de conocerla.

"Habiendo recibido una considerable suma de dinero por mi servicio en el ejército, y considerando prudente el invertir esa suma en bienes raíces, recibí el contrato de la ciudad entera de Grandville, en el estado de Nueva York. Parte de la estipulación de la escritura requería que pagara una cierta cantidad de dinero, lo cual hice, además de tener que construir varias casas de troncos. Cuando comencé mi parte del contrato, no pasó mucho tiempo antes de que tuviera la desgracia de cortarme la pierna, lo que me obligó a estar al cuidado del médico. Contraté a un hombre para que hiciera el trabajo y le pagué por adelantado, pero se escapó con mi dinero sin hacer su parte del trabajo, y la consecuencia fue que perdí toda mi tierra.

"En 1761 nos mudamos a la localidad de Marlow, donde permanecimos hasta que tuvimos niños. Cuando nos mudamos allí, no era más que un desierto desolado y lóbrego. No más de cuatro familias residían en un área de cuarenta millas. Aquí estuve en una situación en la que pude apreciar más los talentos y virtudes de mi excelente esposa, ya que cuando nuestros hijos no tenían una escuela donde asistir, ella asumió la responsabilidad de su educación, y cumplió su trabajo como educadora como nadie lo podría haber hecho, excepto una madre. Preceptos, acompañados con ejemplos como los de ella, tenían el poder de impresionar a las mentes de los pequeños, y nunca fueron olvidados.

"Además de educarlos en las varias ramas de una educación normal, tenía la costumbre de llamarlos cada mañana y cada tarde para instruirles a orar, mientras les enseñaba la necesidad de amarse los unos a los otros, así como un sentimiento devocional hacia Aquel que los había creado.

"De esta manera fue que mis primeros hijos fueron confirmados en hábitos de piedad, gentileza y reflexión, lo cual les fue de gran ayuda para guiar a aquellos que vinieron después, en el mismo camino de felicidad. La educación de mis hijos hubiera sido una ocupación más difícil si no hubieran heredado tanto de la excelente disposición de su madre.

"En 1776, me alisté en el servicio de mi país, y estuve por una considerable cantidad de tiempo en las fuerzas terrestres, después de lo cual fui con mis dos hijos, Jason y Stephen, a una expedición corsaria, dirigida por el capitán Havens. Al poco tiempo de zarpar fuimos guiados a Horseneck. Pudimos, sin embargo, llevar algunas armas a la costa, donde las usamos contra el enemigo, e intercambiamos muchos disparos con ellos, pero lograron cortar nuestras jarcias y dejaron nuestra nave prácticamente destruida.

"Poco después levamos anclas, pero enseguida divisamos dos galeones, dos balandros, y dos goletas. Prontamente echamos las anclas y nos dirigimos a la costa de nuevo, y apenas tuvimos tiempo de poner cuatro cañones en una posición en la que pudieran ser usados, cuando comenzó un combate sangriento. Las balas de las armas del enemigo partieron el suelo y cortaron las velas. Uno de los galeones rodeó la costa con la intención de destruirnos, pero matamos a cuarenta de sus hombres con nuestras armas pequeñas, lo que causó que el enemigo abandonara su propósito.

"Mi hijo Stephen, acompañado de los grumetes, fue enviado a una casa cerca de la costa con un hombre herido. Cuando entraron en la casa encontraron a una mujer que estaba friendo pasteles, y hallándose alarmada, decidió retirarse a la bodega, diciendo, mientras se marchaba, que los muchachos podían comer los pasteles, ya que ella se iba.

"Los muchachos estaban encantados con la noticia, y terminaron de cocinar y comer los pasteles de la señora, mientras la artillería de los ejércitos enemigos resonaba en sus oídos, esparciendo muerte y destrucción a cada lado. Al mando de este grupo de muchachos estaba Stephen Mack, mi segundo hijo, un intrépido y valiente joven de catorce años.

"El enemigo era muy superior a nosotros en número, pero mantuvimos nuestra posición con tanto valor que decidieron que era mejor retirarse. Poco después izamos las velas y nos dirigimos hacia New London.

"Cuando las hostilidades cesaron, y la paz y tranquilidad se restauró, Nos dirigimos en una nave hacia Liverpool, donde vendimos el bote y la carga y nos embarcamos en la nave del capitán Foster, la cual eventualmente compré, pero luego tuve que vender como consecuencia de tormentas y colisiones, viéndome destituido.

"Traté, por un tiempo, de conseguir más propiedades, teniendo aventuras, pero finalmente regresé a mi familia, después de una ausencia de cuatro años, prácticamente sin un céntimo. Después de esto, tomé la determinación de dejar de perseguir fantasías y decidí dedicar mi vida al servicio de Dios y de mi familia".

Ahora dejo de lado el diario de mi padre, ya que copié tantos fragmentos como me parecieron necesarios para mi propósito, y ahora comienzo la historia de sus hijos.

HISTORIA DE JASON MACK.

Jason, mi hermano mayor, era un muchacho estudioso y varonil. Antes de cumplir dieciséis años, se convirtió en lo que se conoce como un Buscador, y creía que por medio de la oración y la fe podía obtener los dones del evangelio, los cuales tenían los discípulos de Cristo. Jason trabajó incesantemente en convertir a otros a su fe. Él también era de la opinión que Dios manifestaría su poder, en algún tiempo futuro, como lo hizo en los tiempos de la antigüedad, con señas y prodigios.

A la edad de veinte años se convirtió en un pastor del evangelio. Después de esto, formalizó una relación con una joven mujer de noble origen. Ella era el orgullo del lugar donde vivía, no tanto por su espléndida apariencia como por su mente brillante y por su porte majestuoso, junto con una disposición de bondad natural que eran admirablemente apropiadas para el gusto y los principios de mi hermano. Jason se enamoró profundamente de ella, tanto que su corazón era de ella, y era tan fácil para él pensar que podía vivir sin su cabeza como pensar que podría disfrutar su vida sin estar unido a ella en matrimonio. Estos sentimientos, creo yo, eran mutuos, y Jason y ella se comprometieron, pero, mientras estaban haciendo los preparativos para solemnizar sus nupcias, mi padre recibió una carta de Liverpool informando que había una gran cantidad de dinero reservada para él, y que estaba lista para que la fuera a buscar.

El nombre de esta mujer joven era Esther Bruce; ella era del estado de Nuevo Hampshire.

Como consecuencia de esta información, se decidió que el casamiento se postergara hasta su regreso, ya que mi padre deseaba que mi hermano lo acompañara a Liverpool. Mi hermano dejó a su afligida novia con un corazón triste y con la promesa de que le escribiría a ella y a su hermana al menos una vez cada tres meses durante su ausencia. Tres meses después de su partida, como fue acordado, llegó una carta que fue acogida con una cálida recepción, pero nunca más recibimos otra. Un hombre joven que estaba a cargo de la oficina de correos donde ella recibía sus cartas estaba determinado a interferir con mi hermano, si fuera posible, en sus planes nupciales, y obtener su premio él mismo. Primero usó los argumentos más persuasivos para detener el casamiento, pero al ver que no tenía éxito, decidió guardarse las cartas de mi hermano, y criticar el hecho de que nunca escribía. Al ver que sus planes seguían fallando, falsificó una carta que supuestamente era de un amigo de Jason, la cual declaraba que él (Jason Mack) había muerto, y que sus amigos debían dejar de esperarlo. Inmediatamente después de esta carta, el muchacho siguió insistiendo a la novia de mi hermano nuevamente, pero fue rechazado, y siguió siendo rechazado hasta cuatro meses antes del regreso de Jason, cuando le pareció a su novia que había actuado mal con el muchacho y que él era mejor de lo que ella había esperado. Como el tiempo en el que Jason debía haber regresado pasó sin que él volviera, ella pensó que las noticias acerca de su muerte debían ser verdaderos. Así que aceptó la propuesta de matrimonio del muchacho y finalmente se casaron.

En cuanto Jason regresó, fue prontamente a la casa del padre de la muchacha, pero ella había ido al funeral de su hermano, así que entró y se sentó en el mismo cuarto donde le había pedido su mano. Al poco tiempo ella regresó a casa, y cuando lo vio no lo reconoció, pero cuando pudo tener una buena imagen de su cara lo reconoció e inmediatamente se desmayó. Su salud nunca se recuperó del todo, y, durando dos años más, murió víctima de la desilusión.

Jason permaneció en el vecindario por un breve tiempo y después fue al mar, pero no estuvo allí por mucho tiempo. Poco después volvió a predicar, lo cual hizo hasta su muerte.

CAP. III
LOVISA Y LOVINA MACK.

Las historias de Lovisa y Lovina, mis hermanas mayores, están tan conectadas e interrelacionadas, que ni siquiera voy a tratar de separarlas.

Ambas eran una en fe, amor, acción, y en esperanza de vida eterna. Siempre estaban juntas, y cuando fueron lo suficientemente maduras para entender las responsabilidades de un cristiano, estaban unidas en voces de oración y canciones de adoración a Dios. Este amor fraternal creció con los años, y se fortaleció con el desarrollo de sus intelectos. El rumbo de sus vidas nunca estuvo cubierto con una sombra de oscuridad hasta el día que Lovisa se casó y se fue de la casa, lo cual dejó a Lovina muy solitaria.

Unos dos años después de su casamiento, Lovisa se enfermó gravemente y envió a buscar a Lovina. Lovina, como era de esperar, fue inmediatamente y permaneció con su hermana durante su enfermedad, la cual duró dos años, desconcertando a los doctores de más experiencia, pero después de este período se recuperó un poco y mostró síntomas de alivio.

Paso a relatar un hecho relacionado con su enfermedad que va a tentar la credulidad de muchos lectores, y sin embargo cientos fueron testigos, y sin duda muchos viven aún hoy, quienes, si pudieran, testificarían de lo que estoy por mencionar.

Como dije anteriormente, después de dos años comenzó a mostrar signos de convalecencia, pero pronto le acometió otro ataque, y empeoró más y más hasta que perdió la voz, y en tan mala situación que sus sirvientes no podían ni siquiera darle vuelta en su cama. No comía nada, excepto un poco de arroz y agua, y permaneció en esta condición tres días y tres noches. En la tercera noche, a eso de las dos de la mañana, pronunció débilmente el nombre de Lovina, quien la había cuidado continuamente como un ángel guardián, observando cada pequeño cambio y síntoma con la emoción más profunda. Sorprendida al escuchar la voz de Lovisa, Lovina se agachó sobre la consumida figura de su hermana con gran interés, y dijo "¡Hermana, hermana! ¿Qué deseas?".

Lovisa entonces respondió con gran resolución, "el Señor me ha sanado el alma y el cuerpo. Levántame y dame mis ropas, quiero salir de la cama".

Su esposo pidió a los presentes que hicieran lo que ella pedía, ya que probablemente era una breve recuperación antes de morir y que no debía ser contradicha en sus últimos momentos.

Se hizo lo que pidió, aunque con renuencia, ya que todos suponían que podría vivir unos momentos más si no agotaba la poca energía que le quedaba haciendo semejante esfuerzo.

Habiéndola levantado, le ayudaron a vestirse, y aunque se le dislocaron ambos tobillos cuando pudo ponerse en pie, se negó a volver a la cama, insistió en que la sentaran en una silla, y pidió que le masajearan los pies delicadamente para hacer que sus tobillos volvieran a su lugar. Acto seguido, le pidió a su esposo que le trajera un poco de vino, diciendo que, si lo hacía, ella estaría bien por el momento.

Poco después nos pidió que le ayudáramos a cruzar la calle y que la lleváramos a la casa de su suegro, el cual estaba en ese momento en cama, gravemente enfermo. Cuando entró en la casa, el hombre exclamó con gran sorpresa, "Lovisa está muerta y su espíritu ha venido a comunicarme que pronto voy a dejar este mundo". "No, padre", dijo ella, "Dios me ha levantado y me ha pedido que viniera a decirte que te prepares para tu partida". Conversaron por cerca de una hora, y con la ayuda de su esposo y de los que estaban presentes esa noche, cruzó la calle otra vez, esta vez a su propio departamento.

Cuando la gente en otras localidades se enteró de lo que pasó, una gran multitud de gente vino para escuchar y ver tan extraña y maravillosa circunstancia. Ella habló con ellos por un breve momento y cantó un himno, después de lo cual se despidió y prometió que los vería el próximo día en la iglesia, donde les contaría todo acerca de la extraña manera en la que se había curado.

Al día siguiente, y tal como lo había prometido, fue a la iglesia, donde una gran congregación se había reunido. Al poco tiempo de entrar en el edificio, el ministro se levantó y dijo que ya que tantos en la congregación habían venido a escuchar sin duda la historia de tan extraño evento que había acontecido en el vecindario, y que él mismo estaba más interesado en ello que en escuchar un discurso del evangelio, le daría el resto del tiempo a la señora Tuttle.

El ministro le pidió que cantara un himno, lo cual ella hizo, y su voz sonó tan clara y alta como siempre. Después de cantar se levantó y habló a la audiencia de la siguiente manera: "Me pareció que fui trasladada al mundo de los espíritus, donde vi al Salvador, como si fuera a través de un velo tan espeso como una tela de araña, y me dijo que debía regresar para advertir a la gente que se prepararan para sus días finales, y que debía exhortarles que fueran cuidadosos y que oraran, y que debía declarar fielmente sus responsabilidades con el Señor y de la certeza que eventualmente serían llamados a ser juzgados por Cristo, y que si lo hacía mi vida sería prolongada". Después de ello, habló mucho sobre las incertidumbres de la vida.

Cuando se sentó, su esposo, su hermana, y todos los que habían estado presente la noche anterior se levantaron y testificaron de su apariencia el momento antes de su pronta recuperación.

Lovina continuó predicando valientemente por el espacio de tres años, después de los cuales se vio afligida por la tuberculosis, la cual acabó con su vida terrenal.

Poco después de que la salud de Lovisa fuera restaurada en tan milagrosa manera, le dio una tos muy severa que concluyó en tuberculosis, como lo mencioné anteriormente. Vivió tres años más, durante los cuales habló con mucha calma de su futura disolución, contemplando su muerte con la serenidad que es característica de los últimos momentos de aquellos que temen a Dios y caminan firmemente enfrente de Él. Les recordó a sus jóvenes amigos que la vida en esta tierra no es eterna, y de ahí la necesidad de ver más allá de este valle de lágrimas hacia una herencia gloriosa, "donde los meses no nos corrompen, y donde los ladrones no nos pueden robar".

Durante su enfermedad, la responsabilidad de cuidarla recayó sobre mí. La labor, a pesar de ser una tarea melancólica, fue realizada con alegría. A pesar de que ella recibió mucha atención por parte de familiares y amigos, nunca estuve fuera de su presencia por más de una hora. Una noche, poco antes de respirar su último aliento, me despertó y me pidió que llamara a nuestro padre y a nuestra madre, ya que deseaba verlos porque estaba a punto de abandonarnos. Cuando entraron al cuarto, les dijo, "Padre y madre, estoy ahora muriendo, y quisiera que mis conocidos vengan para que pueda hablar con ellos antes de morir". Me pidió que la sentara en una silla, y en cuanto los jóvenes que había llamado se sentaron, ella comenzó a hablar. Después de hablar por un corto tiempo, se detuvo, y dirigiéndose a su madre, dijo, "Madre, ¿puedes traerme algo de comer? Esta es la última vez que me alimentaras en este mundo". Cuando mi madre cumplió con su pedido, mi hermana comió un poco, con aparente buen apetito, y devolviéndole el plato a mi madre, dijo "Gracias, madre. Ahora nunca más tendrás que darme de comer".

Después de comer, se dirigió a la compañía y les dijo las siguientes palabras: "No sé cuándo recibí un gran cambio en mi corazón, pero creo que fue cuando tenía diez años. Dios, en ese tiempo, escuchó mis oraciones y perdonó mis pecados, y desde entonces me decidí a servirlo de la mejor manera posible. Les he llamado aquí para darles mi última advertencia, para decirles adiós y para rogarles que me encuentren en el lugar donde no hay más partidas".

Poco después, levantando sus manos y mirándolas como quien mira algo nuevo y sin importancia, dijo, con una sonrisa en su rostro: "Vean, la sangre se está fijando bajo mis uñas". Poniendo los dedos de la mano izquierda encima de la derecha, continuó: "Hace frío allí. Pronto esta carne mortal será comida por los gusanos", y mirándome, dijo "Hermana Lucy, ¿me ayudas a ir a la cama?".

Hice lo que me pidió, llevándola en mis brazos como quien carga a un niño. A pesar de que tenía solo trece años, ella estaba tan consumida que podía cargarla con considerable facilidad.

Mientras la estaba llevando a la cama, mi mano se resbaló. Ella gritó, "¡Oh, hermana! ¡Eso dolió!". Esto me causó mucha amargura. Yo entendía que esto sería lo último que haría por ella, y el saber que le había causado dolor en su lecho de muerte me lastimó mucho.

Poco después, ella pasó su mano por la cara y dijo, "Mi nariz está muy fría". Doblándose un poco en la cama, y enderezándose, continuó, "Padre, madre, hermano, hermana, y queridos amigos, adiós. Ahora voy a descansar, prepárense para seguirme, porque

"¡Muerte! Este es un día melancólico
Para aquellos que no tienen Dios,
Cuando la pobre alma es obligada
A buscar su última morada.
"En vano hacia los cielos levanta sus ojos;
Pero la culpa, una pesada cadena,
La arrastra desde los cielos,

A la oscuridad, el fuego, el dolor.
"Despiértense y lamenten, herederos del infierno,
Dejen que los obstinados pecadores teman;
¡Ustedes deben ser conducidos desde la tierra, y morar
Por siempre allí!
Miren cómo el hoyo se agranda para ustedes,
Y brilla en sus caras;
Y tú, mi alma, mira también hacia abajo,
Y canta la gracia que rescata.
"Él es un Dios de amor soberano,
Quien me prometió el cielo,
Y les enseñó a mis pensamientos a elevarse
Donde los felices espíritus están.
"Prepárame, Señor, para tu mano derecha,
Entonces vendrá el día alegre,
Ven, muerte, y alguna banda celestial,
A llevar mi alma".

Después de repetir este himno, cruzó sus manos sobre su pecho y cerró sus ojos para siempre.

Habiendo contado el fin de la vida de Lovina, ahora regreso a Lovisa, de quien debo contar la escena final de su carrera mortal.

Unos pocos meses después de la muerte de mi hermana Lovina, mi padre recibió una carta de South Hadley en la que nos contaba que Lovisa estaba muy enferma de tuberculosis y que deseaba que viniera a verla en cuanto le fuera posible, ya que no esperaba vivir más que un corto tiempo.

Mi padre partió inmediatamente, y cuando llegó allí la encontró en una mejor condición de la que esperaba. Unos pocos días después de que él llegara allí, ella decidió en su corazón que regresaría con él. A esto, nuestro padre consintió de mala gana, y, después de hacer todos los preparativos necesarios, partieron hacia Gilsum.

Viajaron por unas cuatro millas y llegaron a la posada de un hombre llamado Taft. Una vez allí, padre paró y le preguntó si no quería descansar por unos días para poder recuperarse, a lo que ella respondió que sí. Con la ayuda del dueño de la posada, ella estuvo en poco tiempo sentada en una silla cómoda. Mi padre fue al cuarto contiguo para buscarle un poco de vino y agua. No estuvo ausente más que un momento, pero cuando regresó ya era demasiado tarde: su espíritu había abandonado su

13

tabernáculo mortal para nunca más volver, llamada por la trompeta del arcángel.

Mi padre inmediatamente escribió una carta a mi madre informándole de la muerte de Lovisa, para que al ver el cuerpo de su hija no fuera demasiado impactante para ella. En cuanto pudo conseguir un ataúd, reanudó su viaje hacia Gilsum, a una distancia de cincuenta millas.

Lovisa fue enterrada al lado de su hermana Lovina, tal como lo había pedido.

Esta es parte de un himno compuesto por ella misma, unos días antes de perecer:

Señor, que mis pensamientos se vuelvan a Ti
Levanta alto mi apesadumbrada alma
¿No regresarás a mí, Oh, Señor?
Con misericordia, Padre, aquí muero.
Mis pensamientos ahora se elevan,
Oh, llena mi alma con amor celestial.
Padre y madre, adiós;
Y esposo, compañero de mi vida,
Ve a los hijos de mi padre, diles
Que tu esposa no vive más en esta tierra,
Que mientras ella moraba en esta pesada arcilla
Oraba por ellos de día y de noche.
Amigos, adiós,
El Señor ha llamado, y debo partir,
Y todos los placeres de esta vana tierra
Son de poco valor para mí;
Será lo mismo para ustedes como es para mí
Cuando estén tan cerca de la eternidad.

Así se cierra este lastimero recital, y cuando pase con mis lectores al próximo capítulo, ellos probablemente olvidarán la compasión que sintieron al leer este capítulo, pero yo no me olvidaré mientras me dure la vida.

CAP. IV
LA SUERTE DE STEPHEN MACK.

Mi hermano Stephen, quien le seguía en edad a Jason, nació en la localidad de Marlos, el 15 de junio de 1766.

No hablaré sobre su infancia, y no diré nada sobre él hasta que llegó a la edad de catorce años, edad en la que se alistó en el ejército. Estas fueron las circunstancias que rodearon este evento:

Un oficial reclutador vino al vecindario para alistar a algunos soldados para la Guerra de la revolución, y llamó a una compañía de milicia, a la cual pertenecía mi hermano, para llevar a los que estaban mejor cualificados para responder a sus obligaciones militares. Mi hermano, quien estaba ansioso de ir al ejército, estaba tan preocupado de ser ignorado a causa de su edad que grandes gotas de sudor le rodaron por la cara, y tembló tanto como una hoja al viento. Por suerte el oficial le eligió entre otros, así que pudo entrar al ejército y permaneció al servicio de su país hasta que cumplió diecisiete años. Durante ese tiempo estuvo en muchas batallas, tanto en tierra como en el mar, y muchas veces escapó por poco de morir de hambre, pero, de acuerdo con su propia versión, cada vez que estuvo en una situación en la que debía reconocer su dependencia del Señor, la mano de la providencia siempre lo rescató.

Hace poco encontré a un conocido de mi hermano Stephen, y le pedí que me diera algunos datos que recordara con respecto a mi hermano, y él escribió la siguiente historia, breve pero exhaustiva, para la gratificación de mis lectores:

"Yo, Horace Stanly, nací en Tunbridge, condado de Orange, Vermont, el 21 de agosto de 1798. Conocí de manera personal al comandante Mack y a su familia desde que tengo memoria, ya que vivimos en el mismo municipio, a menos de dos kilómetros y medio de la granja del comandante, a unos tres kilómetros de su tienda, y a trece kilómetros de Chelsea, la capital del condado de Orange, donde él administraba la mayoría de sus negocios mercantiles y metalúrgicos.

"Mi hermano mayor fue a aprender el negocio mercantil con los hombres del comandante. El comandante, siendo un hombre industrioso, energético en los negocios, y poseído por un alto grado de patriotismo, en el año 1800 (si recuerdo bien) emprendió operaciones comerciales con los indios de la frontera de Detroit.

"Dejó a su familia en Tunbridge, en su granja, y mientras estaba ocupado en su negocio en Detroit los visitaba a veces una vez por año, una vez cada año y medio, o cada dos años, dependiendo de su capacidad.

"Visité Detroit el primero de noviembre de 1820, donde encontré al comandante negociando a gran escala, con seis trabajadores en una tienda; además, tenía muchas otras tiendas en el territorio de Michigan, así como en otras partes de Ohio.

"Su negocio en Pontiac era principalmente la agricultura y la construcción, pero para poder acomodar estas dos ramas de su negocio, abrió una fábrica de harina y un aserradero, y después agregó varios mecanismos al edificio. Construyó un camino de Detroit a Pontiac con su propio dinero, y también hizo otras obras públicas con el propósito de dar trabajo a los pobres.

"Él nunca alentó la pereza, o a aquellos que creían que eran demasiado importantes para hacer algún trabajo. En 1828, habiendo estado ausente de Detroit por un breve tiempo, regresé. El comandante era miembro del concilio del territorio, y era responsable en gran parte de su nueva prosperidad y de la extensión de su asentamiento, y era un dicho común que él había hecho más por ese territorio que cualquier otro individuo.

"En breve, el comandante fue un hombre de talentos de primer nivel. Era enérgico e incansable. Siempre alentó el trabajo duro, y era muy cuidadoso en cómo destinaba sus actos de caridad.

"Con respeto,

"Horace Stanly".

Mi hermano estaba en la ciudad de Detroit en 1812, el año en que Hull entregó sus territorios a la corona británica. Mi hermano, siendo famoso por su destreza, fue seleccionado por el general Hull para comandar una compañía como capitán. Después de un breve servicio en ese oficio, fue ordenado a rendirse. Esto causó que su indignación se elevara a los niveles más altos, tanto fue así que rompió su espada en sus rodillas, y, tirándola al lago, exclamó que nunca se subyugaría a un compromiso tan humillante mientras la sangre de un americano corriera por sus venas.

Esto ocasionó una venganza especial por parte del ejército en contra de él, y sus propiedades habrían sido sin duda sacrificadas si se hubiera conocido la situación de sus negocios. Pero no sabían nada de sus tiendas e industrias, ya que su ama de llaves los había engañado usando una estratagema que nos fue relatada por el señor Stanley:

"Al tiempo de la rendición de Detroit, y cuando todavía no se había mudado con su familia, el comandante Mack tenía una señora mayor, Trotwine de nombre, que era su ama de llaves. La señora aceptó a algunos de los oficiales ingleses más distinguidos como huéspedes. Ella defendió la conducta de estos oficiales con los yanquis, y, usando su tacto y sagacidad, ganó su estima y se aseguró, gracias a ellos, la buena voluntad de todos los soldados y previno que quemaran (como se les había ordenado) su tienda y hogar, los cuales eran esplendidos edificios.

"El comandante Mack nunca olvidó este servicio proveído por la señora, y desde ese momento la mantuvo con gran generosidad".

Así fue que una gran cantidad de bienes y dinero fueron rescatados de las manos del enemigo. Pero eso no es todo: el ama de llaves se enteró que otros establecimientos pertenecientes al comandante estaban por ser quemados, y, sin esperar a consultar con él, fue inmediatamente a la tienda y tomó varios miles de dólares de la caja, los cuales escondió de los ingleses hasta que abandonaron la ciudad. El edificio y los bienes fueron quemados.

En cuanto los ingleses abandonaron el territorio, recomenzó sus negocios y mudó a su familia de Tunbridge a Detroit. Allí permanecieron por un breve período de tiempo, después del cual se mudaron a Pontiac, y en cuanto estuvieron bien establecidos en este lugar, él mismo fue a la ciudad de Rochester, donde construyó un aserradero.

Pero en medio de su prosperidad, fue obligado a experimentar otro tipo de existencia, con apenas un momento de advertencia, ya que estuvo enfermo por solo cuatro días desde el momento en que contrajo la enfermedad hasta que murió, e incluso en el cuarto día, y en la última hora de su enfermedad, nadie había supuesto que fuera algo grave, hasta que su hijo, quien estaba sentado a su lado, descubrió que estaba muriendo.

Dejó a su familia con una cantidad de cincuenta mil dólares en dinero y propiedades, libres de preocupaciones.

CAP. V
LYDIA MACK, TERCERA HIJA DE SOLOMON MACK.

No diré mucho de mi hermana Lydia, no porque la amaba menos, o porque sea menos digna de mención, sino porque ella parecía flotar más con la corriente de eventos normales que aquellos que han ocupado estas páginas hasta ahora, por lo tanto, la afligieron menos incidentes memorables.

Buscó riquezas y las obtuvo, pero siempre, incluso en sus días de prosperidad, recordó a los pobres, y dio de su sustancia a los necesitados con una mano liberal hasta el fin de sus días y murió siendo objeto de cariño. Fue amada en muerte tanto como fue amada en vida.

CAP. VI
DANIEL MACK; RESCATA A TRES HOMBRES DE UNA TUMBA DE AGUA.

Daniel es el siguiente en edad. Él tenía una mentalidad mundana, pero no era vicioso, y si tenía alguna característica en particular era esta, que poseía un espíritu audaz y filantrópico, el cual lo llevó a extender una mano de ayuda a aquellos cuyas vidas estaban expuestas en situaciones peligrosas, aun poniendo en riesgo su propia vida. Por ejemplo, una vez estaba parado en el banco del río Miller, en la localidad de Montague, en compañía de otros cuando alguien propuso ir a nadar. Daniel se opuso, diciendo que era muy peligroso, pero estaban determinados a ir, y tres entraron al río; pero, yendo demasiado lejos de la orilla, fueron dominados por la corriente y una especie de remolino, en el cual fueron atrapados, y se hundieron inmediatamente.

Al ver esto, Daniel dijo, "Caballeros, estos hombres se están ahogando. ¿Quién arriesgará su vida para ayudarles?". Nadie respondió. Daniel se tiró al agua, y, nadando hasta el fondo, encontró a uno de los hombres atrapado en unas raíces. Daniel lo tomó y arrancó las raíces en las que estaba encajado y lo trajo hacia la superficie y dijo a los espectadores que trajeran un barril en el que lo pudieran rodar para que así pudiera escupir el agua que había tragado. Enseguida volvió al agua y encontró a los otros dos en la misma situación que el primero, y los rescató de manera similar.

Después de hacerlos rodar por un breve momento en el barril, los llevó a una casa y les dio toda la atención que necesitaban hasta que se recuperaron lo suficiente como para poder hablar. En cuanto recuperaron el habla, uno de ellos, fijando sus ojos en Daniel, dijo, "Señor Mack, tenemos razón para considerarlo nuestro salvador, ya que nos ha rescatado de una tumba de agua, y desearía poder vivir siempre cerca de usted. Ahora sabemos que no solamente tiene sabiduría para aconsejar, sino que cuando alguien desobedece su consejo, usted aún tiene la grandeza de alma para arriesgar su vida para salvar a su prójimo. No, nunca lo dejaré mientras viva, ya que quiero que sepa que siempre lo recordaré, y que nunca volveré a ignorar su consejo".

En esto estuvieron todos de acuerdo, y vivieron su promesa por el resto de sus vidas.

CAP. VII
SOLOMON MACK.

Mi hermano menor, Solomon, nació y se casó en el municipio de Gilsum, estado de Nuevo Hampshire, donde todavía vive, y a pesar de ser de muy avanzada edad, nunca viajó más lejos que Boston, a donde va dos veces por año para hacer negocios.

En esta región montañosa, Solomon ha acumulado campos, rebaños, y manadas, las cuales crecen y se multiplican en las montañas. La gente lo ha conocido por al menos veinte años como capitán Solomon Mack, de Gilsum; pero él habla por sí mismo, y como yo hablo mayormente por aquellos que han perecido, y no por los vivos, lo dejaré, esperando que, como él ha vivido en paz con todos los hombres, muera de manera feliz.

He dado una breve historia de toda la familia de mi padre, excepto por mí misma; y lo que he escrito ha sido hecho con la intención de ejecutar una obligación que considero que vive en mí en cuanto todos han perecido excepto por mí y mi hermano menor. Y rara vez encuentro a alguien que he conocido en mis muchos años, y me veo obligada a exclamar, "¡Los amigos de mi juventud! ¿Dónde están?". Y la tumba responde "¡Aquí están!". Pero, a través de mí,

"Con prudencia la verdad insiste en sus reclamos, suponiendo
En nombres que ahora se encuentran solo en libros y tumbas".

CAP. VIII
VIDA TEMPRANA DE LUCY MACK; SU MATRIMONIO CON JOSÉ SMITH.

Ahora comienzo la historia de mi propia vida. Nací en la localidad de Gilsum, condado de Cheshire, estado de Nuevo Hampshire, el ocho de julio de 1776.

Cuando cumplí ocho años, mi mamá se enfermó gravemente. Estaba en tan grave condición que ella, lo mismo que sus amigos, perdieron la esperanza de que se recuperaría. Durante su enfermedad llamó a sus hijos alrededor de la cama y, después de exhortarlos a que recordaran las instrucciones que les había dado, temer a Dios y caminar de manera honrada en frente de Él, me presentó a mi hermano Stephen, pidiéndole que me criara como si fuera su propia hija, después de lo cual se despidió de todos.

Mi hermano prometió hacer esto, pero como mi madre se recuperó enseguida, no fue necesario, y yo permanecí en la casa de mi padre hasta que mi hermana Lovisa se casó. Poco después fui a South Hadley, para visitar a Lovisa.

Regresé a la casa de mis padres unos seis meses después, y permanecí con ellos en Gilsum hasta la muerte de Lovina. Poco tiempo después, mi hermano Stephen, quien estaba viviendo en Tunbridge, Vermont, vino a visitarnos a la casa de mi padre, e insistió tanto en que lo acompañara a su casa que mis padres consintieron. La pena ocasionada por la muerte de Lovina me afectó tan gravemente que amenazó mi salud con una herida muy seria, y mi familia tenía la esperanza de que ir con mi hermano me ayudaría a distraerme y a recuperar mi salud. Mi condición era cavilosa y melancólica, y frecuentemente pensaba que la vida no valía la pena vivirla.

En medio de tal ansiedad mental, me determiné a obtener aquello de lo que había escuchado en el púlpito tantas veces: un cambio de corazón.

Para lograr esto, pasé mucho tiempo leyendo la biblia y orando, pero a pesar de mi gran ansiedad por experimentar un cambio de corazón, otra preocupación interfería mis meditaciones: Si no me hacía miembro de alguna iglesia, las gentes religiosas dirían que soy del mundo, y si me unía a alguna de las muchas denominaciones religiosas, la gente perteneciente a otras iglesias me diría que estaba equivocada. Ninguna iglesia admitiría que estaba en lo correcto excepto aquella de la que fuera miembro. Todas testificaban en contra de las otras, ¡y cómo podía decidirme si ninguna era como la iglesia de Cristo tal como existía en los días de la antigüedad!

Mientras estuve en Tunbridge, conocí a un hombre joven llamado José Smith, con quien eventualmente me casé.

Permanecí con mi hermano un año, después de lo cual regresé a casa. Había estado en mi casa por un breve tiempo cuando mi hermano vino a visitarme e insistió tanto en que volviera con él, que decidí hacerlo. Esta vez permanecí con él hasta el día de mi casamiento, el siguiente enero.

CAP. IX
SIETE GENERACIONES DE LA FAMILIA SMITH; CUATRO GENERACIONES DE LA FAMILIA MACK.

Aquí quisiera dar la historia temprana de mi esposo, ya que muchos factores pueden ser mencionados, que sin duda serán de mucho interés; pero, como no soy capaz de darlos en orden, no lo intentaré, y en su lugar insertaré un manuscrito del registro de mi familia, comenzando con Samuel Smith, quien fue el hijo de Robert y Mary Smith, quienes vinieron de Inglaterra.

El mencionado Samuel Smith nació el 26 de enero, 1666, en Toppsfleld, condado de Essex, Massachusetts, y se casó con Rebecca Curtis, hija de John Curtis, el 25 de enero, 1707.

Hijos de Samuel y Rebecca Smith

NOMBRE.	NACIÓ.	CASAMIENTO.	MURIÓ.
Phebe	8 de ene, 1708	Con Steph. Averel	
1ª Mary	14 de ago., 1711	Con Amos Towne	
2º Samuel	26 de ene, 1714	Con Priscilla Gould	14 de Nov. 1785
Rebecca	1 de oct, 1715	Con John Batch	
Elizabeth	8 de jul, 1718	Con Elizer Gould	Marzo, 1753
Hephzibah	12 de mayo, 1722	Con Wm. Gallop	15 de mayo, 1774
Robert	25 de abr, 1724		
Susanna	2 de mayo, 1726	....	5 de mayo, 1741
Hannah	5 de abr, 1729	Con John Peabody	17 de ago. 1764

1.ᵉʳ Samuel Smith murió el 12 de julio, 1748.
Su esposa Rebecca Smith, el 2 de marzo, 1753.

24

Hijos del 2.o Samuel y la 1a Priscilla Smith, el cual Samuel era el hijo del 1.er Samuel y de Rebecca Smith.

NOMBRE.	NACIÓ.	CASAMIENTO.	MURIÓ.
Priscilla	26 de sept, 1735	Con Jacob Kimball 15 de sept., 1755	
3.ero Samuel	28 de oct, 1737	Con Rebecca Towne 2 de ene., 1760	
Vasta	5 de oct, 1739	Con Solomon Curtis 15 de sept., 1763 La 2ª vez con Jacob Hobbs, 1767	
Susanna	24 de ene, 1742	Con Isaac Hobbs 1776	
1.er Asael	1 de mar, 1744	Con Mary Duty 12 de feb., 1761	

Hijos del 1.er Asael y Mary Smith, el cual Asael era el hijo del 2.o Asael y de Priscilla Smith.

NOMBRE.	NACIÓ.	CASAMIENTO.	MURIÓ.
1.er Jesse	20 de abr, 1768	Con Hanh. Peabody 20 de ene., 1792	
Proscilla	27 de oct, 1769	Con John C. Waller 24 de ago., 1796	
1.er José	12 de jul, 1771	Con Lucy Mack 24 de ene., 1796	14 sep., 1840
2.º Asael	21 de mayo, 1773	Betsy Schillinger 21 de mar., 1802	
Mary	4 de jun, 1775	Con Israel Pearce	

4.° Samuel	15 de sep, 1777		
1.er Silas	1 de oct, 1779	Con Ruth Stevens, 29 de ene, 1805. La segunda vez Con Mary Atkins 4 de mar, 1828	
1.er John	16 de jul, 1781	Con Clarissa Lyman 11 de sep, 1815	
3.era Susanna	18 de mayo, 1783		
Stephen	17 de abr, 1785		25 jul, 1802
Sarah	17 de mayo, 1789	Con José Sanford 15 de oct, 1809.	27 mayo, 1824

Hijos del 1.er Jesse y Hannah Smith; el cual Jesse era el hijo del 1.er Asael y Mary Smith.

Benjamin G.	nació el	2 de mar., 1793
Eliza,	"	9 de mar., 1795.
Ira,	"	30 de ene.,1797.
Harvy,	"	1 de abr., 1799.
Harriet,	"	8 de abr., 1801.
Stephen,	"	2 de may, 1803.
Mary,	"	4 de may, 1805.
Catherine,	"	13 de jul,1807.
Boyal,	"	2 de jul, 1809.
Sarah,	"	16 de dic.,1810.

Hijos de John C. y Priscilla Waller; la cual Priscilla era la hija del 1.er Asael Smith.

Calvin C.	nació el	6 de jun., 1797
Dolly,	"	16 de oct., 1799

Marshall,	"	18 de mayo, 1801
Royal,	"	29 de nov., 1802
Dudley C.	"	29 de sep., 1804
Bushrod	"	18 de oct., 1806
Silas B.	"	1 de ene., 1809
Sally P.	"	31 de oct., 1810
John H.	"	9 de sep., 1812

Hijos del 1.er José y Lucy Smith; el cual José era el hijo del 1.er Asael y Mary Smith.

NOMBRE.	NACIÓ.	CASAMIENTO.	MURIÓ.
Alvil	11 de feb., 1799		19 de nov., 1824
Hyrum	9 de feb., 1800 Tunbridge, Vermont.	Con Jerusha Barden, 2 de nov., 1826 Manchester, N.Y. Con Mary Fielding, 1837.	Asesinado por una turba, 27 de jun., 1844, en la cárcel de Carthage, co. de Hancock, Illinois, mientras estaba bajo protección del Gob. Thos. Ford.
Sofronia	18 de mayo, 1803 Tunbridge, Vermont.	Con Calvin Stodard 2 de dic., 1827, Palmyra, N.Y.	19 de nov., 1824
2º José	23 de dic., 1805	Con Emma Hale, hija de Isaac Hale, en South Bainbridge, co. de Chenango, N.Y., 18 de ene., 1827	Asesinado por una turba, 27 de jun., 1844, en la cárcel de Carthage, co. de Hancock, Illinois, mientras estaba

			bajo protección del Gob. Thos. Ford.
5º Samuel	13 de mar., 1808 Tunbridge, Vermont.	Con Mary Bailey, 13 de ago., 1834 Con Levira Clark, 29 de abr., 1842	30 de julio 1844 de una fiebre, causada por esfuerzo excesivo tratando de escapar de una turba, cuando sus hermanos fueron asesinados.
Ephraim	13 de mar., 1810		24 de mar., 1810
William	13 de mar., 1811 Royalton, Vermont.	Con Caroline Grant Hija de Joshua Grant, 13 de feb., 1833	
Catherine	8 de jul., 1812 Lebanon, N. Hampshire	Con Wilkins J. Salisbury 8 de ene., 1831	
Don Carlos	25 de mar., 1816	Con Agnes Coolbrith, 30 de julio, 1835, Kirtland, Ohio	7 de ago., 1841
Lucy	18 de julio, 1821	Con Arth., Miliken, 4 de junio, 1840, Nauvoo	

Hijos del 2.º Asael y Betsy Smith; el cual Asael era el hijo del 1.ᵉʳ Asael y Mary Smith.

Elias,   nació el   6 de sep., 1804.

Emily,	"	1 de sep., 1806.
2.° Jesse J.	"	6 de oct., 1808.
Esther,	"	20 de sep., 1810.
Mary J.	"	28 de abril, 1813.
Julia P.	"	4 de marzo, 1815.
Martha,	"	9 de junio, 1817.
2.° Silas,	"	5 de junio, 1822.

Hijos de Israel y Mary Pearce; la cual Mary era la hija del 1.ᵉʳ Asael y Mary Smith.

Eunice,	nació el	29 de abril, 1799.
Miranda,	"	17 de junio, 1803.
Horace,	"	8 de junio, 1805.
John S.	"	6 de marzo, 1807.
Susan,	"	20 de junio, 1809.
Mary,	"	25 de abril, 1811.
Laura,	"	8 de feb., 1814.
Eliza A.	"	2 de sep., 1817.

Hijos del 1.ᵉʳ Silas y Ruth Smith; el cual Silas era el hijo del 1.ᵉʳ Asael y Mary Smith.

Charles,	nació el	11 de nov., 1806.
Charity,	"	1 de abril, 1809.
Curtis S.	"	29 de oct., 1809.
6º Samuel,	"	3 de oct., 1811.
Stephen,	"	8 de ene., 1815.
Susan,	"	19 de oct., 1817.
3.ᵉʳᵒ Asael,	"	12 de oct., 1819.

Hijos con su segunda esposa Mary Smith.

Silas L.	nació el	20 de oct., 1830.
John A.	"	6 de julio, 1832.
Nathaniel J.	"	2 de dic., 1834.

Hijos del 1.ᵉʳ John y Clarissa Smith; el cual John era el hijo del 1.ᵉʳ Asael y Mary Smith.

George A.	nació el	26 de junio, 1817.
Caroline,	"	6 de junio, 1820.
2.° John L.	"	17 de nov., 1823.

Hijos de Hyrum y Jerusha Smith; el cual Hyrum era el hijo del 1.ᵉʳ José y Lucy Smith.

Lovina,	nació el	16 de sep., 1827.
Mary,	"	27 de junio, 1829.
John,	"	22 de sep., 1832.
2.° Hyrum,	"	27 de abril, 1834.
Jerusha,	"	13 de ene., 1836.
Sarah,	"	2 de oct., 1837.

Hijos de Hyrum Smith y Mary, su segunda esposa.

4.° José,	nació el	13 de nov., 1838.
Martha,	"	14 de mayo, 1841.

Hijos del 2.° José, el Profeta, y Emma Smith; el cual José era el hijo del 1.ᵉʳ José y Lucy Smith.

Julia M. Smith, hija adoptada	nació el "	30 de abril de 1831
3.ᵉʳᵒ José,	"	6 de nov., 1832.
Frederick G. W.	"	20 de junio, 1836.
Alexander,	"	2 de junio, 1836.
Don Carlos,	"	13 de junio, 1840.
David H.	"	18 de nov., 1844.

Hijos del 5.° Samuel Smith y Mary, su primera esposa; el cual Samuel era el hijo del 1.ᵉʳ José y Lucy Smith.

Susanna B.	nació el	27 de oct., 1835.
Mary B.	"	27 de marzo, 1837.
Samuel H. B.	"	1 de ago., 1838.
Lucy B.	"	31 de ene., 1841.

Mary Smith murió el 25 de enero, 1841.

Hijos de Samuel Smith y Levira, su segunda esposa.

Levira A. C.	nació el	29 de abril, 1842.
Lovisa C.	"	28 de ago., 1843.
Lucy J. C.	"	20 de ago., 1844.

Hijos de William y Caroline Smith; el cual William era el hijo del 1.ᵉʳ José y Lucy Smith.

Mary Jane,	nació el	Ene. 1835.
Caroline L.	"	Ago. 1836.

Hijos de Don Carlos y Agnes Smith; el cual Don Carlos era el hijo del 1.ᵉʳ José y Lucy Smith.

Agnes C.	nació el	1 de ago., 1836.
Sofronia C.	"	1838.
Josefine D.	"	10 de marzo, 1841.

Hijos de Calvin y Sofronia Stodard.

Eunice,	nació el	22 de marzo, 1830.
Maria,	"	12 de abril, 1832.

Hijos de Wilkins J. y Catharine Salisbury; la cual Catharine era la hija del 1.ᵉʳ José Smith.

Elizabeth,	nació el	9 de abril, 1834.
Lucy,	"	3 de oct., 1834.
Solomon J.	"	18 de sep., 1835.
Alvin,	"	7 de junio, 1838.
Don C.	"	25 de oct., 1841.
Emma C.	"	25 de marzo, 1844.

Arthur y Lucy Miliken tienen un hijo, llamado Don Carlos Miliken.

Geo. A. Smith, hijo del 1.ᵉʳ John Smith, se casó con Bathsheba Bigler, el 25 de julio, 1841.

Hijos de George A. y Bathsheba Smith.

George Albert,	nació el	7 de julio, 1842
Bathsheba	"	14 de ago., 1844

Habiendo dado todos los nombres de la familia de los Smith, daré otro linaje, a saber, el de la familia Mack, comenzando con mi abuelo Ebenezer Mack. Ebenezer Mack tenía tres hijos, Elisha, Samuel, y Solomon, y una hija llamada Hypsebeth. Su hijo Solomon nació en el pueblo de Lyme, estado de Connecticut, el 26 de sep., 1835; se casó con una jovencita llamada Lydia Gates, en el año 1759. Esta Lydia Gates nació en East Haddam, estado de Connecticut, 3 de sep., 1735.

Los siguientes son los nombres de los hijos del 1.ᵉʳ Solomon y Lydia Mack; el cual Solomon era el hijo de Ebenezer y Hannah Mack.

Jason Mack.	Lovisa Mack.
Stephen Mack.	Lovina Mack.
Daniel Mack.	Lydia Mack.
2.º Solomon Mack.	Lucy Mack.

Hijos del 2.º Solomon Mack; el cual Solomon era el hijo del 1.ᵉʳ Solomon Mack.

Calvin,	nació el	28 de nov., 1797.
Orlando,	"	23 de sep., 1799.
Chilon,	"	26 de julio, 1802.
3.ᵉʳᵒ Solomon,	"	23 de mayo, 1805.
Amos,	"	1 de mayo, 1807.
Dennis,	"	18 de oct., 1809.
Merrill,	"	14 de sep., 1812.
Esther,	"	2 de abril, 1815.
Kizpab,	"	5 de junio, 1818.

CAP. X

UN REGALO DE MIL DÓLARES, DE JOHN MUDGET Y STEPHEN MACK, A LA AUTORA.

Poco después de casarme, fui con mi esposo a ver a mis padres, y mientras nos estábamos preparando para irnos, mi hermano Stephen y su socio, John Mudget, estaban hablando de cómo yo los estaba abandonando, y prontamente comenzaron a hablar de cómo tenían que darme un regalo de casamiento. "Bueno", dijo el señor Mudget, "Lucy debe recibir algo digno de mención, y yo le daré tanto como usted le dé".

"Hecho", dijo mi hermano. "Le daré quinientos dólares en efectivo".

"Muy bien", dijo el otro. "Y yo le daré quinientos dólares más".

Ambos escribieron un cheque para sus banqueros por mil dólares, y me lo dieron. Guardé este cheque, ya que tenía suficientes medios para comprar muebles para mi casa.

Después de visitar a mis padres, regresé a Tunbridge, donde mi compañero tenía una hermosa granja, en la que nos establecimos y comenzamos a cultivar la tierra. Permanecimos en este lugar por unos seis años, y vivimos de la tierra.

En 1802 alquilamos la granja de Tunbridge y nos mudamos a la localidad de Randolph, donde abrimos un establecimiento mercantil. Al mudarnos a ese lugar teníamos dos hijos, Alvin y Hyrum.

CAP. XI
ENFERMEDAD EN RANDOLPH.

Cuando habíamos vivido en Randolph por seis meses, me dio un resfriado muy grave, el cual me causó una tos severa. Hicimos todo lo que pudimos para tratar de aliviarme, pero todo fue en vano. Pronto me dio una fiebre que amenazó con ser fatal, y el doctor confirmó que tenía tuberculosis. Durante mi enfermedad, mi madre me cuidó con mucha ansiedad, y no escatimó en medios para administrarme comodidad, pero igual continué empeorando y sintiéndome más débil hasta que apenas pude caminar medio metro a menos que tuviera puestos mis calcetines, y nadie podía hablar más que en susurros.

Mientras estaba en esta situación, un pastor metodista vino a verme. Al llegar a la puerta, golpeó de la manera usual, pero el ruido me agitó de tal manera que pasó un largo tiempo antes de que me calmara los nervios. Mi madre lo condujo a una silla, y susurrando le informó de mi situación, lo cual previno que me hiciera preguntas. Después de un tiempo, en el que parecía estar meditando en la incertidumbre de mi recuperación, mostró un intenso deseo de hablar conmigo acerca de mi pronta muerte.

Mientras estaba sentado meditando, pensé que me iba a preguntar si estaba preparada para morir, y temía que me hablara de semejante cosa cuando no me sentía preparada para tan trágico evento, ya que no conocía los caminos del Señor. Además, parecía haber un oscuro y solitario abismo entre mí y el Salvador, el cual no me atrevía a cruzar.

Pensé que había forzado los ojos, y al hacer eso, pude discernir una tenue luz que reposaba encima de la oscuridad que había enfrente de mí.

Mientras estaba meditando de esta manera sobre la muerte, mi visitante se fue, y poco después mi esposo se acercó a mi cama, y tomando mi mano, dijo: "¡Oh, Lucy, mi amada esposa! ¡Debes morir! Los doctores se dieron por vencidos y todos dicen que no puedes vivir".

En ese momento me dirigí al Señor y le rogué y supliqué que me perdonara la vida para que así pudiera criar a mis hijos y ser una ayuda para mi esposo. Mi mente estuvo muy agitada toda la noche. A veces contemplaba cosas celestiales, y a veces pensaba en las cosas de esta tierra: mis bebés y mi compañero.

Esa noche hice un convenio solemne con Dios que si me permitía vivir, le serviría con todas mis fuerzas y habilidades. Poco después escuché una voz que me dijo, "Buscad y hallaréis; llamad, y se os abrirá. Deja que vuestro corazón esté en paz; si creéis en Dios, cree también en mí".

Pocos momentos después mi madre vino y, viéndome, dijo, "Lucy, estás mucho mejor".

Yo respondí, ya que mi voz volvió justo en ese instante, "Sí, madre, el Señor me permitirá vivir si soy fiel a la promesa que le hice, de ser una ayuda a mi madre, mi esposo, y mis hijos". Continué recuperando mis fuerzas hasta que estuve bastante bien en cuanto a mi salud física, pero mi mente estaba considerablemente turbada. Estaba solamente ocupada con el tema de la religión. En cuanto tuve la oportunidad, hice todo lo que pude para conseguir a alguien que fuera capaz de enseñarme más perfectamente las cosas de la vida y la salvación.

En cuanto tuve la suficiente fuerza, visité a un Diácono Davies, un hombre a quien consideraba extremadamente piadoso, y mientras él evaluaba mi repentino y milagroso mejoramiento, pensé que me diría lo mismo que me dijo mi madre, "El Señor ha hecho una maravillosa obra, deja que su nombre sea alabado". Pero no, desde el momento en que llegué a su casa hasta el momento en que me retiré, todo lo que escuché fue "Oh, la señora Smith ha venido, ayúdenla a entrar, corran, prendan fuego, calienten la habitación, llenen la tetera, traigan el sillón", etc., etc. La excesiva ansiedad concerniente a mi conveniencia física que mostraron, sin mencionar ni una palabra con relación a Cristo o a las cosas divinas, me enfermó y asqueó, y volví a mi casa apesadumbrada y muy decepcionada.

Como consecuencia de mi ansiedad mental en cumplir con el convenio que hice con el Señor, fui de lugar en lugar con el propósito de obtener información y de encontrar, de ser posible, algún espíritu afable que pudiera ayudarme a cumplir con mi resolución.

Escuché que un hombre muy devoto iba a predicar el siguiente día de reposo en la iglesia presbiteriana, y fui a esa reunión con la expectativa de escuchar lo que mi alma deseaba: la palabra de vida.

Cuando el ministro comenzó a hablar, fijé mi mente con gran atención en el espíritu y la materia de su discurso, pero después de escucharlo regresé a casa convencida de que él no entendía ni apreciaba el tema del que hablaba, y me dije que la religión que buscaba no estaba en la tierra. En ese momento tomé la determinación de examinar mi Biblia y, tomando a Jesús y sus discípulos como guía, a tratar de obtener la palabra de Dios, la cual ningún hombre puede dar o quitar. Sin embargo, escuché todo lo que podía ser dicho, y leí todo lo que había sido escrito, en el tema de religión; pero me decidí a usar la Biblia como la guía de mi vida y de mi salvación. Este fue el camino que tomé por varios años.

A la larga consideré que era mi obligación ser bautizada, y, encontrando a un ministro que estuviera dispuesto a bautizarme sin la obligación de unirme a su iglesia y rendir obediencia a su denominación, seguí adelante, después de lo cual continué leyendo la Biblia tal como antes hasta que mi hijo mayor cumplió veintidós años.

CAP. XII
JOSÉ SMITH PADRE PIERDE SU PROPIEDAD Y SE EMPOBRECE. RECIBE UNA VISITA DE JASON MACK; SU HISTORIA CONCLUYE.

Como mencioné anteriormente, mi esposo hizo negocios por un breve tiempo en la ciudad de Randolph. Poco después de empezar a hacer negocios en ese lugar, descubrió que en China las raíces cristalizadas de *ginseng* se vendían muy bien, ya que eran usadas como remedio para la plaga, la cual estaba causando estragos allí.

Decidió entonces embarcarse en el comercio de este producto, y consecuentemente hizo una inversión de todos los bienes que poseía, para así poder dirigir un negocio de este tipo, es decir, cristalizar y exportar la raíz. Cuando finalmente obtuvo una cantidad de ese producto, un comerciante de nombre Stevens, de Royalton, le ofreció tres mil dólares por lo que tenía, pero mi esposó rechazó la oferta, ya que era solo unos dos tercios de su valor real, y le dijo al hombre que prefería incursionarse en la exportación por sí mismo.

Al poco tiempo mi esposo fue a la ciudad de Nueva York con la intención de exportar el *ginseng*, y, encontrando un barco en el puerto que pronto iba a partir, hizo los arreglos necesarios con el capitán de esta manera: que él vendería el *ginseng* en China y reintegraría las ganancias a mi esposo, a lo cual se comprometió en un contrato escrito.

El señor Stevens, habiéndose enterado de que el señor Smith estaba haciendo los preparativos para exportar el *ginseng*, fue inmediatamente a Nueva York, y subiendo al barco en el cual el señor Smith estaba enviando su *ginseng*, y teniendo una cantidad del mismo producto él mismo, hizo un trato con el capitán de comprar su *ginseng*, y más tarde enviaría a su hijo para encargarse del producto.

De las circunstancias que más tarde nos fueron relatadas, parece ser que el *ginseng* fue llevado a China y vendido por una gran ganancia, o a un elevado precio, pero no para nuestro beneficio, ya que nunca recibimos más que un pequeño cofre de té, que fue el provecho de nuestra parte de la empresa.

Stevens hijo estaba en el barco cuando regresó, y cuando mi esposo se enteró de su retorno, fue inmediatamente y le preguntó al capitán cuál había sido el resultado de la venta de su *ginseng*. El señor Stevens le contó una historia muy convincente, de la cual no recuerdo los detalles, pero parte de ella era que la venta había sido un fracaso, y lo único que pudo traer de China fue un pequeño cofre con té, el cual él había traído para mi esposo.

Poco después, el joven Stevens alquiló una casa propiedad del capitán Mack y empleó a ocho o diez trabajadores para comenzar el negocio de cristalizar *ginseng*. Al poco tiempo de iniciar su empresa, una vez que había estado trabajando duro, mi hermano, el capitán Mack, fue a visitarlo, y lo halló considerablemente borracho. Cuando mi hermano lo encontró, le dijo, "Bueno, señor Stevens, usted está haciendo un muy buen negocio, y pronto estará listo para otro viaje a China", y después observó, en una manera muy diferente, "Oh, señor Stevens, ¿cuánta ganancia obtuvo la aventura del hermano Smith?". Estando bajo la influencia del alcohol, tenía la guardia baja, y tomando a mi hermano de la mano, lo llevó a un cofre, y abriéndolo dijo, "¡Allí, señor, están las ganancias del *ginseng* del señor Smith!", mostrándole una gran cantidad de plata y oro.

Mi hermano estaba sumamente sorprendido, pero disimuló sus sentimientos y conversó con él por un rato más sobre diferentes temas y después regresó a casa. A eso de las diez de la noche fue a Randolph para ver a mi esposo.

Cuando la borrachera del señor Stevens empezó a evaporarse, reflexionó sobre lo que había hecho, y preguntando por mi hermano se enteró que había ido a Randolph. El señor Stevens, suponiendo que había ido a ver a mi esposo para contarle el resultado de la aventura con el *ginseng*, fue inmediatamente a su establecimiento, despidió a sus trabajadores, llamó a su carruaje, y huyó a Canadá, después de lo cual nunca más escuchamos de él.

Mi esposo lo persiguió por un tiempo, pero viendo que era en vano regresó a casa muy desanimado por el resultado del asunto. Acto seguido, revisó sus cuentas para ver cual era su situación temporal, cuando descubrió que, además de las pérdidas que sufrió en la aventura de China, había perdido unos dos mil dólares en deudas. En la época que envió su *ginseng* a China debía mil ochocientos dólares en la ciudad de Boston por productos que había comprado, y esperaba poder pagar la deuda con la ganancia de la expedición China, pero, habiendo invertido casi todo su dinero en la compra del *ginseng*, la pérdida que sufrió hizo casi imposible que pudiera pagar su deuda con las propiedades que todavía tenía. El principal inmueble que le quedó, en forma de propiedad, era la granja en Tunbridge, en la cual estábamos viviendo y a la que nos mudamos después de enviar los productos a China. Esta granja costaba unos mil quinientos dólares, pero mi esposo la vendió por ochocientos para poder hacer un pago rápido de parte de la deuda de Boston, y, como yo no había usado el cheque por mil dólares que mi hermano y el señor Mudget me habían dado, lo añadí a los ochocientos dólares que obtuvimos por la granja, y gracias a ello, la deuda fue liquidada.

Mientras estábamos viviendo en la granja de Tunbridge, mi hermano Jason nos hizo una visita. Trajo con él a un muchacho llamado William Smith, un huérfano que había adoptado como si fuera su propio hijo y con el cual estaba todo el tiempo, pero ahora consideraba que sería mejor separarse de él para enviarlo a la escuela. El muchacho permaneció con nosotros por seis meses antes de que mi hermano viniera a buscarlo y lo llevase a Nueva Brunswick, donde establecieron su hogar, y donde mi hermano había reunido unas treinta familias en una extensión de tierra que había comprado con el propósito de ayudar a los pobres y para que pudieran ayudarse a sí mismos. Organizó trabajo para ellos, y cuando tenían algo que querían vender, lo llevaba al mercado por ellos. Como tenía una goleta, llevaba los productos de estas familias a Liverpool, donde podía venderlos al mejor precio.

Cuando Jason partió en la visita ya mencionada a Tunbridge, compró una gran cantidad de bienes con la intención de dárselos como regalos a sus amigos, especialmente a su madre y a sus hermanas, pero en su camino hacia allí encontró a tanta gente necesitada que regaló todos sus bienes y su dinero. En una ocasión vio a una mujer que acababa de perder a su esposo y que estaba en gran necesidad, y le dio quince dólares y un juego de ropas para ella y sus seis hijos.

Esta fue el último encuentro que tuve con mi hermano Jason, pero veinte años después le escribió la siguiente carta a mi hermano Solomon, la cual es la única información que recibí de él desde que lo vi por última vez:

"Rama Sur de Ormucto, Provincias de Nueva Brunswick, 30 de Junio, 1835.

"Querido hermano Solomon:

"Sin duda estarás sorprendido de escuchar que todavía estoy vivo, a pesar de que en veinte años nunca te escribí. Pero espero que me perdonarás cuando te diga que la mayor parte de estos veinte años he estado situado con poca o ninguna comunicación, y he tenido reuniones de día y de noche, de lugar en lugar. Además, mi mente ha estado tan preocupada por la situación deplorable de la tierra, la oscuridad en la que se encuentra, que cuando mi trabajo me llevaba a algún lugar desde donde podía comunicarme, no me daba cuenta de que tenía la oportunidad de contarte donde estaba. Traté de visitarte por un largo tiempo, y todos los años me prometí que al año siguiente buscaría a mis parientes para disfrutar de su compañía antes de pasar al valle de sombras y muerte.

"Finalmente, espero no sorprenderte demasiado al decirte que, de acuerdo con los principios que adopté sobre los poderes de la fe, el Señor, en su excesiva bondad, me dio el don de curar por medio de la oración y por el uso de medios tan simples que parecen estar en armonía con el sistema humano. Pero dependo primero que nada de aquel que nos organizó y que puede restaurar a su placer aquello que ha sido desorganizado.

"El primer éxito que tuve en esto fue hace doce años, y desde esa época he tenido poco descanso. Además de los incesantes favores que se me pidieron en un corto tiempo, tuve un incontrolable torrente de oposición peor de lo que jamás he visto. Pero le agrada a Dios confundir a los sabios por medio de los débiles. En los últimos doce años he visto las mayores manifestaciones del poder de Dios sanando a los enfermos de lo que en mi optimismo pude imaginar. Y mientras que el infiel erudito declara repetidamente y con seriedad que la enfermedad es tan grave que la muerte es inevitable, que la víctima debe debilitarse bajo su potente brazo, yo he visto a los que estaban casi sin vida lentamente pero sin que hiciera falta resucitar y revivir, hasta que ese pálido monstruo huya tan lejos que el paciente es dejado lleno de salud. Pero es Dios el que lo hace, y a Él sea dada toda la gloria.

"Me veo ahora en la obligación de cerrar esta epístola, ya que debo comenzar un viaje de más de cien millas para tratar un caso de enfermedad grave. Que Dios esté con ustedes. ¡Adiós!

"Jason Mack".

Lo próximo que escuchamos acerca de Jason, después de esta carta a mi hermano Solomon, fue que él, su esposa, y su hijo mayor habían muerto, y esto concluye la historia de mi hermano Jason.

CAP. XIII
EL SUEÑO DE LA AUTORA.

Mientras estábamos viviendo en la localidad de Tunbridge, mi mente estuvo muy impresionada con el tema de la religión, lo cual probablemente era consecuencia de mi singular experiencia durante mi enfermedad en Randolph. Comencé a acudir a las reuniones metodistas, y para mostrar su apoyo, mi esposo me acompañó, pero cuando su hermano mayor se enteró, estuvo tan disgustado y dijo tanto con respecto a este asunto que mi esposo pensó que sería mejor si dejaba de ir a la iglesia. Dijo que pensaba que no valía la pena que acudiéramos a las reuniones ya que no nos ayudaba mucho, además de que había provocado sentimientos desagradables en nuestros amigos. Esto me ofendió mucho, pero no dije nada. Me retiré al bosque cercano a la casa, y oré al Señor por mi esposo, que pudiera conocer el evangelio verdadero y que su corazón pudiera ser ablandado para que pudiera aceptar la verdad, o que pudiera tener una disposición más religiosa. Después de orar por un tiempo de esta manera, regresé a la casa muy deprimida, y me sentí de la misma manera hasta que me fui a dormir. Pronto me dormí y tuve este sueño:

"Pensé que estaba en un gran y hermoso prado, el cual estaba a una corta distancia de la casa en la que vivíamos, y que todo alrededor tenía un aspecto muy agradable. Lo primero que atrajo mi atención en este magnífico prado fue un arroyo de agua pura y cristalina, el cual corría por en medio del prado, y mientras seguí el arroyo, descubrí dos árboles en la orilla, los cuales estaban en el mismo lado de la corriente. Estos árboles eran muy hermosos, bien proporcionados, y se elevaban con una belleza majestuosa a una gran altura. Las ramas, las cuales contribuían a su simetría y gloria, comenzaban cerca de la cima y se extendían con gran magnificencia. Los observé maravillada y con admiración, y después de contemplarlos por un breve tiempo, vi que uno de ellos estaba rodeado por un gran cinturón brillante como oro pulido, pero más resplandeciente. Prontamente, se levantó una brisa agradable, y los tres árboles rodeados por esta zona dorada se inclinaron delicadamente al viento y movieron sus hermosas ramas en el aire. Cuando el viento aumentó, los árboles asumieron una apariencia más viva y animada, y parecían expresar en sus movimientos el mayor gozo y alegría. Si hubiera sido una criatura inteligente, no hubiera podido expresar, usando palabras, una mayor idea de felicidad y gratitud, e incluso el arroyo que se movía debajo de los árboles parecía expresar el mismo sentimiento de los árboles. Las ramas bailaban sobre la corriente, y se agrandaban gentilmente, para después volverse a achicar con un movimiento tan suave como el respiro de un bebé, pero tan animado como la danza de un rayo de sol. El cinturón también participaba de la misma influencia, y, mientras se movía al unísono con la corriente y el árbol, crecía continuamente en resplandor y magnitud hasta que se volvió extremadamente glorioso.

"Volví mis ojos hacia su compañero, el cual estaba en el otro lado, pero no estaba rodeado por un cinturón dorado, como el primero, y estaba erecto y fijo como una columna de marfil. No importaba qué tan fuerte el viento soplara sobre él, ni una hoja se movía, ni una rama se doblaba, pero estaba obstinadamente rígido, menospreciando como el aliento de un céfiro, o la fuerza de la poderosa tormenta.

"Me admiré de lo que vi, y dije en mi corazón, '¿Cuál puede ser el significado de todo esto?' Y la interpretación que recibí fue que los árboles personificaban a mi esposo y a su hermano mayor, Jesse Smith; que el árbol obstinado e implacable era Jesse, y que el otro, más dúctil y flexible, era José, mi esposo; que el aliento del cielo, el cual pasaba sobre ellos, era el evangelio puro e incorrupto del hijo de Dios, al cual Jesse siempre resistiría, pero que José, cuando fuera de una edad más avanzada, oiría y recibiría con todo su corazón, y en el cual se regocijaría, y crecería en inteligencia, felicidad, gloria, y vida eterna".

PRIMERA VISIÓN DE JOSÉ SMITH PADRE; LA CAJA; SEGUNDA VISIÓN; EL ÁRBOL Y EL EDIFICIO ESPACIOSO.

Después de vender la granja de Tunbridge, nos mudamos a una corta distancia cerca de la localidad de Royalton. Allí vivimos por unos pocos meses, después de lo cual nos mudamos a Sharon, condado de Windsor, Vermont. En Sharon, mi esposo alquiló una granja propiedad de mi padre, la cual cultivó en el verano, y enseñó en la escuela en el invierno. Mi esposó trabajó de esta manera por algunos años, durante los cuales nuestras circunstancias mejoraron gradualmente, hasta que estuvimos nuevamente en una situación cómoda.

En ese tiempo tuvimos un hijo al que llamamos José, como su padre. Nació el 23 de diciembre del año 1805. Hablaré más acerca de él más adelante.

De ahí nos mudamos a Tunbridge, donde tuvimos otro hijo, al que llamamos Samuel Harrison, el cual nació el 13 de marzo del 1808. Vivimos en este lugar un breve tiempo, después de lo cual nos mudamos a Royalton, donde Ephraim nació el 13 de marzo de 1810. Continuamos allí hasta que tuvimos otro hijo que nació el 13 de marzo de 1811 al que llamamos William.

En esa época, mi esposo estuvo muy inquieto por el tema de la religión, pero no quería unirse a ninguna iglesia, sino que se mantuvo en el sistema antiguo, como fue establecido por nuestro Señor y Salvador, Jesucristo y sus apóstoles.

Una noche mi esposo fue a dormir en un estado muy pensativo, contemplando la situación de la religión cristiana de la antigüedad, o la confusión y discordia que existía. Pronto se durmió y antes de despertar tuvo la siguiente visión, la cual relataré en sus propias palabras, como me las contó la siguiente mañana:

"Parecía que estaba viajando a través de un campo vacío, y mientras viajaba, miré hacia el este, el oeste, el norte y el sur, pero no pude ver nada más que árboles caídos y muertos. No había un vestigio de vida, animal ni vegetal. Además, para hacer la escena aún más lúgubre, había un silencio mortal. No había un solo sonido de cosas animadas. Estaba solo en este desierto sombrío, con la excepción de un espíritu que permaneció constantemente a mi lado. Le pregunté el significado de lo que veía, y por qué estaba viajando en un lugar tan funesto, a lo que respondió: 'Este campo es el mundo, el cual yace mudo e inanimado con respecto a la religión verdadera, o al plan de salvación; pero sigue viajando, y verás en el camino una caja hecha de troncos, y si comes su contenido, serás sabio, y te dará mucho entendimiento'. Cumplí cuidadosamente lo que mi guía me había dicho, y al caminar una corta distancia, encontré la caja. Inmediatamente la tomé y la puse debajo de mi brazo, y con impaciencia abrí la tapa y comencé a comer de su contenido, a causa de lo cual toda clase de bestias, reses con astas, y animales rugientes se levantaron de todas partes en la manera más amenazante, partiendo la tierra, moviendo bruscamente sus cuernos, y bramando del modo más terrorífico a mi alrededor, y se me acercaron tanto que me vi obligado a tirar la caja y correr por mi vida. Sin embargo, en medio de todo esto, estaba perfectamente feliz, aunque me desperté temblando".

Desde ese momento, mi esposo pareció más firme que nunca en la opinión de que no había una orden o una clase de religiosos que supieran más concerniente al reino de Dios que los que pertenecían al mundo, o aquellos que nunca profesaron religión alguna.

En 1811 nos mudamos de Royalton, Vermont, a la localidad de Lebanon, Nuevo Hampshire. Al poco tiempo de llegar allí, mi esposo recibió otra visión muy singular, la cual paso a relatar:

"Me pareció", dijo él, "que estaba viajando en un campo desolado y que parecía estar estéril. Mientras viajaba, de repente me vino a la mente el pensamiento de que debía parar y, antes de proseguir, debía reflexionar acerca de lo que estaba haciendo. Me pregunté '¿Qué motivo tengo para viajar aquí, y qué lugar puede ser este?' Mi guía, quien estaba a mi lado, como antes, me dijo, 'Este es el mundo desolado, pero sigue viajando'. El camino era tan ancho y desolado que me pregunté cuál era el sentido de seguir viajando por él, y me dije, 'Ancho es el camino, y ancha es la puerta que lleva a la muerte, y muchos hay que caminan por él, pero estrecha es la puerta, y angosto el camino que lleva a la vida, y pocos son los que la hallan'. Viajando un poco más, encontré un camino angosto. Tomé este camino, y, cuando había viajado por un breve tiempo por él, vi una hermosa corriente de agua, la cual corría de este a oeste. No vi la boca ni el origen de esta corriente, pero tan lejos como pude ver, percibí una cuerda que se extendía al lado de la orilla, y tan alto como un hombre puede alcanzar, y más allá había un valle bajo pero muy placentero en el cual había un árbol diferente a todos los que

había visto hasta entonces. Era extremadamente hermoso, tanto que lo miré con sorpresa y admiración. Sus bellas ramas se extendían como un paraguas, y tenía una especie de fruto en la forma de una nuez, y blanco como la nieve, o aún más blanco. Lo miré con mucho interés, y mientras hacía esto, la cáscara del fruto comenzó a abrirse y a derramar sus partículas, o el fruto que contenía, el cual era de una blancura deslumbrante. Me acerqué y comencé a comer de él, y lo encontré delicioso más allá de toda descripción. Mientras comía, me dije 'No puedo comer esto solo. Debo traer a mi esposa y a mis hijos, para que ellos también puedan comer'. Consecuentemente, traje a mi familia, la cual consistía de mi esposa y de siete hijos, y todos comenzamos a comer mientras alabábamos a Dios por semejante bendición. Estábamos extremadamente felices, tanto que nuestro gozo no podía ser expresado fácilmente. Mientras estábamos comiendo, vi un edificio espacioso enfrente del valle en el que estábamos, y parecía que se extendía hacia los cielos. Estaba lleno de ventanas y puertas, y estaba lleno de gente, quienes estaban muy finamente vestidos. Cuando esta gente nos vio en el valle, bajo los árboles, nos apuntaron y haciéndonos burla, y nos trataron con toda forma de desprecio y falta de respeto, pero nosotros ignoramos su rudeza completamente. En ese momento le pregunté a mi guía qué significaba el fruto que era tan delicioso, y me dijo que era el amor puro de Dios, el cual cubría los corazones de aquellos que lo amaban y guardaban sus mandamientos. Me mandó que fuera y trajera al resto de mis hijos. Le dije que estaban todos allí, pero él me respondió 'No, mira hacia allá, tienes dos más, y debes traerlos también'. Al levantar mis ojos, vi dos niños pequeños parados a una cierta distancia. Fui hacia ellos y los traje hasta el árbol, después de lo cual comenzaron a comer con el resto de la familia, y todos nos regocijamos juntos. Cuanto más comíamos, más parecíamos querer, hasta que caímos de rodillas y comenzamos a recogerlo del suelo, comiendo con las dos manos. Después de comer de esta manera por algún tiempo, le pregunté a mi guía cual era el significado del edificio espacioso que había visto, a lo que me respondió 'Es

Babilonia, es Babilonia y debe caer. La gente en las puertas y ventanas son sus habitantes, quienes desprecian y se burlan de los santos de Dios a causa de su humildad'. Pronto me desperté, juntando mis manos con alegría".

CAP. XV
ENFERMEDAD EN LEBANON; RECUPERACIÓN MILAGROSA DE SOFRONIA.

Nos mudamos, como mencioné anteriormente, a la ciudad de Lebanon, Nuevo Hampshire. Allí nos establecimos y comenzamos a contemplar, con gozo y satisfacción, la prosperidad que recompensaba nuestros esfuerzos; y doblamos nuestra diligencia para obtener más de los bienes de este mundo, con la meta de ayudar a nuestros hijos cuando lo necesitaran; y, como es natural, anhelábamos el declive de nuestras vidas, y estábamos proveyendo para sus necesidades, así como procurar esas cosas que contribuyen al confort en la edad avanzada.

Como nuestros hijos habían, en gran manera, estado excluidos del privilegio de las escuelas, comenzamos a hacer todos los arreglos para atender a esta importante obligación. Ubicamos a nuestro hijo Hyrum en una academia en Hánover, y el resto, quienes tenían la suficiente edad, fueron enviados a escuelas comunes que eran más convenientes. Mientras tanto, yo y mi compañero estábamos haciendo todo lo que nuestras habilidades nos permitían para el bienestar futuro y el beneficio de nuestra familia, y fuimos muy bendecidos en nuestras labores.

Pero esta situación no duró por mucho tiempo. La fiebre tifoidea llegó a Lebanon y causó una gran devastación. Entre los que sufrieron de la enfermedad fueron, primero, Sofronia, luego Hyrum, quien salió de la escuela y vino a casa a causa de la enfermedad, y después Alvin. En resumen, uno tras otro fue cayendo, hasta que todos en la familia, con la excepción de mi esposo y yo, estaban en cama enfermos.

Sofronia estuvo muy delicada. El médico la atendió por ochenta y nueve días, dándole medicinas durante todo ese tiempo, pero en el día noventa, nos dijo que la muchacha estaba demasiado grave y que los remedios no la estaban ayudando, y que por esa razón ya no la iba a atender más. La noche siguiente estuvo sin mover un músculo, con los ojos abiertos, y con ese aspecto típico de los que están a punto de morir. Mientras ella estaba en esa posición, la miré como una madre mira los últimos vestigios de vida de una hija amada. En ese momento de distracción, mi esposo y yo nos tomamos de las manos, nos arrodillamos y, al lado de la cama, volcamos nuestro dolor en rezo y súplica a nuestro Dios, rogándole que permitiera que nuestra hija viviera un poco más.

¿Y nos oyó Dios? Sí, absolutamente. Y, antes de alzarnos después de estar arrodillados, nos dio un testimonio de que Sofronia se recuperaría. Cuando nos levantamos después de orar, nuestra hija parecía que había dejado de respirar. Tomé una manta y la extendí sobre ella, y, tomándola en mis brazos, comencé a caminar por la habitación. Los que estaban presentes me pidieron que dejara de hacer tal cosa, diciendo "Señora Smith, es en vano; usted está loca, su hija está muerta". Y, sin embargo, no dejé ni por un momento de esperar que comenzara a respirar otra vez y verla viva nuevamente.

Esta escena es, sin duda, interesante para algunos, pero aquellos que han pasado por algo semejante en sus vidas son susceptibles a este sentimiento y pueden entender lo que viví. ¿Es usted una madre que se ha visto privada de un hijo? ¡Sienta en las fibras de su corazón y luego dígame cómo me sentí abrazando a mi hija en mi pecho! ¿Trataría, en ese momento, de negar que Dios "tiene el poder de salvar perfectamente a los que se allegan a él"? Yo no lo hice entonces, y no lo haría ahora.

Poco a poco empezó a llorar. Yo todavía la abrazaba en mi pecho y continué caminando por el cuarto. Lloró de nuevo, y mirándome a la cara, comenzó a respirar libremente. Mi alma se hallaba satisfecha, pero mis fuerzas estaban agotadas. Acosté a mi hija en la cama y me hundí a su lado, completamente dominada por la intensidad de mis sentimientos.

A partir de ese momento, Sofronia continuó curándose, hasta que se recuperó completamente.

LOS SUFRIMIENTOS DE JOSÉ SMITH, HIJO, CON UNA FIEBRE; EXTRACCIÓN DE GRANDES FRAGMENTOS DE HUESO DE UNA DE SUS PIERNAS.

Un día José, nuestro tercer hijo, después de recuperarse de la fiebre, habiendo estado enfermo por unas tres semanas, y mientras estaba sentado en una silla, gritó con un gran dolor en su hombro, y, en poco tiempo parecía estar con tanta agonía que temimos que las consecuencias terminarían siendo muy serias. Inmediatamente llamamos al doctor. Cuando llegó y examinó al paciente, dijo que, en su opinión, el dolor había sido causado por un esguince. Pero el muchacho declaró que eso era imposible, ya que no se había lastimado de ninguna manera, y que el dolor había comenzado repentinamente, y que no tenía idea qué podría haberlo causado.

A pesar de las protestas del muchacho, el doctor insistió en que debía ser un esguince, y que, como consecuencia, debía ungir el hombro con linimento para huesos, lo cual no lo benefició para nada, y el dolor continuó igual que antes de recibir el tratamiento.

Cuando dos semanas de sufrimiento extremo habían pasado, el doctor decidió hacer un examen más detallado, luego de lo cual halló que una llaga se había expandido entre el pecho y el hombro. Inmediatamente después de hacer este descubrimiento hizo un corte, por el cual expulsó un litro de materia.

Hyrum, quien era extraordinario por su ternura y su compasión, quiso tomar mi lugar. Como era un buen muchacho en el que se podía confiar, le permití que lo hiciera, y, para poder hacerle el trabajo tan fácil como fuera posible, acostamos a José en una cama y a Hyrum al lado, casi constantemente, por un período de tiempo considerable, presionando la parte de la pierna afectada con sus manos para que así su afligido hermano pudiera resistir el dolor que era tan terrible que apenas podía soportarlo.

Después de tres semanas, consideramos que era aconsejable ir a buscar al cirujano. Cuando vino, hizo un corte de tres pulgadas en el frente de la pierna, entre la rodilla y el tobillo. Esto hizo que el dolor se calmara considerablemente, y el paciente estuvo bastante cómodo hasta que la herida comenzó a sanar, y entonces el dolor fue tan violento como antes.

Llamamos al cirujano una vez más, y esta vez hizo un corte más grande, cortando la pierna hasta el hueso. Cuando comenzó a sanarse de nuevo, la pierna se volvió a hinchar de tal manera que llamamos a una asamblea de cirujanos, y cuando se reunieron para hacer la consulta, decidieron que el único remedio era amputar la pierna.

Cuando llegaron a esta conclusión, se acercaron a la puerta y los invitamos a una habitación separada de donde José estaba. Cuando se sentaron, les dije, "Caballeros, ¿qué pueden hacer para salvarle la pierna a mi hijo?". Ellos me respondieron "No hay nada que podamos hacer; hemos cortado hasta el hueso y lo hemos encontrado tan afectado que consideramos que es incurable y que es absolutamente necesario cortar la pierna si queremos salvarle la vida".

Esto me cayó como un rayo. Apelé al cirujano principal, diciendo, "Dr. Stone, ¿no pueden hacer otra prueba? ¿No pueden extraer la parte enferma cortando alrededor del hueso y así tal vez la parte que está sana puede curarse y así salvarle la pierna? No puede, no debe, cortarle la pierna hasta que lo haya intentado al menos una vez más. No les permitiré que entren en su cuarto hasta que me lo prometan".

Después de consultar entre ellos por un breve momento, estuvieron de acuerdo en hacer lo que les había pedido, y fueron a ver a mi pobre hijo, quien estaba sufriendo tanto. Uno de los doctores, al acercarse a su cama, dijo, "Mi pobre muchacho, hemos regresado". "Sí", dijo José, "veo que han regresado, pero no han venido a cortarme la pierna, ¿verdad?". "No", respondió el cirujano. "Tu madre nos pidió que hiciéramos un último esfuerzo, y esa es la razón por la que hemos venido".

El cirujano principal, después de conversar por un momento, ordenó que se trajeran unas cuerdas para atar a José a la cama, pero José se negó. El doctor insistió en que debía ser inmovilizado, a lo cual José respondió decididamente, "No doctor, no me va a atar, ya que puedo resistir la operación mucho mejor si me permite tener libertad".

"Entonces", dijo el Dr. Stone, "¿tomarás un poco de brandi?". "No", dijo José, "ni una gota".

"¿Tomarás un poco de vino?", volvió a preguntar el doctor. "Debes tomar algo, o no podrás resistir la severa operación que vas a tener".

"No", exclamó José. "No tomaré una gota de licor, y no les permitiré que me aten; pero le diré lo que haré. Mi padre se sentará en la cama y me tomará en sus brazos, y entonces haré lo que sea necesario para que me saquen los huesos infectados". Me miró y dijo, "Madre, quiero que abandones el cuarto, ya sé que no podrás aguantar verme sufrir tanto. Padre puede quedarse, pero tú me has ayudado tanto y me has cuidado por tanto tiempo que estás casi agotada". Luego, mirándome a la cara, sus ojos llenos de lágrimas, continuó, "Prométeme, madre, que no te quedarás. ¿Por favor? El Señor me ayudará, y voy a estar bien".

Consentí a este pedido y, tomando un número de sábanas dobladas, y poniéndolas bajo su pierna, me retiré, caminando varios cientos de metros de la casa para así no escucharlo.

Los cirujanos comenzaron la operación taladrándole el hueso de la pierna, primero en un lado del hueso afectado, y luego en el otro lado, hasta que lo rompieron con un par de pinzas o fórceps, y sacaron grandes pedazos de hueso. Cuando rompieron el primer pedazo, José gritó tan fuerte, que no pude evitar correr hacia la habitación, pero cuando entré, gritó, "Madre, vuélvete, vuélvete, no quiero que entres. Trataré de ser más fuerte si prometes irte".

Cuando la tercera pieza fue sacada, entré al cuarto nuevamente, y ¡mi Dios! ¡Qué espectáculo para los ojos de una madre! La herida abierta, la sangre vertiendo de ella, y la cama literalmente cubierta de sangre. José estaba pálido como un cadáver, y grandes gotas de sudor rodaban por su cara, mientras que cada rasgo describía la agonía más terrible.

Me echaron del cuarto inmediatamente y me retuvieron hasta que la operación terminó, pero una vez que el hecho estuvo terminado, José limpió la cama, el cuarto limpio de toda apariencia de sangre, y los instrumentos que fueron usados en la operación removidos, me permitieron entrar nuevamente.

José comenzó inmediatamente a mejorarse, y desde ese momento continuó curándose hasta que estuvo fuerte y saludable. Cuando se encontró lo suficientemente bien como para viajar, fue con su tío, Jesse Smith, a Salem, para el beneficio de su salud, con la esperanza de que las brisas marinas pudieran servirle, y en este sentido no fue decepcionado.

Habiendo pasado por un año de enfermedad y sufrimiento, la salud nuevamente volvió a nuestra familia y nos dimos cuenta de nuestras grandes bendiciones, y, de hecho, sentimos que tuvimos que reconocer la mano de Dios más al preservar nuestras vidas a través de tanto sufrimiento como si nunca hubiéramos tenido más que salud y prosperidad.

CAP. XVII
JOSÉ SMITH, PADRE, VIAJA A NORWICH Y DE AHÍ A PALMYRA; SU SUEÑO DE LAS IMÁGENES DEL JUICIO.

Cuando la salud regresó, como uno naturalmente supondría, nos encontrábamos en circunstancias muy difíciles. Nos vimos obligados a usar todas nuestras energías para proveer para nuestras necesidades actuales en vez de hacer los arreglos necesarios para proveer para el futuro, como habíamos deseado hacer.

Al poco tiempo de que la enfermedad nos dejó, nos mudamos a Norwich, en el estado de Vermont. En este lugar nos establecimos en una granja perteneciente a Esquire Moredock. El primer año el cultivo nos falló, pero vendiendo el fruto que crecía en nuestro campo, pudimos obtener el pan para la familia, y haciendo un gran esfuerzo, pudimos sostenernos.

El segundo año tuvimos el mismo resultado que el primero, el cultivo fue un perfecto fracaso. El señor Smith decidió plantar otra vez, y si no tenía mejor suerte que los primeros dos años, iría al estado de Nueva York, donde el trigo crecía en abundancia.

El siguiente año hubo una helada que destruyó los cultivos, y siendo el tercer año que el cultivo falló, casi causó una hambruna. Ya había sido suficiente; mi esposo decidió ir a Nueva York. Un día vino, en un estado muy pensativo, y se sentó. Después de meditar por un tiempo, observó que, si podía arreglar sus asuntos, estaría feliz de ir pronto a Nueva York con un tal señor Howard, quien estaba yendo a Palmyra. También dijo que no podía irse por demasiado tiempo, ya que la situación de la familia no permitía que estuviera ausente por mucho tiempo; además, debía algún dinero que tenía que ser pagado.

Le dije que, en mi opinión, debía reunir a sus deudores y acreedores y arreglar las cosas entre ellos de tal modo que satisfaría a todas las partes interesadas, y que, en cuanto a la familia, yo podría hacer los arreglos necesarios para seguirlo en cuanto él estuviera listo para recibirnos. El señor Smith llamó a todos aquellos con los que tenía asuntos pendientes y saldó sus cuentas con ellos. Había algunos que al tiempo de la liquidación no trajeron sus libros, y, como consecuencia, no pudieron hacer un balance, o al menos no hubo registros de que hubiera habido una liquidación, pero en casos como estos, llamó a testigos para que hubiera evidencia de los hechos.

Habiendo arreglado sus asuntos, el señor Smith marchó hacia Palmyra en compañía del señor Howard. Después de su partida, yo y los de la familia que tenían suficiente edad trabajamos duro hasta que nos consideramos listos para irnos en cuanto fuéramos llamados. Prontamente recibimos una carta del señor Smith pidiendo que nos preparáramos para el viaje a Palmyra. Poco tiempo después, un guía nos vino a buscar. Cuando estábamos a punto de partir en este viaje, los caballeros que no habían traído sus libros al tiempo de la liquidación los trajeron, y nos dijeron que las cuentas que habían tenido con mi esposo y que habían sido cerradas cuando los testigos estuvieron presentes, todavía estaban abiertas y que les debíamos dinero. Estábamos listos para el viaje, y el guía y el tiro de caballos que mi esposo había alquilado estaban esperándonos, lo cual nos estaba costando dinero. En estas circunstancias, concluí que sería mejor pagar sus injustos reclamos que arriesgar un pleito legal. Por lo tanto, haciendo un gran esfuerzo, conseguí la suma necesaria de ciento cincuenta dólares, y liquidé la demanda.

Un caballero llamado Flagg, un ciudadano rico que vivía en la localidad de Hánover, y un tal señor Howard, quien vivía en Norwich, estaban familiarizados con la circunstancia mencionada. Ambos estaban indignados con lo que pasó, y me pidieron que les diera suficiente tiempo para reunir a los testigos, y que ellos se asegurarían de recuperar lo que me habían quitado por medios fraudulentos. Les respondí que no podía esperar, ya que mi esposo había mandado un guía y caballos para buscarme, los cuales eran caros; además, no era seguro que obtendríamos el dinero, y en caso de fallar, no podría juntar el dinero necesario para mudar a mi familia a donde pensábamos ir.

Ellos entonces propusieron juntar dinero mediante una colecta, diciendo "Sabemos que la gente se siente igual que nosotros con respecto a este asunto, y si usted estuviera dispuesta a recibirlo, nos gustaría hacerle un generoso regalo". A esto me negué completamente. La idea de recibir ayuda en semejante manera era repulsiva para mí, y rechacé su oferta.

Mi anciana madre, quien había vivido con nosotros por algún tiempo, nos ayudó a prepararnos para el viaje. Vino con nosotros a Royalton, donde vivió hasta el día de su muerte, lo cual sucedió dos años después como consecuencia de una herida que había recibido en una carreta cuando estaba viajando con nosotros.

Al llegar a Royalton, tuve que pasar por una escena, un acontecimiento verdaderamente grave, del cual siempre me acordaré con sentimientos peculiares. Aquí estaba yo, a punto de ver a mi afeccionada madre partir. La hora llegó, mi madre llorando sobre mí, amargamente y por mucho tiempo. Me dijo que probablemente nunca vería mi rostro de nuevo, "Pero, mi querida hija", dijo, "he vivido por muchos años y mis días están contados. Pronto debo cambiar las cosas de este mundo por aquellas que conciernen a otro estado de existencia, donde espero disfrutar la compañía de los bendecidos. Ahora, como mi última admonición, te ruego que continúes fielmente en el servicio de Dios hasta tus últimos días, y espero poder tener el placer de abrazarte en ese mundo que es más justo, el cual está arriba".

Esto sucedió en la casa de un señor llamado Willard Pierce, un tabernero. De esta casa, mi madre fue a la de Daniel Mack, donde vivió hasta su muerte.

Habiendo viajado una corta distancia, descubrí que el señor Howard, nuestro guía, era un desgraciado sin principios ni sentimientos por la manera en que se encargó de nuestros bienes y nuestro dinero, y por la manera en que trató a mis hijos, especialmente a José. Lo obligó a viajar a pie por millas, a pesar de que todavía estaba dolorido de su pierna. Él soportó este abuso con paciencia hasta que estuvimos a unas veinte millas al oeste de Utica, cuando una mañana en que estábamos preparándonos para continuar nuestro viaje, mi hijo mayor vino y me dijo, "Madre, el señor Howard ha tirado nuestros bienes fuera de la carreta y está a punto de partir con sus caballos". Al escuchar esto, le pedí que llamara al hombre. Lo encontré en el bar, en la presencia de una gran compañía de viajeros, hombres y mujeres, y le pedí que me explicara por qué estaba haciendo esto. Él respondió que el dinero que le había dado había sido gastado, y que no podía continuar.

Dirigiéndome a los presentes, dije, "Damas y caballeros, por favor préstenme atención por un momento. Tan claro como que Dios está en los cielos es que esos caballos, así como los bienes pertenecen a mi esposo, y este hombre intenta quitármelos, o al menos los caballos, dejándome con mis ocho hijos sin los medios para continuar mi viaje". Mirando al señor Howard, le dije, "Señor, le prohíbo que toque esos caballos o que los conduzca un paso más. Puede ahora irse, no tengo ninguna necesidad de sus servicios. Yo me ocuparé de los caballos personalmente y atenderé mis propios asuntos". Así lo hice, y prosiguiendo nuestro viaje, llegamos prontamente a Palmyra con una pequeña porción de nuestros bienes, y con apenas dos centavos en mi bolsillo.

Cuando encontré a mi esposo en Palmyra, estábamos muy afectados, no por la indolencia, sino por los muchos reverses de la fortuna con las que nuestras vidas habían sido marcadas tan singularmente. Pero a pesar de nuestras desgracias, y de las vergüenzas que nos rodeaban, estaba feliz de poder estar con mi esposo una vez más, y de poder estar, mis hijos y yo misma, al cuidado y afección de un tierno compañero y padre.

Nos sentamos como familia y discutimos cuál sería el mejor curso de acción en esta situación de indigencia que estábamos pasando, y decidimos que lo mejor que podíamos hacer era trabajar duro todos juntos para poder comprar un terreno. Como tenía experiencia pintando al óleo manteles para mesas, abrí un negocio y me fue muy bien. Suministré todas las provisiones necesarias para la familia y comencé a llenar nuestra casa con muebles en un tiempo muy breve gracias a mi labor.

Mi esposo y mis hijos Alvin y Hyrum se dedicaron a pagar por cien acres de tierra que el señor Smith contrató con un administrador de fincas. En un año casi pudimos pagar la primera cuota, construir una casa de troncos y comenzar a limpiar la tierra. Creo que unos treinta acres de tierra estaban listos para cultivar el primer año.

Ahora voy a desviarme un poco en mi historia para contar otro sueño muy singular que mi esposo tuvo en este tiempo.

"Soñé", dijo, "que estaba viajando a pie, y estaba muy enfermo y que estaba cojo y apenas podía caminar. Mi guía, como de costumbre, estaba al lado mío. Mientras viajábamos juntos por un cierto tiempo, mi pierna me empezó a doler tanto que no pude seguir. Le expliqué esto a mi guía y le pregunté qué podía hacer. Me dijo que siguiera viajando hasta que llegara a un cierto jardín. Me levanté y me dirigí hacia ese jardín, mientras que le pregunté a mi guía cómo reconocería el lugar. Me dijo, 'Proceda hasta que se encuentre con una puerta muy grande. Ábrala y verá el jardín, cubierto de las flores más hermosas que sus ojos jamás hayan visto, y allí será sanado'. Renqueando con gran dificultad finalmente llegué a la puerta, y, al entrar, vi el jardín mencionado, el cual era más hermoso que toda descripción, lleno con las flores más delicadas y de todo tipo y color. En el jardín había caminos de un metro de ancho, los cuales estaban rodeados en ambos lados con piedras de mármol. Uno de los caminos iba de la puerta al centro del jardín, y en ambos lados había un asiento muy finamente tallado, y en cada asiento había seis imágenes de madera, y cada una tenía el tamaño de un hombre grande. Cuando llegué a la primera imagen en el lado derecho, se levantó y me hizo una reverencia con mucha cortesía. Miré al que estaba enfrente de mí, en el lado izquierdo, y se levantó y me hizo una reverencia igual que había hecho el primero. Continué dándome vuelta, primero a la derecha y luego a la izquierda, hasta que los doce hombres me homenajearon de manera similar, después de lo cual me sentí completamente sano. Le pregunté a mi guía qué significaba todo esto, pero me desperté antes de recibir una respuesta'.

"Hora seguiré hablando de la granja. Cuando se acercó el tiempo de pagar la segunda cuota, Alvin nos dejó para tratar de conseguir trabajo y poder juntar el dinero que necesitábamos, y después de mucho trabajo y fatiga, regresó con la suma necesaria. Habiendo hecho este pago, nos sentimos aliviados, ya que esta era la única cosa que nos preocupaba, ya que teníamos una casa muy cómoda, con bellos muebles, y los medios para vivir de manera grata. Habían pasado solo dos años desde que habíamos llegado a Palmyra, sin dinero, propiedad o conocidos. Manos amistosas fueron extendidas por todos lados y alabamos a Dios con todo nuestro corazón porque 'para siempre es su misericordia'. Y no solamente recibimos bendiciones temporales, sino también espirituales. Las escrituras, las cuales dicen, 'Tus ancianos tendrán sueños' se cumplió en el caso de mi esposo, ya que había tenido otra visión, la cual paso a relatar. Esta vez, y una más, voy a interrumpir la atención de mis lectores. Él recibió dos visiones más, las cuales probablemente serán de algún interés, pero no puedo recordarlas con suficiente distinción como para relatarlas por completo. La siguiente, la cual fue la sexta, aconteció así:

"Me pareció que estaba caminando solo. Estaba muy cansado, pero seguí viajando. Me pareció que estaba yendo a una reunión, que el siguiente día era el día del juicio, y que iba a ser juzgado.

"Cuando llegué a la capilla vi multitudes de gentes que venían de todas direcciones, y se amontonaron con gran ansiedad en la puerta de este gran edificio, pero pensé que llegaría a tiempo y por lo tanto no había necesidad de apresurarme. Pero, al llegar a la puerta, me encontré con que estaba cerrada. Golpeé, pero fui informado por el portero que había llegado demasiado tarde. Me sentí sumamente preocupado, y rogué que me dejaran entrar. De repente sentí que mi carne y mi piel estaban pereciendo. Continué rogando, y mi carne y mi piel continuaron marchitándose sobre mis huesos. Estaba en un estado de casi total desesperación cuando el portero preguntó si había hecho todo lo necesario para ser admitido. Le respondí que había hecho todo lo que estaba en mi poder. 'Entonces', observó el portero, 'la justicia debe ser satisfecha. Después de eso, la misericordia reclama sus derechos'.

"Entonces se me ocurrió orar a Dios, en el nombre de Su hijo Jesús, y grité, en mi agonía, 'Oh, Dios, te ruego, en el nombre de Jesucristo, que perdones mis pecados'. Después de esto me sentí mucho más fuerte y comencé a recuperarme. El portero, o ángel, comentó que era necesario reclamar los méritos de Jesús, ya que Él era el mediador entre Dios y el hombre.

"Me sentí completamente recuperado y la puerta se abrió, pero al entrar me desperté".

La primavera siguiente comenzamos a hacer los preparativos para construir otra casa más cómoda para personas de edad avanzada como nosotros.

LA HISTORIA DE JOSÉ EL PROFETA COMIENZA; SÉPTIMA VISIÓN DE JOSÉ SMITH PADRE.

Ahora comienzo la historia de José. Haciendo referencia a la tabla que encontrará más adelante verá su fecha y lugar de nacimiento. Aparte de eso, no diré mucho acerca de él hasta que llegó a la edad de catorce años. Sé que muchos de mis lectores estarán decepcionados, ya que supongo, basándome en las muchas preguntas que se me han hecho con regularidad, muchos piensan que puedo contar historias de su juventud llenas de hechos extraordinarios, pero como nada le sucedió durante su infancia más que aquellas circunstancias normales que todos pasamos, la omito en silencio.

A la edad de catorce años ocurrió un incidente que nos alarmó mucho, ya que no sabíamos qué lo había ocasionado. José, siendo un niño muy callado y de muy buena disposición, no sospechamos que nadie podría tratar de hacerle daño. Una tarde había ido a hacer un recado cuando, al regresar a casa y mientras pasaba enfrente de la puerta de la yarda, un arma fue disparada en su dirección con la evidente intención de herirlo. Corrió hacia la casa muy asustado. Inmediatamente fuimos en busca del asesino, pero no pudimos encontrar ningún rastro de él. A la mañana siguiente encontramos sus huellas debajo de una carreta donde estaba echado cuando disparó, y al día siguiente encontramos las balas que fueron disparadas de su arma en la cabeza y el cuello de una vaca que estaba parada enfrente de la carreta en un rincón oscuro. Todavía no sabemos quién es el hombre que intentó asesinar a José ni la causa.

Insertaré aquí la séptima visión que tuvo mi esposo, la cual recibió en 1819.

"Soñé", dijo él, "que un hombre con un saco de vagabundo en su espalda se me acercó y me dijo, 'Señor, ¿no cambiaría lugares por hoy? Ya lo he llamado siete veces, y hemos cambiado lugares cada vez, y siempre lo encontré estrictamente honesto en todos sus negocios. Sus medidas siempre son justas, y sus pesas balanceadas, y ahora vengo a decirle que es la última vez que lo llamaré, y que hay solamente una cosa que le falta para asegurar su salvación'. Como estaba muy ansioso de saber que era lo que me faltaba, le pedí que lo escribiera en un pedazo de papel. Me dijo que lo haría, y corrí a buscar papel, pero en mi entusiasmo, me desperté".

Poco después de que mi esposo recibió esa visión, hubo un gran resurgimiento de la religión, la cual se extendió a las denominaciones cristianas en los lugares que rodeaban nuestra localidad. Muchas de las personas del mundo, estando preocupadas con la salvación de sus almas, se identificaron como buscadores de religión. Muchos de ellos querían unirse a alguna iglesia, pero no habían decidido qué fe adoptarían. Cuando muchas de las reuniones estaban por separarse, y los candidatos y los miembros de las varias iglesias más importantes comenzaron a consultarse unos a otros con respecto a cuál iglesia deberían elegir, se dio lugar una gran disputa, y hubo una gran contención entre ellos.

Mientras esto estaba ocurriendo, José se vio muy inquieto con respecto al tema de la religión, y el siguiente extracto de su historia mostrará, más claramente de lo que yo puedo expresar, el estado de sus sentimientos, y el resultado de sus reflexiones en esa ocasión:

"Por esa época tenía yo entre catorce y quince años de edad. La familia de mi padre se convirtió a la fe presbiteriana; y cuatro de ellos se convirtieron en miembros de esa iglesia, a saber, mi madre Lucy, mis hermanos Hyrum y Samuel Harrison, y mi hermana Sofronia.

"Durante estos días de tanta agitación, invadieron mi mente una seria reflexión y gran inquietud; pero a pesar de la intensidad de mis sentimientos, que a menudo eran profundos, me mantuve apartado de todos estos grupos, aunque concurría a sus respectivas reuniones cada vez que la ocasión me lo permitía. Con el transcurso del tiempo llegué a favorecer un poco a la secta metodista, y sentí cierto deseo de unirme a ella, pero eran tan grandes la confusión y contención entre las diferentes denominaciones, que era imposible que una persona tan joven como yo, y sin ninguna experiencia en cuanto a los hombres y las cosas, llegase a una determinación precisa sobre quién estaría en lo cierto y quién no. Tan grande e incesante eran el clamor y el alboroto, que a veces mi mente se agitaba en extremo. Los presbiterianos estaban decididamente en contra de los bautistas y de los metodistas, y se valían de toda la fuerza del razonamiento, así como de la sofistería, para demostrar los errores de aquellos, o por lo menos, hacer creer a la gente que estaban en error. Por otra parte, los bautistas y metodistas, a su vez, se afanaban con el mismo celo para establecer sus propias doctrinas y refutar las demás.

"En medio de esta guerra de palabras y tumulto de opiniones, a menudo me decía a mí mismo: ¿Qué se puede hacer? ¿Cuál de todos estos partidos tiene razón; o están todos en error? Si uno de ellos es verdadero, ¿cuál es, y cómo podré saberlo?

"Agobiado bajo el peso de las graves dificultades que provocaban las contiendas de estos partidos religiosos, un día estaba leyendo la Epístola de Santiago, primer capítulo y quinto versículo, que dice: 'Y si alguno de vosotros tiene falta de sabiduría, pídala a Dios, el cual da a todos abundantemente, y sin reproche, y le será dada'. Ningún pasaje de las Escrituras jamás penetró el corazón de un hombre con más fuerza que este, en esta ocasión, el mío. Pareció introducirse con inmenso poder en cada fibra de mi corazón. Lo medité repetidas veces, sabiendo que, si alguien necesitaba sabiduría de Dios, esa persona era yo; porque no sabía qué hacer, y a menos que pudiera obtener mayor conocimiento del que hasta entonces tenía, jamás llegaría a saber; porque los maestros religiosos de las diferentes sectas interpretaban los mismos pasajes de las Escrituras de un modo tan distinto, que destruía toda esperanza de resolver el problema recurriendo a la Biblia. Finalmente, llegué a la conclusión de que tendría que permanecer en tinieblas y confusión, o de lo contrario, hacer lo que Santiago aconsejaba, esto es, recurrir a Dios. Al fin tomé la determinación de 'pedir a Dios', habiendo decidido que, si Él daba sabiduría a quienes no tenían sabiduría, y la impartía abundantemente, y sin reprochar, yo podría intentarlo. Por consiguiente, de acuerdo con mi resolución de recurrir a Dios, me retiré al bosque para hacer la prueba.

"Fue en la mañana de un día hermoso y despejado, a principios de la primavera de 1820. Era la primera vez en mi vida que hacía tal intento, porque en medio de toda mi ansiedad, hasta ahora no había procurado orar vocalmente. Después de apartarme al lugar que previamente había designado, mirando a mi derredor y encontrándome solo, me arrodillé y empecé a elevar a Dios el deseo de mi corazón. Apenas lo hube hecho, cuando súbitamente se apoderó de mí una fuerza que me dominó por completo, y surtió tan asombrosa influencia en mí, que se me trabó la lengua, de modo que no pude hablar. Una espesa niebla se formó alrededor de mí, y por un tiempo me pareció que estaba destinado a una destrucción repentina. Mas esforzándome con todo mi aliento para pedirle a Dios que me librara del poder de este enemigo que se había apoderado de mí, y en el momento en que estaba para hundirme en la desesperación y entregarme a la destrucción, no a una ruina imaginaria, sino al poder de un ser efectivo del mundo invisible, que ejercía una fuerza tan asombrosa como yo nunca había sentido en ningún otro ser, precisamente en este momento de tan grande alarma, vi una columna de luz, más brillante que el sol, directamente arriba de mi cabeza; y esta luz gradualmente descendió hasta descansar sobre mí. No bien se apareció, me sentí libre del enemigo que me había sujetado. Al reposar sobre mí la luz, vi en el aire arriba de mí a dos Personajes, cuyo fulgor y gloria no admiten descripción. Uno de ellos me habló, llamándome por mi nombre, y dijo, señalando al otro: Este es mi Hijo Amado: ¡Escúchalo!

"Había sido mi objeto recurrir al Señor para saber cuál de todas las sectas era la verdadera, a fin de saber a cuál unirme. Por tanto, luego que me hube recobrado lo suficiente para poder hablar, pregunté a los Personajes que estaban en la luz arriba de mí, cuál de todas las sectas era la verdadera, y a cuál debía unirme. Se me contestó que no debía unirme a ninguna, porque todas estaban en error; y el Personaje que me habló me dijo que todos sus credos eran una abominación a su vista; que todos aquellos profesores se habían pervertido; que 'con sus labios me honran, pero su corazón está lejos de mí; enseñan como doctrinas mandamientos de hombres, teniendo apariencia de piedad, mas negando la eficacia de ella'. De nuevo me mandó que no me afiliara con ninguna de ellas; y muchas otras cosas dijo que no puedo escribir en esta ocasión. Cuando otra vez volví en mí, me encontré de espaldas mirando hacia el cielo. Al retirarse la luz, me quedé sin fuerzas, pero poco después, habiéndome recobrado hasta cierto punto, volví a casa. Al apoyarme sobre la mesilla de la chimenea, mi madre me preguntó si algo me pasaba. Yo le contesté: 'Pierda cuidado, todo está bien; me siento bastante bien'. Entonces le dije: 'He sabido a satisfacción mía que el presbiterianismo no es verdadero'. Parece que desde los años más tiernos de mi vida el adversario sabía que yo estaba destinado a perturbar y molestar su reino; de lo contrario, ¿por qué habían de combinarse en mi contra los poderes de las tinieblas? ¿Cuál era el motivo de la oposición y persecución que se desató contra mí casi desde mi infancia?

"A los pocos días de haber visto esta visión, me encontré por casualidad en compañía de uno de los ministros metodistas, uno muy activo en la ya mencionada agitación religiosa; y hablando con él de asuntos religiosos, aproveché la oportunidad para relatarle la visión que yo había visto. Su conducta me sorprendió grandemente; no solo trató mi narración livianamente, sino con mucho desprecio, diciendo que todo aquello era del diablo; que no había tales cosas como visiones o revelaciones en estos días; que todo eso había cesado con los apóstoles, y que no volvería a haber más. Sin embargo, no tardé en descubrir que mi relato había despertado mucho prejuicio en contra de mí entre los profesores de religión, y fue la causa de una fuerte persecución, cada vez mayor; y aunque no era yo sino un muchacho desconocido, apenas entre los catorce y quince años de edad, y tal mi posición en la vida que no era un joven de importancia alguna en el mundo, sin embargo, los hombres en altas posiciones se fijaban en mí lo suficiente para agitar el sentimiento público en mi contra y provocar con ello una amarga persecución; y esto fue general entre todas las sectas: todas se unieron para perseguirme.

"En aquel tiempo me fue motivo de seria reflexión, y frecuentemente lo ha sido desde entonces, cuán extraño que un muchacho desconocido de poco más de catorce años, y, además, uno que estaba bajo la necesidad de ganarse un escaso sostén con su trabajo diario, fuese considerado persona de importancia suficiente para llamar la atención de los grandes personajes de las sectas más populares del día; y a tal grado, que suscitaba en ellos un espíritu de la más rencorosa persecución y vilipendio. Pero, extraño o no, así aconteció; y a menudo fue motivo de mucha tristeza para mí. Sin embargo, no por esto dejaba de ser un hecho el que yo hubiera visto una visión. He pensado desde entonces que me sentía igual que Pablo, cuando presentó su defensa ante el rey Agripa y refirió la visión, en la cual vio una luz y oyó una voz. Mas con todo, fueron pocos los que le creyeron; unos dijeron que estaba mintiendo; otros, que estaba loco; y se burlaron de él y lo vituperaron. Pero nada de esto destruyó la realidad de su visión. Había visto una visión, y él lo sabía, y toda la persecución debajo del cielo no iba a cambiar ese hecho; y aunque lo persiguieran hasta la muerte, aun así, sabía, y sabría hasta su último aliento, que había visto una luz, así como oído una voz que le habló; y el mundo entero no pudo hacerlo pensar o creer lo contrario. Así era conmigo. Yo efectivamente había visto una luz, y en medio de la luz vi a dos Personajes, los cuales en realidad me hablaron; y aunque se me odiaba y perseguía por decir que había visto una visión, no obstante, era cierto; y mientras me perseguían, y me censuraban, y decían falsamente toda clase de mal en contra de mí por afirmarlo, yo pensaba en mi corazón: ¿Por qué me persiguen por decir la verdad? En realidad, he visto una visión, y ¿quién soy yo para oponerme a Dios?; ¿o por qué piensa el mundo hacerme negar lo que realmente he visto? Porque había visto una visión; yo lo sabía, y comprendía que Dios lo sabía; y no podía negarlo, ni osaría hacerlo; por lo menos, sabía que haciéndolo, ofendería a Dios y caería bajo condenación". (*Times and Seasons,* vol. III, p. 727. *Supp.* to *Mil. Star,* vol. xiv, p. 2.)

Desde ese tiempo hasta el veintiuno de septiembre de 1823, José continuó, como era normal, trabajando con su padre y nada ocurrió en esa época que fuera de gran importancia, aunque sufrió todo tipo de oposición y persecución de parte de las diferentes órdenes de religiosos.

La tarde del veintiuno de septiembre, se retiró a su cama en un estado mental muy serio y contemplativo. En breve se dedicó a orar y suplicar al Dios todo poderoso que le dejara saber cuál era la situación de su alma frente a Él, y mientras estaba haciendo esto, tuvo la siguiente visión:

"Encontrándome en el acto de suplicar a Dios, vi que una luz se aparecía en mi cuarto, y que siguió aumentando hasta que el cuarto quedó más iluminado que al mediodía; cuando repentinamente se apareció un personaje al lado de mi cama, de pies en el aire, porque sus pies no tocaban el suelo. Llevaba puesta una túnica suelta de una blancura exquisita. Era una blancura que excedía cuanta cosa terrenal jamás había visto yo; ni creo que exista objeto alguno en el mundo que pudiera presentar tan extraordinario brillo y blancura. Sus manos estaban desnudas, y también sus brazos, un poco más arriba de las muñecas; y en igual manera sus pies, así como sus piernas, poco más arriba de los tobillos. También tenía descubiertos la cabeza y el cuello, y pude darme cuenta de que no llevaba puesta más ropa que esta túnica, porque estaba abierta de tal manera que podía verle el pecho. No solo tenía su túnica esta blancura singular, sino que toda su persona brillaba más de lo que se puede describir, y su faz era como un vivo relámpago. El cuarto estaba sumamente iluminado, pero no con la brillantez que había en torno a su persona.

"Cuando lo vi por primera vez, tuve miedo; más el temor pronto se apartó de mí. Me llamó por mi nombre, y me dijo que era un mensajero enviado de la presencia de Dios, y que se llamaba Moroni; que Dios tenía una obra para mí, y que entre todas las naciones, tribus y lenguas se tomaría mi nombre para bien y mal, o que se iba a hablar bien y mal de mí entre todo pueblo. Dijo que se hallaba depositado un libro, escrito sobre planchas de oro, el cual daba una relación de los antiguos habitantes de este continente, así como del origen de su procedencia. También declaró que en él se encerraba la plenitud del evangelio eterno cual el Salvador lo había comunicado a los antiguos habitantes. Asimismo, que junto con las planchas estaban depositadas dos piedras, en aros de plata, las cuales, aseguradas a un pectoral, formaban lo que se llamaba el Urim y Tumim; que la posesión y uso de estas piedras era lo que constituía a los 'videntes' en los días antiguos o anteriores, y que Dios las había preparado para la traducción del libro.

"Después de decirme estas cosas, empezó a repetir las profecías del Antiguo Testamento. Primero citó parte del tercer capítulo de Malaquías, y también el cuarto o último capítulo de la misma profecía, aunque variando un poco de la manera en que se halla en nuestra Biblia. En lugar de repetir el primer versículo cual se halla en nuestros libros, lo hizo de esta manera: 'Porque, he aquí, viene el día que arderá como un horno, y todos los soberbios, sí, todos los que obran inicuamente, arderán como rastrojo; porque los que vienen los quemarán, dice el Señor de los Ejércitos, de modo que no les dejará ni raíz ni rama'. Entonces citó el quinto versículo de esta forma: 'He aquí, yo os revelaré el sacerdocio por la mano de Elías el profeta, antes de la venida del grande y terrible día del Señor'. También expresó el siguiente versículo de otro modo: 'Y él plantará en el corazón de los hijos las promesas hechas a los padres, y el corazón de los hijos se volverá a sus padres. De no ser así, toda la Tierra sería totalmente asolada a su venida'.

"Aparte de estos, repitió el undécimo capítulo de Isaías, diciendo que estaba para cumplirse; y también los versículos veintidós y veintitrés del tercer capítulo de los Hechos, tal como se hallan en nuestro Nuevo Testamento. Declaró que ese profeta era Cristo, pero que aún no había llegado el día en que 'toda alma que no oiga a aquel profeta, será desarraigada del pueblo', sino que pronto llegaría. Citó, además, desde el versículo veintiocho hasta el último, del segundo capítulo de Joel.

También indicó que todavía no se cumplía, pero que se realizaría en breve; y declaró, además, que pronto entraría la plenitud de los gentiles. Repitió muchos otros pasajes de las Escrituras y propuso muchas explicaciones que no pueden mencionarse aquí. Por otra parte, me manifestó que cuando yo recibiera las planchas de que él había hablado, porque aún no había llegado el tiempo para obtenerlas, no habría de enseñarlas a nadie, ni el pectoral con el Urim y Tumim, sino únicamente a aquellos a quienes se me mandase que las enseñara; si lo hacía, sería destruido. Mientras hablaba conmigo acerca de las planchas, se manifestó a mi mente la visión de tal modo que pude ver el lugar donde estaban depositadas; y con tanta claridad y distinción, que lo reconocí cuando lo visité.

"Después de esta comunicación, vi que la luz en el cuarto empezaba a juntarse alrededor del personaje que me había estado hablando, y así continuó hasta que el cuarto una vez más quedó a oscuras, exceptuando alrededor de su persona inmediata, cuando repentinamente vi abrirse, por así decir, un conducto directamente hasta el cielo, y él ascendió hasta desaparecer por completo, y el cuarto quedó tal como había estado antes de aparecerse esta luz celestial.

"Me quedé reflexionando la singularidad de la escena, y maravillándome grandemente de lo que me había dicho este mensajero extraordinario, cuando en medio de mi meditación, de pronto descubrí que mi cuarto empezaba a iluminarse de nuevo, y, como si fuera en un instante, el mismo mensajero celestial apareció una vez más al lado de mi cama. Empezó, y otra vez me dijo las mismas cosas que me había relatado en su primera visita, sin la menor variación; después de lo cual me informó de grandes juicios que vendrían sobre la Tierra, con grandes desolaciones causadas por el hambre, la espada y pestilencias; y que esos penosos juicios vendrían sobre la Tierra en esta generación. Habiéndome referido estas cosas, de nuevo ascendió como lo había hecho anteriormente". (*Times and Seasons,* vol. III, p. 729. *Supp. to Mil. Star,* vol. xiv., p. 4.)

Cuando el ángel descendió por segunda vez, dejó a José abrumado por el asombro, pero le dio tiempo para que pudiera contemplar las cosas que le había dicho antes de hacer su tercera aparición, y repitió las mismas cosas, agregando unas pocas palabras de advertencia e instrucción, que tuviera cuidado con la codicia, y que no pensara que el registro sagrado iba a salir a la luz con el fin de obtener ganancias, ya que esta no era la meta, sino que era traer luz e inteligencia, las cuales habían desaparecido del mundo, y que cuando fuera a buscar las planchas debía ser cuidadoso, o su mente se llenaría de oscuridad. El ángel también le pidió que le contara a su padre todas las cosas que había visto y escuchado.

CAP. XIX

EL ÁNGEL VISITA A JOSÉ OTRA VEZ; JOSÉ LE CUENTA A SU PADRE LO QUE VIO Y OYÓ; SE LE PERMITE MIRAR LAS PLANCHAS; RECIBE MÁS INSTRUCCIONES; LE CUENTA LO MISMO A LA FAMILIA; TOMA LAS PLANCHAS EN SUS MANOS; LE SON QUITADAS Y ES RETADO; SU DECEPCIÓN.

El siguiente día, mi esposo, Alvin, y José estaban trabajando juntos en la cosecha, y mientras cosechaban José paró de repente y parecía estar en un estado de reflexión muy profundo. Alvin, observándolo, fue hacia donde estaba y le dijo, "No podemos parar, o no terminaremos nuestra tarea". José volvió a trabajar, y después de un breve momento, se detuvo como lo había hecho antes. Como esto era inusual y extraño, atrajo la atención de su padre, quien prontamente se dio cuenta de que José estaba muy pálido. Mi esposo, suponiendo que estaba enfermo, le dijo que fuera a la casa y que le pidiera a su madre que lo atendiera. José se dirigió a la casa, pero al llegar a un hermoso prado, debajo de un manzano, se detuvo a descansar, ya que estaba tan débil que no pudo seguir un paso más. No estuvo allí más que un momento cuando el mensajero que lo visitó la noche previa lo visitó nuevamente, y lo primero que le dijo fue " ¿Por qué no le dijiste a tu padre lo que te pedí?". A lo que José respondió, "Tenía miedo de que no me fuera a creer". El ángel entonces dijo "Él creerá cada palabra que le digas".

José le prometió al ángel que haría todo lo que le había mandado, después de lo cual el mensajero se fue y José regresó al campo, donde había dejado a su padre y a Alvin, pero cuando llegó se enteró que su padre había regresado a la casa, ya que no se sentía bien. José quiso que Alvin fuera a ver a su padre, y que le informara que tenía algo muy importante que comunicarle y que debía venir al campo donde estaban trabajando. Alvin hizo lo que se le pidió, y cuando mi esposo llegó allí, José le relató todo lo que había pasado entre él y el ángel la noche anterior y esa mañana. Una vez que terminó su historia, su padre le ordenó que siguiera todas las instrucciones que el ángel le había dado con el más preciso cuidado.

Poco después de haber tenido esta conversación con su padre, fue al lugar donde estaban depositadas las planchas, el cual describió con estas palabras:

"Cerca del pueblo de Manchester, condado de Ontario, Nueva York, hay un cerro de considerable tamaño, y el más alto de los alrededores. En el lado oeste de este cerro, cerca de la cima, bajo una roca de considerable tamaño, yacían las planchas depositadas en una caja de piedra. La roca era gruesa y redonda en el medio, en la parte superior, y más delgada hacia los bordes, lo que hacía que la parte del medio se pudiera ver sobre la tierra, pero los bordes estaban cubiertos de tierra.

"Habiendo removido la tierra, conseguí una palanca, la cual fijé debajo del borde de la roca, y con un poco de esfuerzo la levanté. ¡Me fijé en lo que había adentro, y allí vi las planchas! El Urim y Tumim, y la coraza, tal como lo había descrito el mensajero". (*Times and Seasons*, vol.III, p. 729; Supp. to *Millennial Star*, vol. xiv, p. 5; *History of the Church*, pp. 15, 16.)

Mientras José permaneció allí, el ángel le mostró, en contraste, la diferencia entre el bien y el mal, y las consecuencias de obedecer y desobedecer los mandamientos de Dios en una manera tan deslumbrante que la imagen permaneció en su memoria hasta el fin de sus días, y relatando la experiencia, poco antes de morir, observó que aún mucho después de haberla vivido estuvo dispuesto a obedecer los mandamientos de Dios.

En esta última entrevista el ángel también le dijo que todavía no era el tiempo para que las planchas fueran presentadas al mundo, que no podría sacarlas de donde estaban hasta que hubiera aprendido a obedecer los mandamientos de Dios, no solo hasta que estuviera dispuesto a obedecer, sino hasta que lo hiciera. El ángel le pidió a José que se presentara en ese lugar el mismo día todos los años, y que se reunirían y que le seguiría dando instrucciones.

La siguiente tarde, cuando la familia estaba toda reunida, José nos comunicó a todos lo que le había contado a su padre en el campo, y también que había encontrado el registro, y lo que había pasado entre él y el ángel cuando estaba en el lugar donde las planchas estaban depositadas.

Estar levantado hasta tarde para poder conversar sobre estas cosas, junto con su gran esfuerzo mental, había fatigado mucho a José, y cuando

Alvin vio esto, dijo, "Ahora, hermano, vamos a dormir para que nos levantemos temprano en la mañana, para así poder terminar de trabajar antes del atardecer. Cuando regresemos, si madre nos tiene lista la cena temprano, podemos pasar una gran tarde escuchando las cosas que Dios te ha revelado".

Como fue acordado, al atardecer del siguiente día estábamos todos sentados alrededor de la mesa, y José comenzó a contarnos las grandiosas y gloriosas cosas que Dios le había manifestado, pero, antes de proceder, nos ordenó que no mencionáramos nada de lo que nos estaba por decir fuera de la familia, ya que el mundo estaba en un gran estado de iniquidad, y cuando se enteraran de estas cosas tratarían de quitarnos la vida y que tratarían de obtener las planchas. Nuestro apellido sería tomado como cosa perversa por todo el mundo. De allí la necesidad de reprimir estas cosas tanto como nos fuera posible hasta el tiempo en el que saldrían al mundo.

Después de pedirnos esto, procedió a relatarnos más detalles con respecto a la tarea que se le había pedido hacer, y lo recibimos con mucha alegría, nunca mencionando nada de esto fuera de nuestro pequeño círculo, de acuerdo con las instrucciones que recibimos de José.

Después de esto, José continuó recibiendo instrucciones del Señor, y continuamos reuniendo a nuestros hijos todas las tardes con el propósito de escuchar lo que tenía para contarnos. Me imagino que mi familia presentaba un aspecto tan singular como cualquier otra que hubiera vivido sobre la faz de la tierra, todos sentados en un círculo, padre, madre, hijos e hijas, y prestando la más profunda atención a un muchacho de dieciocho años quien nunca había leído la biblia completa en su vida: él parecía estar mucho menos interesado en leer libros que el resto de nuestros hijos, pero mucho más dedicado a la meditación y al estudio profundo.

Habíamos recibido la confirmación de que Dios estaba a punto de sacar a la luz algo en lo que podríamos confiar, o algo que nos diera un conocimiento más perfecto del plan de salvación y la redención de la familia humana. Esto nos causó mucha satisfacción, la más dulce unión y la felicidad dominó nuestro hogar, y la tranquilidad reinó entre nosotros.

Durante estas conversaciones, José nos daba, de tiempo en tiempo, las recitaciones más entretenidas que se pudieran imaginar. Nos describió a los antiguos habitantes de este continente, sus ropas, sus modos de transporte, y los animales en los que viajaban; sus ciudades, sus edificios, con mucho detalle; sus maneras de hacer la guerra y la forma en que adoraban en su religión. José podía hacer esto con tanta facilidad como si hubiera vivido su vida entera entre ellos.

El veintidós de septiembre de 1824, José visitó nuevamente el lugar donde encontró las planchas el año previo, y suponiendo que esta vez lo único que era requerido de él era que cumpliera los mandamientos de Dios, y ya que él creía firmemente que podía cumplir todos los mandamientos que se le habían dado, tenía toda la esperanza de llevar las planchas a casa. Cuando llegó al lugar y descubrió las planchas, las levantó, pero, mientras las estaba levantando, tuvo el desafortunado pensamiento de que probablemente había algo más en el hoyo aparte de las planchas que le pudiera ser de beneficio monetario. En ese momento de profundo entusiasmo asentó las planchas cuidadosamente con la intención de cubrir la caja en el hoyo, no fuera a ser que alguien pasara por allí y robara lo que hubiera en ella. Después de taparla, se volvió para tomar el registro nuevamente, pero había desaparecido sin tener ni idea de dónde ni cómo.

Como consecuencia de esto, se sintió muy alarmado. Arrodillándose, le preguntó al Señor por qué se le había quitado el registro, a lo cual el ángel del Señor se le apareció y le dijo que no había hecho lo que se le había pedido en una revelación previa, que nunca pusiera las planchas en el suelo y que no las abandonara ni por un momento, hasta que hubiera llegado a su casa y las hubiera guardado en un cofre que tuviera una buena cerradura con llave, y que en vez de hacer esto, las había asentado en el suelo con la intención de obtener algún tesoro imaginario que hubiera quedado en el hoyo.

En ese momento de excitación, José había sido dominado por los poderes de la oscuridad, y olvidó el mandamiento que se le había dado.

Después de conversar por un rato más con el ángel, en esta ocasión, se le permitió levantar la piedra nuevamente y vio las planchas, tal como las había visto anteriormente. Inmediatamente estrechó sus manos para tomarlas, pero en vez de poder agarrarlas, como esperaba, fue arrojado al suelo con gran violencia. Cuando se recuperó, el ángel se había ido, y él se levantó y regresó a la casa, llorando de angustia y decepción.

Como sabía que nosotros estábamos esperando que trajera las planchas con él, estaba muy preocupado, temiendo que dudaríamos que en realidad las hubiera visto. En cuanto entró en la casa, mi esposo le preguntó si había obtenido las planchas. Su respuesta fue "No, padre, no las obtuve".

Su padre entonces dijo, "¿Las viste?".

"Sí", respondió José, "Las vi, pero no las pude tomar".

"Yo las hubiera tomado", contestó su padre con mucha seriedad, "si hubiera estado en tu lugar".

"No sabe lo que dice", dijo José en un tono muy contenido, "no las pude obtener porque el ángel del Señor no me lo permitió".

José nos relató la situación en detalle, la que nos produjo mucha inquietud, ya que temíamos que hubiera fallado completamente en obtener los registros por algún descuido por su parte. Como consecuencia, duplicamos nuestra diligencia al orar y suplicar a Dios, para que así él pudiera recibir más instrucción con respecto a su labor, y para que pudiera ser preservado de las voluntades y maquinaciones de aquel "que yace esperando para engañar".

Todavía estábamos haciendo los preparativos para construir una casa más cómoda, y la responsabilidad de dirigir y controlar ese trabajo cayó mayormente en Alvin. Cuando llegó el mes de noviembre del año 1822, el armazón había sido levantado, y ya habíamos conseguido todos los materiales para completarla rápidamente. Esto le permitió a Alvin tener la esperanza de ver a sus padres descansados y felices una vez más. Solía decir, "Voy a construir un cuarto agradable y cómodo en el cual padre y madre puedan sentarse, en el cual todo esté arreglado para que se sientan confortables, y donde no tendrán que trabajar más como lo han hecho hasta ahora".

CAP. XX
LA ENFERMEDAD Y MUERTE DE ALVIN.

El 15 de noviembre de 1823, aproximadamente a las diez de la mañana, Alvin cayó muy enfermo de litiasis biliar. Vino a la casa muy dolorido y le pidió a su padre que fuera a buscar al doctor inmediatamente. Mi esposo fue y trajo a un doctor llamado Greenwood, quien, al llegar, le administró de inmediato una dosis de cloruro de mercurio. Este doctor no era el que nos atendía regularmente, y por esto fue que Alvin se negó a tomar la medicina, pero después de mucha persuasión, lo convencimos que lo hiciera.

La dosis de cloruro de mercurio se asentó en su estómago, y todas las medicinas suministradas por cuatro doctores muy talentosos no pudieron removerla.

En el tercer día de su enfermedad, el Dr. M'Intyre, cuyos servicios eran regularmente empleados por la familia, ya que era un muy buen doctor, fue llamado, y con él otros cuatro doctores eminentes. Pero todo fue en vano. Sus esfuerzos fueron inútiles, tal como Alvin nos había dicho. Les dijo que el cloruro de mercurio todavía estaba asentado en el mismo lugar, después de todos los esfuerzos para que lo pudiera digerir, y que eso acabaría con su vida.

Al llegar a esta conclusión, llamó a Hyrum y le dijo, "Hyrum, debo morir. Quiero decirte algunas cosas que deseo que recuerdes. He hecho todo lo posible para hacer que nuestros padres estén cómodos. Quiero que termines la casa y que los cuides en su avanzada edad, y que no les permitas trabajar duro, ya que están en el crepúsculo de sus vidas".

Luego llamó a Sofronia y le dijo, "Sofronia, debes ser una buena niña y hacer todo lo que puedas por nuestros padres. Nunca los abandones; han trabajado muy duro, y ahora están viejos. Sé buena con ellos, y recuerda lo que han hecho por nosotros".

Al fin de la cuarta noche, llamó a todos sus hermanos, y los exhortó por separado en la misma manera ya mencionada. Pero cuando habló con José, le dijo, "Ahora voy a morir, el sufrimiento que estoy pasando y los sentimientos que tengo me dicen que no queda mucho tiempo. Quiero que seas un buen muchacho y que hagas todo lo que está en tu poder para obtener el registro. Sé fiel en recibir instrucción y en guardar todos los mandamientos que te han sido dados. Tu hermano Alvin debe abandonarte, pero recuerda el ejemplo que te dio, y sé el mismo ejemplo para los que son más jóvenes que tú, y siempre sé bueno con nuestros padres".

Después de esto, me pidió que trajera a mi pequeña hija Lucy ya que deseaba verla. Siempre la quiso mucho y tenía la costumbre de levantarla y acariciarla, lo cual naturalmente estableció una relación muy cercana entre ellos. Fui hacia ella y le dije, "Lucy, Alvin quiere verte". Al escuchar esto, comenzó a llorar, y gritó, "Amby, Amby" (no podía hablar bien, ya que era muy joven). La llevamos hacia donde estaba su hermano, y cuando se le acercó, saltó de mis brazos y abrazó su cuello, exclamando "Oh, Amby", y le dio besos repetidamente.

"Lucy", dijo él, "debes ser la mejor niña en el mundo, y cuida a madre; ya no puedes tener más a tu Amby. Amby se debe ir, debe abandonar a la pequeña Lucy". Le dio un beso, y dijo, "Llévensela, creo que mi aliento la ofende". Tratamos que forzarla para sacarla del cuarto, pero lo abrazó tan fuertemente que fue difícil desprenderla de él.

Cuando estaba llevando a Lucy fuera del cuarto, dijo, "Padre, madre, hermanos y hermanas. Adiós. Puedo ahora exhalar mi último aliento tan calmo como un reloj". Al decir esto, cerró sus ojos y murió.

Lucy siguió llamando a Alvin. Alguien observó, "Alvin se fue. Un ángel llevó su espíritu al cielo". Al escuchar esto, la niña comenzó a gritar nuevamente, y, mientras levanté su cuerpo en mis brazos, ella lo volvió a abrazar y a besarlo repetidamente. Hasta que su cuerpo fue sacado de la casa, ella continuó gritando, y manifestó sentimientos tan fuertes de horror y amor como raramente se pueden ver.

Alvin fue un joven de singular bondad, amable y amigable, por lo que la lamentación y el luto llenaron todo el vecindario en el que vivíamos.

Respondiendo el pedido de un doctor importante, Alvin fue abierto para descubrir, de ser posible, la causa de su muerte. Al hacer esto, descubrieron el cloruro de mercurio en sus intestinos, sin haber sido tocado por nada de lo que Alvin había tomado para removerlo, y casi en su estado natural, rodeado por gangrena.

Una gran cantidad de gente acudió a sus pompas fúnebres, quienes estuvieron muy ansiosos de mostrarnos su compasión en este momento tan difícil que estábamos pasando.

Alvin manifestó más fervor y ansiedad con respecto al registro que se le había manifestado a José que cualquier otra persona en la familia, y, como consecuencia, yo no podía soportar que mencionáramos el tema. Cada vez que José hablaba del registro, me acordaba de Alvin, con todo su fervor y bondad, y cuando mirábamos el lugar donde se solía sentar, y nos dábamos cuenta que se había ido para no regresar más, todos llorábamos sobre esta pérdida irreparable, y no podíamos "ser consolados, porque él ya no existía".

AGITACIÓN RELIGIOSA; LA PROFECÍA DE JOSÉ; ÉL TRABAJA PARA EL SR. STOAL; CONOCE A EMMA HALE.

Poco después de la muerte de Alvin, un hombre comenzó a trabajar en el vecindario para conseguir que varias de las diferentes iglesias se unieran, para que todos estuvieran de acuerdo y para que adoraran a Dios con una sola mente y corazón. Esto me pareció muy bien, y sentí la inclinación de unirme a él con este propósito. De hecho, la mayoría de la familia estaba dispuesta a unírsele, pero José, desde el principio, se negó a acudir a sus reuniones, diciendo, "Madre, yo no quiero negarte a ti ni a nadie en esta familia a que vaya a las reuniones de cualquier iglesia, pero por favor, no me pidas que me una a ellas. Puedo tomar mi biblia e ir al bosque y aprender más en dos horas de lo que aprenderás en dos años, yendo todo el tiempo, en esas reuniones".

Mi esposo asistió a dos o tres reuniones para complacerme, pero eventualmente se negó a seguir atendiendo, ni para complacerme a mí ni a otra persona.

Durante este tumulto, José solía decir que no nos haría daño unirnos a estas iglesias, y que, si lo hacíamos, que no debíamos permanecer en ellas por mucho tiempo, ya que estábamos equivocados acerca de ellas, y que no sabíamos de la maldad de sus corazones. Un día dijo que nos daría un ejemplo, y que nos diría una profecía:

"Oigan al diácono Jessup", dijo, "y lo oirán hablar muy piadosamente. Piensan que es un hombre muy bueno. Supongan que un vecino le debe algo por el valor de una vaca, y que este pobre hombre tiene ocho pollos. Es más, que se enferma y muere, dejando a su esposa con una vaca, pero sin otros medios de mantenerse a sí misma y a su familia. Yo les digo que el diácono Jessup, tan religioso como es, no dudará en tomar la vaca de esta viuda y de los huérfanos para poder asegurarse de que su deuda es pagada, a pesar de que él tiene de todo en abundancia".

Nos pareció en ese entonces que semejante situación sería imposible, pero transcurrió menos de un año cuando la profecía de José se cumplió.

El impacto que nos causó la muerte de Alvin pasó al poco tiempo y continuamos nuestras tareas habituales con considerable interés. El primer intento de continuar con nuestra vida normal fue terminar nuestra casa. Hicimos esto tan rápidamente como nos fue posible, y cuando estuvo acabada, el señor Stoddard, el trabajador principal, nos ofreció por ella mil quinientos dólares, pero mi esposo rechazó la oferta porque no estaba dispuesto a abandonar el escenario de tantos momentos gratos, y donde habíamos previsto pasar el resto de nuestros días.

Poco después de que la casa fue terminada, un hombre llamado Josiah Stoal vino desde el condado de Chenango, Nueva York, con la intención de conseguir la ayuda de José en su mina de plata. Quería que José le ayudara porque había escuchado que José tenía la capacidad de ver cosas que los ojos naturales no podían ver.

Stoal emprendió este proyecto por la siguiente razón: de alguna manera un antiguo documento había caído en su posesión, el cual contenía información de minas de plata en algún lugar del vecindario en el que residía.

José trató de desviar los vanos afanes de este hombre, pero él era inflexible en su propósito y ofreció altos salarios a quienes estuvieran dispuestos a trabajar para él buscando dicha mina, e insistió en que José debía trabajar para él. José y otros fueron con él y comenzaron a excavar.

Después de trabajar para este hombre por un mes, sin éxito, José lo convenció de que cesara su operación, y fue a causa de esta ocasión en la que trabajó en la mina de plata que prevaleció la historia de que José era un buscador de dinero.

Mientras José trabajó para el señor Stoal, vivió por un corto tiempo con un tal Isaac Hale, y fue durante esta época que José conoció a su hija, la señorita Emma Hale, a quien inmediatamente comenzó a prestar su atención, y con quien a la larga se casó.

Cuando el señor Stoal abandonó su proyecto de excavación, José regresó a la casa de su padre.

Poco después de su retorno, recibimos nueva información con respecto a un nuevo agente de la propiedad de Evenson, en la cual nuestra granja estaba ubicada. Este hombre nos recordó que nuestra cuota todavía estaba pendiente, y que debíamos pagarla para poder obtener la escritura del lugar.

Poco después de esto, dos caballeros, uno de los cuales era el señor Stoal que mencioné anteriormente, y el otro un señor llamado Knight, vinieron al vecindario con el propósito de comprar una cantidad de harina o de trigo, y como teníamos mucho trigo, hicimos un contrato con ellos de enviarles la harina el otoño siguiente, por la cual recibiríamos suficiente dinero para hacer el último pago de nuestra granja. Mi esposo envió a Hyrum a Canandaigua a informar al nuevo agente que el dinero le llegaría alrededor del veinticinco de diciembre de 1825. El agente dijo que esto estaba bien y que conservaría la propiedad hasta ese momento. Como supusimos que nos habíamos asegurado la propiedad, no nos preocupamos más sobre este asunto.

Cuando llegó el tiempo en el que teníamos que pagar la deuda, y cuando mi esposo estaba por ir a visitar a los señores Stoal y Knight para buscar el dinero, José le dijo en privado, "He estado muy solitario desde que Alvin falleció, y he decidido casarme, y si no tienes ninguna objeción en que me case con la señorita Emma Hale, ella será la elegida sobre todas las otras mujeres que jamás he visto".

Estuvimos muy conformes con su decisión, y no solamente estuvimos de acuerdo con su elección, sino que le pedimos que vinieran a vivir con nosotros. Dicho esto, se dirigió a Pensilvania con su padre.

CAP. XXII

JOSÉ SMITH PADRE PIERDE SU GRANJA; JOSÉ HIJO SE CASA; TIENE OTRA ENTREVISTA CON EL ÁNGEL, QUIEN LO RETA; RECIBE MÁS INSTRUCCIONES.

A los pocos días de la partida de mi esposo, me puse a trabajar ordenando la casa para la recepción de la novia de mi hijo, y sentí todo el orgullo y la ambición al hacerlo como es habitual ver en las madres en tales ocasiones.

Mi hijo mayor estableció una relación matrimonial con una de las mujeres más excelentes, con lo cual estuve muy feliz, y tuve la esperanza de que mi segunda nuera nos trajera tanta felicidad como la primera, y no había razón para que pensara de otra manera.

Una tarde, después de haber terminado mis proyectos, caí en un agradable estado de reflexión. Era un hermoso día que de por sí provocaba buenos sentimientos. Además, todas las otras circunstancias parecían estar en consonancia, y contribuyeron a levantar el corazón de uno a un estado de emociones gratas, las cuales todos tenemos la oportunidad de disfrutar cuando nuestra mente está en paz. Mientras estaba meditando, entre otras cosas, en el proyecto de una edad avanzada calmada y cómoda, mi atención fue interrumpida por tres extranjeros que estaban entrando en la propiedad. Cuando se acercaron pude distinguirlos, eran el señor Stoddard, el carpintero principal de la casa en la que vivíamos.

Cuando entraron en la casa les pedí que se sentaran y comenzamos una grata conversación. Pero al poco tiempo, uno de ellos me hizo preguntas que consideré muy impertinentes, cuestiones que tenían que ver con el último pago de nuestra propiedad, y que si no queríamos vender la casa, a dónde habían ido mi esposo y mi hijo, etc., etc.

"¡Vender la casa!", respondí. "No señores, no tenemos ningún deseo de hacer tal cosa, ya que hemos hecho los arreglos necesarios para obtener la escritura de la propiedad, y además tenemos un acuerdo con el agente. Así que verán que nos sentimos muy seguros con respecto a este asunto".

No me respondieron nada, pero cuando salieron a encontrarse con Hyrum, quien se estaba acercando a la casa, le hicieron las mismas preguntas y él les dio las mismas respuestas que yo les había dado. Una vez que le hubieron escuchado, procedieron a informarle a mi hijo que no necesitaba preocuparse más de la granja, "porque hemos comprado el lugar", le dijeron, "y le prohibimos que toque nada en la granja. También le advertimos que deben irse y entregar la granja a sus legítimos dueños".

Yo escuché la conversación, y cuando volvieron a entrar en la casa, pregunté, "Hyrum, ¿es verdad, o es un truco para engañarnos?". Pero al ver a estos hombres estuve convencida de su diabólica determinación. Fue demasiado para mí y caí en mi silla, casi inconsciente.

Cuando me recuperé, Hyrum y yo hablamos con estos hombres, tratando de persuadirlos a que cambiaran de opinión, pero la única respuesta que nos dieron fue, "Bueno, somos los dueños del lugar. Vayan al infierno y ayúdense a sí mismos, si pueden".

Poco después, Hyrum fue a hablar con un viejo amigo, el Dr. Robinson, y le contó nuestra penosa historia. El caballero se sentó y escribió durante un considerable tiempo del carácter de la familia, de todo lo que hicimos y de nuestros esfuerzos en obtener un hogar, además de escribir muchas recomendaciones que tenían la intención de provocar confianza en nosotros con respecto a nuestras transacciones mercantiles. Luego, fue a la casa de sus vecinos y obtuvo sesenta firmas de gentes que apoyaron lo que él había escrito, después de lo cual envió a Hyrum a la casa del agente en Canandaigua.

Al recibir esto, el agente se enfureció. Dijo que los hombres le habían dicho que el señor Smith y su hijo José habían huido, y que Hyrum había cortado la huerta de azúcar, había roto las barandas y que las había quemado, y que habían hecho toda clase de destrozos en la granja, y que, creyendo en la palabra de estos hombres, se vio convencido de vender el lugar, tras lo cual él les dio la escritura y recibió el dinero.

Hyrum le explicó las circunstancias bajo las cuales su padre y su hermano se habían ido del lugar, y cómo probablemente se habían demorado atendiendo algún asunto. El agente le pidió que le escribiera un número de cartas a mi esposo y que las enviara y depositara en lugares públicos en el camino que mi esposo transitaría, para que así mi esposo las pudiera leer y regresara a casa más rápidamente. También les mandó un mensaje a aquellos individuos a los que les había entregado la escritura de la granja, con el propósito de llegar a un acuerdo con ellos, pero se negaron a hacer nada al respecto. El agente les mandó un mensaje, diciendo que, si no se presentaban, les iba a levantar una orden de arresto. Al escuchar esto, acudieron de inmediato. El agente les dijo que lo que estaban haciendo era vergonzoso y descortés de su parte, y los trató de convencer de que nos devolvieran la propiedad.

Por algún tiempo dijeron poco que no fuera burlón y desdeñoso, de la siguiente manera: "Tenemos la propiedad, señor, y tenemos la escritura. Deje que el señor Smith se ayude a sí mismo. Después de todo, tiene una biblia de oro y es rico. No necesita nada". Pero finalmente accedieron a darnos la escritura si Hyrum podía conseguir mil dólares antes del sábado a las diez de la noche.

Era un jueves al mediodía, y Hyrum estaba en Canadaigua, a nueve millas de nuestro hogar, y por lo tanto regresó a casa antes de poder juntar la suma requerida. Cuando llegó a casa, tenía un corazón muy apesadumbrado. Su padre, por suerte, cuando estaba a unas cincuenta millas de casa había visto una de las cartas que Hyrum había escrito.

El próximo día, a petición de mi esposo, fui a visitar a un viejo cuáquero, un caballero con quien habíamos tenido una relación cercana desde el tiempo que comenzamos en la granja, y que siempre pareció admirar el orden de la misma. Teníamos la esperanza de que pudiera y tuviera la voluntad de comprar el lugar y que obtuviera el beneficio del cultivo que crecía en ese suelo, ya que era un amigo y tendría la disposición de ayudarnos. Pero quedamos decepcionados, no en su voluntad o disposición, sino en su falta de habilidad. Él había acabado de pagarle al agente todo el dinero que tenía, para ayudar a un amigo en el vecindario que estaba en nuestra misma situación. Si hubiéramos llegado a la casa media hora antes, lo habríamos encontrado con mil quinientos dólares en su bolsillo.

Cuando le conté lo que nos había pasado, se sintió muy mal por nosotros y se lamentó por su incapacidad de ayudarnos. Sin embargo, nos dijo, "Aunque no tengo más dinero, trataré de hacer algo por ustedes, y le puede decir a su esposo que lo veré en cuanto pueda para contarle cuál es el resultado de mis esfuerzos".

Era casi de noche. La población era nueva, y el camino hacia mi casa pasaba por un bosque muy denso. La distancia que debía viajar era de diez millas, y sola, pero a pesar de eso, me apresuré para informarle a mi esposo del decepcionante resultado de mi visita.

El anciano, en cuanto me fui, comenzó a buscar a alguien que nos pudiera ayudar, y habiendo escuchado acerca de un señor Durfee, quien vivía a cuatro millas de distancia, nos vino a ver esa misma noche y nos pidió que lo fuéramos a visitar para ver qué podía hacer por nosotros.

Mi esposo se dirigió sin tardanza a la casa del señor Durfee, y llegó allí antes del amanecer. Él le pidió a mi esposo que viajara unas tres millas más para ver a uno de sus hijos, quien era un comisario importante, con el mensaje de que su padre quería verlo lo antes posible. El señor Durfee fue a ver a su padre de inmediato, y después de llegar a la casa de su progenitor, los tres fueron a ver la granja y llegaron allí a las diez de la mañana. Permanecieron allí un breve tiempo, después de lo cual fueron a ver al agente y a esos villanos que tenían la escritura de nuestra propiedad.

La ansiedad mental que sufrí ese día puede ser imaginada mejor de lo que puede ser descrita. Ahora veía al fruto de nuestra labor, la cual recordábamos gratamente, con una especie de cariño melancólico que nunca había experimentado, y las pérdidas que sufrimos antes no las sentí tanto, ya que me daba cuenta entonces que éramos jóvenes y por medio de nuestro esfuerzo podríamos mejorar nuestras circunstancias. Además, no había sufrido los inconvenientes de la pobreza desde esa época.

Mi esposo y el señor Durfee llegaron a Canandaigua pasadas las nueve de la tarde. El agente inmediatamente envió a buscar al señor Stoddard y a sus amigos, los cuales vinieron sin tardanza, pero para hacer las cosas más complicadas, decían que eran pasadas las diez de la noche. Sin embargo, al no poder sostener su argumento, le dieron la escritura de la propiedad al señor Durfee, el comisario, quien ahora era el dueño de la granja.

Mencioné con anterioridad que cuando el señor Smith fue a ver a Knight y a Stoal, José lo acompañó. Cuando regresó, José volvió con él y permaneció con nosotros hasta que las dificultades con la granja se resolvieron. Entonces fue a Pensilvania con el mismo propósito que había ido antes, y en enero regresó con su esposa, con buena salud y con buenos espíritus.

No mucho tiempo después de su regreso, mi esposo tuvo ocasión de enviarlo a Manchester por asuntos de negocios. Como había partido temprano, lo esperábamos de vuelta a las seis de la noche a más tardar, pero cuando dieron las seis, todavía no había regresado. Siempre tuvimos una ansiedad particular con respecto a él cuando estaba ausente, porque parecía que siempre pasaba algo que podía poner su vida en peligro. No llegó a casa hasta casi el amanecer. Al entrar, se tiró en una silla, aparentemente exhausto. Mi esposo notó que no se veía tan cansado, y exclamó, "José, ¿por qué regresas tan tarde? ¿Te pasó algo? Hemos estado muy preocupados por tu bienestar por tres horas". Como José no respondió, continuó con sus preguntas, hasta que finalmente le dije, "Padre, déjalo descansar por un momento. No lo molestes ahora. Ya ves que ha regresado a casa sano y salvo y que está muy cansado, así que, por favor, espera un momento".

Yo estaba acostumbrada a ser más prudente con las cosas que concernían a José, ya que estaba más habituada a verlo como se veía en esta ocasión, y no podía equivocarme fácilmente cuál era la causa.

José prontamente sonrió y dijo en un tono calmo, "He recibido el escarmiento más severo que jamás recibí en mi vida".

Mi esposo, suponiendo que era de parte de algún vecino, se enojó mucho y observó, "¡Me gustaría saber quién cree que es asunto suyo encontrar faltas en ti!".

"Basta, padre, basta", dijo José. "Fue el ángel del señor. Cuando pasé por el cerro Cumorah, donde están las planchas, el ángel me encontró y me dijo que no he estado lo suficientemente preocupado por los asuntos del Señor, que había llegado el tiempo de sacar a luz el registro, y que debía ocuparme en llevar a cabo las cosas que Dios me ha mandado hacer. Pero, padre, no te preocupes por la reprimenda que recibí, porque sé el curso que debo seguir, y todo estará bien".

También le hizo saber en esta entrevista que él debía hacer otro esfuerzo de obtener las planchas el veintidós de septiembre siguiente, pero esto no nos lo mencionó esa noche.

CAP. XXIII
JOSÉ OBTIENE LAS PLANCHAS.

El veinte de septiembre, el señor Knight vino con su amigo el señor Stowell para ver cómo nos estaba yendo con el señor Stoddard y compañía. Se quedaron con nosotros hasta el veintidós. La noche del veintiuno estuve levantada hasta muy tarde, ya que tenía mucho que hacer, y no fui a dormir hasta después de la medianoche. A eso de las once, José vino y me preguntó si tenía un cofre con una cerradura y una llave. Supe en ese instante lo que quería, y estaba alarmada, ya que este sería un momento de gran importancia para él. Pero José respondió, "No importa. Puedo arreglármelas sin un cofre. No se preocupe, todo está bien". Pero fue difícil no preocuparme, ya que no me había olvidado de su primer fracaso.

Poco después, la esposa de José pasó por mi cuarto con su bonete y su vestido de viaje, y en unos minutos partieron juntos, llevando el caballo y la carreta del señor Knight. Pasé la noche en oración y suplicando a Dios, ya que mi ansiedad no me permitía dormir. Fui a preparar el desayuno a una hora razonable de la mañana, mi corazón latiendo muy fuerte, esperando que José y Emma llegaran en cualquier momento, temiendo una segunda decepción con respecto a las planchas.

Cuando los hombres de la familia se sentaron a la mesa, el señor Smith preguntó por José (nadie sabía dónde había ido excepto yo). Le dije que no llamaría a José porque quería que tomara el desayuno con su esposa esa mañana.

"No, no", dijo mi esposo. "José debe venir y comer conmigo".

"Mire, señor Smith", dije, "yo quiero que desayune con su esposa. Él casi siempre desayuna con usted. Permítale hacer esto esta vez".

Su padre finalmente accedió a comer sin él, y pensé que no habría más preguntas con respecto a su ausencia, pero en unos minutos el señor Knight entró muy preocupado.

"Señor Smith", dijo, "mi caballo ha desaparecido. No lo puedo encontrar por ningún lado, y debo irme a casa en media hora".

"No se preocupe por el caballo", dije. "El señor Knight no conoce todos los rincones de nuestra pradera. Voy a llamar a William, él le traerá su caballo".

Esto lo satisfizo por un momento, pero pronto hizo otro descubrimiento. Su carreta también había desaparecido, y pensaba que algún rufián había robado ambos.

"No se preocupe", le dije. "Sería una vergüenza permitirle que buscara su propio caballo y que se socorriera a sí mismo. Vaya y hable con el señor Smith hasta que William regrese. Si realmente debe ir a su casa, será atendido como un caballero". Él fue, y durante su ausencia, José regresó.

Temblé tanto por miedo de que todo se hubiera perdido nuevamente a causa de alguna pequeña falla en cumplir los mandamientos, que me tuve que retirar a mi cuarto para esconder mis sentimientos. José vio esto y me siguió. "Madre", dijo, "no esté inquieta. Todo está bien. Mire", me dijo, "tengo la llave".

No entendí lo que quería decir, pero tomé el artículo en mis manos, y, examinándolo, noté que consistía en dos diamantes de tres puntas redondeadas que estaban puestos en un vidrio, y los lentes estaban colocados en una especie de arco de plata conectados entre ellos de la misma manera en que los anteojos antiguos eran hechos.

Al poco tiempo de llegar, me preguntó cuál sería el mejor método para conseguir que alguien me hiciera un cofre. Le dije que fuera a un carpintero que había estado haciendo muebles para mi hija mayor, y que le dijera que le pagaría por el cofre de la misma manera que le pagamos por las otras cosas que nos hizo, es decir, la mitad en dinero y la otra mitad en mercadería.

José dijo que haría lo que le aconsejé, pero que no sabía de dónde sacaría el dinero. Al día siguiente, un señor llamado Warner vino a buscarlo y le pidió que fuera con él a la casa de una viuda en Macedon. La viuda, de apellido Wells, quería que le levantaran una buena pared, y le pagaría a José por el trabajo. Como esto nos proporcionaba una manera de pagarle al carpintero por el cofre, José acompañó al señor Warner a Macedon para ayudar a la señora Wells. Como esta mujer nunca había conocido a mi familia, pero a pesar de eso había mandado a buscar a José, consideramos que era un hecho de la providencia para ayudarnos a pagarle al carpintero lo que le debíamos.

Al día siguiente, después de irse, uno de los vecinos comenzó a preguntarle al señor Smith acerca de las planchas. Permítanme mencionar que nadie sabía nada acerca de las planchas con la excepción de un cercano amigo de mi esposo a quien le había mencionado las planchas unos tres años antes. Parecía que Satanás había agitado los corazones de aquellos que tenían conocimiento de este asunto para encontrar una manera de entorpecer el trabajo de ser posible.

Mi esposo recibió la noticia de que diez o doce hombres se habían reunido con un tal Willard Chase, un líder metodista, a la cabeza, y lo que era aún más ridículo, habían mandado a buscar a un adivino que vivía a sesenta millas para que predijera por medio de magia dónde estaba escondido el registro.

Supusimos que José había tomado las planchas y las había escondido en alguna parte y estábamos nerviosos de que fueran descubiertas por nuestros enemigos. La siguiente mañana, después de escuchar sus planes, el señor Smith fue a un cerro en el este para ver qué podía descubrir entre nuestros vecinos. En la primera casa que fue, encontró al adivino y a William Chase junto con el resto de la compañía. Esta era la casa del señor Lawrence. Se sentó cerca de la puerta, dejándola un poco abierta. Los hombres estaban tan cerca que podía escuchar su conversación. Estaban en el patio, cerca de la puerta, planeando una estratagema para encontrar "la biblia de oro de José Smith", como le decían. El adivino estaba muy animado, a pesar de haber viajado sesenta millas durante el día y la noche anterior.

La mujer de la casa se sintió incomoda con lo que estaban diciendo. Saliendo al patio a través de la puerta trasera, y llamando a su esposo, dijo, en voz baja (pero el señor Smith igualmente pudo escuchar), "Sam, Sam, te estás cortando tu propio cuello". Al escuchar esto, el adivino se rio fuertemente y dijo, "Yo no tengo miedo de nadie. Vamos a conseguir las planchas a pesar de Joe Smith y todos los diablos del infierno".

Cuando la mujer volvió, el señor Smith puso al lado un diario que había pretendido estar leyendo, y exclamó "creo que no tengo tiempo para terminar de leer el diario ahora". Después de lo cual abandonó la casa y regresó a su hogar.

Cuando el señor Smith regresó a casa le preguntó a Emma si sabía algo concerniente al registro, y si José los había sacado de su escondite o si podía decirle en dónde estaban. Ella le respondió que no sabía. Mi esposo entonces le contó lo que había oído, a lo cual Emma le respondió que no sabía que podrían hacer. Ella pensaba que si José *debía* tener el registro, lo tendría a pesar de todo y que nadie podría impedirlo.

"Sí", dijo el señor Smith. "Las obtendrá si es cuidadoso y obediente, pero recuerda que por una cosa muy pequeña Esaú perdió su primogenitura y su bendición. Tal vez pueda pasar lo mismo con José".

"Bueno", dijo Emma, "si tuviera un caballo, iría a buscarlo".

El señor Smith dijo entonces, "tendrás uno en quince minutos, ya que, a pesar de que mis caballos estaban ausentes, hay un caballo abandonado en los alrededores". El señor Smith entonces envió a William a que buscara el caballo inmediatamente.

En unos minutos William trajo el caballo con una larga rama de nogal alrededor del cuello (era la ley poner una larga rama de nogal alrededor del cuello de un caballo abandonado antes de meterlo en un lugar cerrado), y Emma pronto estuvo en camino para ir a ver a su esposo.

José siempre llevaba el Urim y Tumim con él para saber en cualquier momento si las planchas estaban en peligro. Como había visto en ellos que Emma estaba llegando, salió para encontrarla. Cuando ella le contó lo que había ocurrido, él le dijo que el registro estaba a salvo por el momento; sin embargo, decidió regresar con su esposa en caso de que algo sucediera en su casa que requiriera su atención.

José fue inmediatamente a ver a la señora Wells y le dijo que algo había sucedido en su casa que requería su inmediata atención. Ella no quería que se fuera, pero cuando él le dijo que volvería en cuanto tuviera la oportunidad, ella consintió. Envió a que un muchacho trajera un caballo, y José, con su esposa a su lado encima del caballo con la rama de nogal en el cuello, partieron a través de la localidad de Palmyra, la cual estaba de camino a su casa.

Al estar llegando a la casa, encontró a su padre a una milla de esta, caminando ansiosamente. "Padre", dijo José, "no hay ningún peligro. Todo está perfectamente bien. No hay razón para alarmarse".

Cuando se había refrescado un poco, envió a Don Carlos, mi hijo menor, a que buscara a su hermano Hyrum para pedirle que viniera inmediatamente, puesto que quería hablar con él. Cuando Hyrum vino, José le pidió que consiguiera un cofre que tuviera una buena cerradura y llave. "Tráelo", dijo José, "así estará listo cuando vuelva a casa". Después de darle estas instrucciones, José partió para buscar las planchas.

Las planchas habían sido escondidas a unas tres millas de casa de la siguiente manera: habiendo encontrado un tronco de abedul que estaba podrido, excepto por la corteza, la cual estaba en considerable buen estado, tomó su cuchillo y cortó la corteza con cuidado, sacó la porción seccionada e hizo un hueco lo suficientemente grande como para esconder las planchas, y depositándolas allí, cubrió el agujero con la corteza que había quitado. Luego cubrió el tronco con cosas que encontró a su alrededor, para así esconder, tanto como fuera posible, el lugar en el que estaban depositadas.

José sacó las planchas de su escondite, y, envolviéndolas en una tela de lienzo, las puso bajo su brazo y partió hacia la casa. Después de caminar una corta distancia por el camino, le pareció que estaría más seguro si caminaba por el bosque. Luego de andar un breve trecho, alguien saltó detrás de él y lo golpeó fuertemente en la cabeza con un arma. José se dio vuelta, lo tiró al suelo de un golpe, y corrió a toda velocidad. A una media milla de distancia, fue atacado nuevamente de la misma manera. Rápidamente se deshizo de este salteador y siguió corriendo, pero, antes de llegar a casa, fue atacado una tercera vez con un severo golpe de arma. Cuando golpeó a este último, se dislocó el pulgar, pero no se dio cuenta de esto hasta que casi había entrado en la casa. Se echó por un momento en el rincón de la reja para recuperar el aliento, y una vez que tuvo la suficiente fuerza, se levantó y terminó su carrera hacia la casa, donde llegó sin habla a causa del susto y el cansancio.

Luego de un breve descanso, dijo, "Madre, dile a Don Carlos que busque a padre y al señor Knight y a su amigo Stowell, y diles que vayan a ver si encuentran a unos hombres que me han estado persiguiendo. Después de eso, pídele a Don Carlos que le diga a Hyrum que traiga el cofre".

Hice lo que me pidió, y cuando Don Carlos entró a la casa de Hyrum, lo encontró tomando té con dos de sus cuñadas. Don Carlos le tocó el hombro justo cuando estaba levantando su taza de té, y sin esperar a escuchar una palabra del muchacho, Hyrum bajó su taza, saltó de la mesa, tomó el cofre, le dio vuelta, tirando todo su contenido en el piso, y abandonó la casa al instante con el cofre sobre sus hombros.

Las muchachas estuvieron muy sorprendidas al ver ese comportamiento tan singular y se quejaron a su esposa (quien estaba en cama. Su hija mayor, Lovina, tenía solo cuatro días) de que su esposo estaba realmente loco. Ella se rio animadamente. "Oh, no, para nada. Simplemente se acordó de algo que había descuidado, y es típico de él salir por una tangente cuando piensa en algo de esa manera".

Cuando el cofre llegó, José guardó el registro y se tiró en la cama. Después de descansar un poco, se levantó para contarle su aventura a su padre, al señor Knight, al señor Stowell y a otros que habían regresado de su expedición sin haber podido encontrar a nadie. José le mostró el pulgar a su padre y le dijo, "Debo dejar de hablar, padre. Necesito que me pongas el pulgar en su lugar, ya que me duele mucho".

Una vez que hubo hecho esto, les contó a sus invitados la historia entera del registro, lo cual los interesó mucho. Ellos escucharon y creyeron todo lo que les fue dicho.

Cuando José tomó las planchas en sus manos por primera vez, el ángel del Señor se paró a su lado y le dijo:

"Ahora tienes el registro en tus propias manos, y no eres más que un hombre, por lo tanto, debes ser cuidadoso y fiel o serás dominado por hombres malvados, puesto que planearán todo lo que esté en su poder para quitártelas. Y si no estás constantemente alerta, ellos vencerán. Mientras estaban en mi poder, yo pude cuidarlas, y ningún hombre tenía poder para robarlas, pero ahora te las doy a ti. Ten cuidado, y sé concienzudo en todo lo que hagas, y tendrás el poder de mantenerlas hasta el tiempo de traducirlas".

Estos objetos de los que hablé, los cuales José había nombrado "llaves", eran nada más y nada menos que el Urim y Tumim por medio de los cuales el ángel había manifestado estas visiones, y por medio de las cuales podía, en cualquier momento, determinar si algún peligro, para él o el registro, se estaba aproximando y por eso mantuvo estos objetos consigo en todo momento.

CAP. XXIV
JOSÉ TRAE EL PECTORAL A LA CASA; MARTIN HARRIS Y SU ESPOSA SON PRESENTADOS; COMIENZA LA TRADUCCIÓN; LA SRA. HARRIS SE OPONE A LA OBRA.

Después de traer las planchas a casa, José comenzó a trabajar con su padre en la granja para poder estar cerca del tesoro que se le había comisionado.

Poco después de esto vino de trabajar una tarde, y después de quedarse por un rato, se puso su abrigo y salió de la casa. En ese momento estaba ocupada en un cuarto del piso de arriba preparando unos oleos para pintar. Cuando volvió, me pidió que bajara. Le dije que no podía abandonar mi trabajo, pero después de que insistió mucho, decidí ir a ver qué quería, y me pasó el pectoral que mencioné en esta historia.

Estaba cubierto por un pañuelo tan delgado que podía ver el metal reluciente y calcular su tamaño sin dificultad.

Era cóncavo en un lado y convexo en el otro, y se extendía desde el cuello hasta el centro del estómago de un hombre de tamaño extraordinario. Tenía cuatro correas del mismo material que se usaban para atarlo al pecho, dos de los cuales iban por encima de los hombros, y las otras dos se ajustaban alrededor de las caderas. De ancho, eran del tamaño de mis dos dedos (las medí), y tenían agujeros en las puntas para ajustarlas fácilmente.

El objeto entero valía al menos quinientos dólares. Después de examinarlo, José lo puso en su pecho junto con el Urim y Tumim.

Poco después de esta experiencia, José vino a la casa muy apurado preguntando si había venido un grupo de hombres. Le dije que nadie había venido a la casa desde que él se había ido. Me dijo entonces que una muchedumbre vendría esa misma noche, o incluso antes, para buscar el registro, y que debíamos moverlo inmediatamente.

Al poco tiempo, un señor llamado Braman vino a la localidad vecina de Livonia, un hombre de origen alemán en quien teníamos mucha confianza y que era digno de la misma. José le contó su miedo de que una

90

muchedumbre fuera a venir esa noche y que debía prepararse para echarlos, pero lo primero que debía hacer era esconder el registro y el pectoral.

Con esto en mente, se determinó que debíamos levantar una parte del hogar y que el registro y el pectoral debían ser escondidos debajo del mismo, y luego volver a construirlo, para así evitar sospechas.

Todo esto fue hecho con tanta rapidez como nos fue posible, pero apenas habíamos terminado de reconstruir el hogar cuando una gran compañía de hombres bien armados entró apresuradamente en la casa. José abrió las puertas, y copiando la lección que aprendió de su abuelo Mack, gritó como si estuviera acompañado de una legión, a la vez que dio una voz de mando con gran énfasis; mientras todos los hombres de la familia, desde el padre hasta el pequeño Don Carlos, corrieron de la casa hacia la muchedumbre con tanta furia que los llenaron de terror y preocupación, y huyeron de la pequeña banda espartana hacia el bosque, donde se dispersaron hacia sus respectivos hogares.

En un breve momento, José recibió otra advertencia de la llegada de una muchedumbre, así como de la necesidad de remover el registro y el pectoral del lugar donde habían sido escondidos. Acto seguido, los sacó de la caja en donde estaban y, envolviéndolos en telas, los llevó al otro lado de la carretera al taller de un tonelero, y los puso encima de una cantidad de lino almacenada en el altillo del taller, después de lo cual clavó otra vez la caja, arrancó las tarimas del taller y los puso debajo de las mismas.

Tan pronto como llegó la noche, la muchedumbre también llegó y comenzaron a saquear el lugar. Hurgaron alrededor de la propiedad y en todos los lugares colindantes, pero no entraron a la casa. Cuando buscaron lo suficiente, se fueron.

La siguiente mañana hallamos el piso del taller del tonelero destruido, y la caja debajo de él en pedazos.

En unos días descubrimos la causa de esta acción, por qué su curiosidad los llevó al taller del tonelero. Una joven mujer llamada Chase, hermana de Willard Chase, encontró un vidrio verde, por medio del cual podía ver muchas cosas maravillosas, y entre sus grandes descubrimientos ella dijo que vio el lugar donde "Joe Smith esconde su biblia de oro", y siguiendo sus instrucciones, la muchedumbre reunió sus fuerzas y sitiaron el taller del tonelero.

A pesar de su decepción al no encontrar las planchas en el taller, su confianza en la Señorita Chase no había disminuido, porque fueron de lugar en lugar siguiendo sus directrices, determinados a obtener, de ser posible, el tan deseado objeto de su búsqueda.

No mucho después de la situación con la muchedumbre en el taller del tonelero, y al haber destruido la caja, José comenzó a hacer arreglos para emprender la traducción del registro. El primer paso que se le dijo que tomara con respecto a su obra, era hacer un *facsímil* con algunos de los caracteres, los cuales eran llamados egipcio reformado, y enviarlas a algunos de los hombres más instruidos de esta generación, y preguntarles por la traducción.

El lector observará aquí que en una página anterior de este volumen dije que un amigo a quien mi esposo le mencionó simplemente que las planchas existían unos dos o tres años antes de salir a la luz. Este no era otro que Martin Harris, uno de los testigos del libro después de ser traducido.

Teniendo la meta de comenzar la traducción y de hacerlo aparecer tan pronto como las circunstancias lo permitieran, José vino un día y me pidió que visitara a este Sr. Harris, e informándole que tenía las planchas, que deseaba ver al Sr. Harris con respecto a este asunto. Este de cierto fue un mandado que no me gustaba hacer para nada, ya que la esposa del Sr. Harris era una mujer peculiar, quien tenía una disposición natural muy celosa; además de esto, ella era bastante sorda, y cuando se decía algo que ella no entendía claramente, sospechaba que era algún secreto designado para ocultarlo de ella. Así que le dije a José que prefería no ir, a menos que tuviera el privilegio de hablar primero con ella sobre el asunto. Él estuvo de acuerdo con esto y yo fui según su petición.

Al llegar a la casa de la Sra. Harris, le expliqué en detalle y cautelosamente los particulares del descubrimiento de las planchas por parte de José, tal como la sabiduría me lo dictó y la necesidad lo requería, para así satisfacer la curiosidad de la Sra. Harris. Sin embargo, ella no esperó a que terminara la historia antes de instarme a tomar una cantidad de dinero considerable que ella tenía consigo. Su esposo le permitía que llevara una cartera privada para su disposición particular, y este era su dinero privado, el cual ella deseaba que yo recibiera. Ella también tenía una hermana viviendo con ella que deseaba que recibiera una cantidad de dinero, creo que eran unos setenta y cinco dólares, para ayudarme con la traducción del registro.

Le dije que no venía con tal motivo, que no quería recibir su dinero, y que José arreglaría sus propios asuntos, pero que quería hablar con el Sr. Harris por un momento y entonces regresar a casa, ya que mi familia me estaba esperando. Sin embargo, y a pesar de todo esto, ella estaba determinada a ayudarme en este asunto, ya que dijo que sabía que necesitaríamos dinero y que ella podía ayudar con doscientos dólares sin ningún problema.

Después de detenerme por unos minutos, me llevó a donde estaba su esposo y le dijo que yo deseaba hablar con él. Él dijo que no iba a interrumpir su trabajo, ya que acababa de levantar los últimos ladrillos de su chimenea.

"Verá", dijo él, "este es el último trabajo que necesito hacer en la casa, y es la última labor que haré en la casa y en la granja este año. Y cuando esto esté listo, voy a contratar a un trabajador para que trabaje para mí por un año, ya que pienso viajar por un período de tiempo y luego me estableceré en la casa otra vez".

Después de completar el trabajo que estaba haciendo, se fue de la casa, pero estuvo ausente solo por un corto tiempo. Cuando regresó, vino hacia mí y me dijo, "Ahora estoy desocupado. Mis manos están libres así que puedo ir y venir y hacer lo que quiera".

Le relaté, brevemente, el mandado por el que había venido. Él dijo que iría a ver a José en los próximos días, a lo que la esposa respondió, "Sí, y yo también voy a ir a verlo, y estaré allí el martes a la tarde, y pasaré la noche".

Tal como lo prometió, cuando llegó el martes a la tarde, la Sra. Harris apareció, y tan pronto como se sentó, comenzó a importunar a mi hijo con respecto a la verdad de lo que había dicho sobre el registro, declarando que, si realmente tenía las planchas, ella *debía* verlas, y que estaba determinada a ayudarlo a publicarlas.

Él le dijo que estaba equivocada, que ella no podía verlas porque no se le había permitido mostrárselas a nadie, excepto a aquellos a quienes el Señor escogiera para testificar sobre ellas. "Y, con respecto a su ayuda", observó, "siempre prefiero tratar con hombres más que con sus esposas".

Esto desagradó mucho a la Sra. Harris, ya que se consideraba superior a su esposo, y continuó con sus imprudencias. Ella dijo, "José, ¿no me está diciendo una mentira? ¿Puede mirarme a los ojos y decir ante Dios que realmente ha encontrado un registro, tal como dice haberlo hecho?".

A esto José respondió con indiferencia, "Si, Sra. Harris. Puedo mirarla a la cara sin ningún problema si eso es causa de satisfacción para usted".

Entonces ella dijo, "José, le diré lo que voy a hacer, si puedo obtener un testigo de que está diciendo la verdad, quiero estar involucrada con la traducción. Quiero ayudarle de cualquier manera que pueda".

Esto concluyó la conversación de esa tarde. La siguiente mañana, después de levantarse temprano, ella nos contó un sueño muy maravilloso que dijo que había tenido durante la noche. Ella dijo que un personaje se le apareció y le dijo que como ella había discutido con el siervo del Señor, que como no había creído en su palabra, y porque le había hecho muchas preguntas inapropiadas, ella había hecho lo que no era correcto ante los ojos de Dios. Después de lo cual él le dijo, "He aquí, estas son las planchas, míralas y cree".

Después de relatarnos su sueño, ella describió el registro en detalle, y nos dijo que había decidido lo que hacer con respecto al rumbo que intentaba tomar, a saber, que tenía en su posesión veintiocho dólares que había recibido de su madre antes de morir, mientras estaba en su lecho de muerte, y que José debía aceptarlos. Si él aceptaba este dinero, debía aceptarlo bajo ciertos términos.

José aceptó esta propuesta para así poder evitar más importunaciones sobre el asunto.

Poco después, Alva Hale, el cuñado de José, vino a nuestra casa desde Pensilvania para ayudar a José a que se mudara a la casa de su suegro, tal como yo tenía entendido, siendo que José deseaba mudarse allí tan pronto como pudiera resolver sus asuntos privados. Durante el corto intervalo en el que Alva permaneció con nosotros, él y José fueron a un establecimiento en Palmyra para hacer ciertos negocios. Mientras estaban ocupados haciendo esto, el Sr. Harris vino, se paró delante de mi hijo, y tomándolo de la mano, dijo, "¿Cómo está, Sr. Smith?". Después de lo cual sacó una bolsa de plata de su bolsillo, y le dijo, "Tome Sr. Smith, cincuenta dólares; le doy esto para que haga la obra del Señor, se lo doy al Señor para su propio trabajo".

"No", dijo José. "Le daremos un recibo. Pienso que el Sr. Hale lo firmará conmigo".

"Sí", dijo Alva. "Yo lo firmaré".

Pero el Sr. Harris insistió que le daría el dinero al Señor, e hizo que los presentes fueran testigos del hecho de que estaba dando de su dinero libremente, y que no quería ninguna compensación, que lo hacía con el único propósito de ayudar al Sr. Smith a hacer la obra del Señor. Y, según se me informó, muchos estaban presentes en esa ocasión que testificaron de las circunstancias.

Al poco tiempo, José arregló sus asuntos y estaba listo para el viaje. El registro y el pectoral, para mayor seguridad, estaban en una caja que había sido cerrada con clavos y puesta en un tonel fuerte, y el tonel había sido llenado con frijoles.

Cuando fue del conocimiento general que José se había mudado a Pensilvania, una muchedumbre de cincuenta hombres se reunió y fueron a la casa de un tal Dr. Mc. Intyre y le pidieron que tomara el mando de la compañía, diciendo que estaban decididos a seguir a "Joe Smith" y obtener su "biblia de oro". Las ideas y sentimientos del doctor no estaban en completa armonía con las de ellos, y les dijo que eran un grupo de tontos diabólicos, y que fueran a sus casas y que se preocuparan por sus propios asuntos; que, si José Smith tenía algún asunto que atender, que era capaz de hacerlo, y que sería mejor para ellos que se ocuparan de aquellas cosas que les concernían.

Después de esto hubo una pelea entre aquellos acerca de quién sería el capitán, y la discusión se hizo tan agitada que hizo que la expedición se deshiciera.

Cuando José tuvo suficiente tiempo para completar su viaje y de transcribir algunos de los caracteres egipcios, se puso de acuerdo con Martin Harris para que este lo siguiera, y para que él (Martin) llevara los caracteres al este, y, de esta manera, se le pidió que visitara a todos los profesores lingüistas para así darles la oportunidad de demostrar sus talentos al traducir los caracteres.

Cuando la Sra. Harris oyó lo que su esposo estaba considerando, decidió acompañarlo; pero él, concluyendo que sería mejor ir sin ella, se fue repentinamente y sin el conocimiento de su esposa.

Pronto la Sra. Harris notó la ausencia de su esposo y me vino a visitar para saber si yo sabía dónde estaba. Le dije lo que él había dicho con respecto a su partida, sin contarle lo que dijo sobre ella.

Al oír esto se exasperó mucho y me culpó de planear todo el asunto. Yo protesté, diciendo que no tenía nada que ver con el plan ni con su ejecución. Lo que es más, que estaba dispuesta solo a preocuparme por los asuntos de mi propia casa, los cuales son de natural atención de la mujer, a menos que mi esposo o mi hijo me pidieran lo contrario.

La Sra. Harris entonces observó que ella tenía propiedades, y que sabía cómo cuidar de ellas y que me convencería de que era así.

"Basta", dije. "¿No sabe que nunca le hemos pedido dinero o propiedad? ¿Y que si hubiéramos decidido aprovecharnos de su generosidad, habríamos obtenido al menos doscientos setenta dólares de su dinero?". Ella respondió afirmativamente, pero igualmente se fue a su casa furiosa, determinada a recibir retribución por el tratamiento que había recibido.

El Sr. Harris regresó en breve, y el enojo de su esposa se volvió a encender en su presencia, tanto que ella preparó una cama y un cuarto separados para él, al cual ella se rehusó a entrar.

Un hombre joven de nombre Dikes había estado prestando atención a la Señorita Lucy, la hija mayor de Martin Harris. El Sr. Harris estaba muy apegado a este joven, y su hija Lucy no estaba para nada opuesta a él; pero la Sra. Harris, por supuesto, había decidido estar en contra. Sin embargo, justo durante esta crisis, un plan penetró en su cerebro que materialmente cambió su actitud hacia el señor Dikes. Ella le dijo que, si obtenía los caracteres egipcios del Sr. Harris, si procuraba un cuarto en Palmyra para transcribirlos y le traía la transcripción, ella consentiría en su matrimonio con su hija Lucy.

El Sr. Dikes estuvo felizmente de acuerdo, y baste señalar que tuvo éxito y recibió la recompensa prometida.

Cuando el Sr. Harris comenzó a hacer las preparaciones para ir a Palmyra por segunda vez con la meta de ser un escriba para José, su esposa le dijo que había decidido firmemente en su corazón acompañarlo. El Sr. Harris, quien no tenía ninguna objeción en particular, le informó que ella podía hacerlo; que ella podía ir y quedarse por una o dos semanas, y que luego él la traería de regreso a su hogar, después de lo cual él regresaría para continuar escribiendo para José. Ella estuvo felizmente de acuerdo, pero el Sr. Harris no sospechaba con lo que iba a encontrarse al aceptar este pedido. La primera vez que él le mostró los caracteres mencionados anteriormente, ella sacó de su bolsillo una copia exacta de los mismos y les dijo a los presentes que "Joe Smith" no era el único en posesión de semejante curiosidad, que ella tenía los mismos caracteres, y que eran tan genuinos como los que el Sr. Harris había mostrado. Ella continuó con este discurso hasta que llegaron a la casa de José.

Tan pronto como llegaron, ella le informó que su objetivo al venir era ver las planchas, y que no se iría hasta que lo hubiera cumplido. En consecuencia, y sin tardanza, comenzó a hurgar en cada rincón de la casa (en las cómodas, en los baúles, en los armarios, etc.). Como consecuencia, José se vio en la necesidad de sacar el pectoral y el registro de la casa y de esconderlos en otro lugar. Al no encontrarlos en la casa, ella concluyó que José los había enterrado, y al siguiente día comenzó a buscar afuera, lo cual continuó haciendo hasta aproximadamente las dos de la tarde. Fue entonces que entró en la casa de mal humor, y después de entrar un poco en calor, le preguntó a la esposa de José si había serpientes en esa zona en el invierno. Ella respondió negativamente. La Sra. Harris entonces dijo, "He estado caminando en el bosque para ver la situación de tu propiedad, y cuando di la vuelta para venir a la casa, una tremenda serpiente negra asomó su cabeza y comenzó a sisear".

La mujer estaba tan perpleja y decepcionada con sus labores que se fue de la casa y permaneció en Pensilvania con un vecino cercano, a quien le dijo que había estado buscando las planchas el día anterior y que, después de una tediosa búsqueda, llegó a un lugar donde pensó que, basado en la apariencia de las cosas, debían estar enterradas; pero al agacharse para mover la nieve y las hojas, para poder asegurarse del hecho, se encontró con una horrible serpiente negra, la cual le dio un susto terrible, y corrió a toda velocidad hacia la casa.

Mientras esta mujer permaneció en el vecindario, hizo todo lo que pudo para dañar a José en la estimación de sus vecinos, diciéndoles que era un gran impostor y que, bajo sus engañosas pretensiones, había seducido a su esposo para que creyera que él (José Smith) era alguien grandioso, pero todo con el solo propósito de apoderarse de la propiedad de su esposo.

Cuando regresó a casa, después de unas dos semanas de su llegada a Harmony, al lugar donde José residía, trató de disuadir a su esposo de que formara parte en la publicación del registro; pero el Sr. Harris no le prestó atención, sino que continuó escribiendo.

Inmediatamente después de que Martin Harris dejó su hogar para ir a Pensilvania, su esposa fue de lugar a lugar, y de casa en casa, contando sus desgracias y declarando que José Smith estaba engañando a la gente, lo que iba a despojarla de todo lo que tenía, y que se había visto obligada a depositar algunas cosas fuera de su hogar para no perderlas. Ella entonces se llevó sus muebles, sus sábanas y sus ropas de cama; también otros artículos movibles, hasta que prácticamente vació las premisas de todo lo que pudiera llevar a la comodidad o a la conveniencia, depositándolos con sus amigos y conocidos en quienes tenía la suficiente confianza para asegurarse de que estarían a salvo en el futuro.

CAP. XXV.

SE LE PERMITE A MARTIN HARRIS LLEVAR EL MANUSCRITO A SU CASA; LO PIERDE; LA TEMPORADA DE DUELO QUE LE SIGUE.

Martin Harris, después de haber escrito unas ciento dieciséis páginas para José, le pidió permiso para llevar el manuscrito a su casa para que su esposa lo leyera, pensando que tendría un efecto saludable para sus sentimientos.

José estaba dispuesto a satisfacer a su amigo en la medida que lo considerara coherente, y le preguntó al Señor si debía hacer lo que Martin Harris le había pedido, pero se le dijo que no. El Sr. Harris no quedó conforme con esto, y, a su petición urgente, José preguntó otra vez, pero recibió una segunda refutación. Aun así, el Sr. Harris persistió como antes, y José preguntó otra vez, pero la respuesta no fue como las dos anteriores. El Señor le permitió a Martin Harris que llevara el manuscrito a su casa con la condición de que no se lo mostrara a nadie, excepto a cinco individuos que él le había mencionado y quienes pertenecían a su propia familia.

El Sr. Harris quedó encantado con esto, y se comprometió por escrito, de la manera más solemne, a cumplir estrictamente los requerimientos que había recibido. Después de hacer esto, tomó el manuscrito y lo llevó a su casa.

José no sospechaba que su amigo no mantendría su promesa, y por consiguiente no se preocupó más sobre el asunto.

Poco después de que el Sr. Harris se fue, la esposa de José dio a luz un hijo, el cual permaneció con ella por un corto tiempo antes de ser arrebatado de sus brazos por la mano de la muerte. La madre parecía, por un tiempo, más como si estuviera hundiéndose con su infante en las mansiones de la muerte en vez de permanecer con su esposo entre los vivos. Su situación fue tal por dos semanas que José no durmió ni una hora en paz imperturbable. A la conclusión de este período, ella comenzó a recuperarse, pero a medida que la ansiedad de José por ella comenzó a remitir, otra causa de inquietud se forjó en su mente. El Sr. Harris había estado ausente por casi tres semanas, y José no había recibido ninguna comunicación de su parte, lo cual era diferente al arreglo al que habían llegado. Pero José ocultó sus sentimientos a su esposa, temiendo que, si ella se enteraba de la situación, se agitaría mucho.

Pero en solo unos pocos días, ella mencionó el tema y deseaba que su esposo fuera a buscar a su madre para que se quedara con ella mientras él viajaba a Palmyra para descubrir la causa de la ausencia y del silencio del Sr. Harris. Al principio José no estuvo de acuerdo, pero al verla tan jovial, y tan dispuesta a que se fuera, finalmente consintió.

Él se fue en la primera diligencia que pasó por Palmyra, y, cuando se quedó solo, se puso a analizar el curso que Martin había seguido, y el riesgo que él (José) había tomado al permitir que el manuscrito saliera de sus manos, ya que no podría ser obtenido otra vez si Martin lo había perdido por medio de alguna transgresión, a menos que Dios hubiera intercedido, lo cual José dudaba que sucediera, porque, a causa de sus persistentes súplicas al Señor, él tal vez había caído en transgresión y por lo tanto perdido el manuscrito. Cuando comenzó a contemplar estas cosas, su espíritu se turbó, y su alma se había movido con temores y aprehensión. Y, aunque estaba muy cansado, el sueño huyó de sus ojos, y tampoco deseaba comer, porque sentía que había hecho algo malo, y cuán grande era su condenación, no lo sabía.

Solo había un pasajero más en la diligencia junto a él: este hombre, observando la apariencia sombría de José, le preguntó la causa de sus aflicciones, y ofreció ayudarlo si sus servicios eran aceptables. José le agradeció por su bondad, y mencionó que había estado cuidando por un tiempo de su esposa y de su hijo enfermos, que el niño había muerto, y que su esposa estaba en un estado lamentable; pero no dio ninguna otra explicación. Nada más pasó entre ellos sobre este tema, hasta que José estuvo por bajarse de la diligencia, cuando dijo que todavía tenía que caminar veinte millas más esa noche, y ya eran las diez en punto. A esto el desconocido objetó, diciendo, "Lo he observado desde que entró a la diligencia, y sé que no ha dormido ni comido desde entonces, y no irá a pie por veinte millas solo esta noche. Si debe ir, yo lo acompañaré. Ahora, ¿qué puede preocuparlo tanto que está tan desanimado?".

José respondió, como antes, que había dejado a su esposa en un estado de salud muy malo, que temía que no la encontraría viva cuando regresara; además, había enterrado a su primer y único hijo apenas unos días antes. Esto era verdad, aunque había otro problema carcomiéndole el corazón, el cual no se atrevió a mencionar.

El desconocido entonces observó, "Me solidarizo con usted, y temo por su constitución, la cual evidentemente no es fuerte y será inadecuada para sostenerlo. Corre el peligro de dormirse en el bosque y de encontrar algún terrible desastre".

José le agradeció al caballero otra vez por su bondad, y, al salir del carruaje, comenzaron a caminar juntos. Cuando llegaron a nuestra casa era casi por la mañana. El desconocido dijo que se sintió en la necesidad de acompañar a José las últimas cuatro millas del brazo, porque estaba demasiado cansado como para caminar solo por mucho más tiempo, y que se dormía caminando cada tantos minutos cerca del final de su caminata.

Al entrar en la casa, el desconocido dijo que había traído a nuestro hijo por el bosque porque había insistido en venir, que José estaba enfermo, y que precisaba descanso y alimento, y que necesitaba un poco de té de menta para calentar su estómago. Después de hablarnos de nuestro hijo de esta manera, dijo que después de que hubiéramos atendido a nuestro hijo, que agradecería un poco de desayuno para él, ya que estaba apurado en seguir su camino.

Cuando José había comido un poco, tal como el desconocido nos había indicado, nos pidió que fuéramos a buscar al Sr. Harris, lo cual hicimos sin tardanza. Y cuando le dimos su desayuno al desconocido, comenzamos a preparar el desayuno para la familia; y supusimos que el Sr. Harris llegaría, tan pronto como estuviera listo, para comer con nosotros, ya que generalmente venía rápidamente cuando lo llamábamos. A las ocho pusimos los cubiertos en la mesa, ya que lo esperábamos en cualquier momento. Esperamos hasta las nueve, y no llegó; hasta las diez, y no estaba allí; hasta las once, y no apareció. Pero a las doce y media lo vimos caminar despacio y mesuradamente hacia la casa, sus ojos fijos en el suelo. Al llegar al portón se detuvo, y en lugar de entrar, se apoyó en la cerca y estuvo sentado allí por un tiempo con su sombrero sobre los ojos. Finalmente, entró en la casa. Poco después nos sentamos a la mesa, el Sr. Harris con el resto. Tomó su cuchillo y su tenedor como si fuera a usarlos, pero inmediatamente los dejó caer. Hyrum, observando esto, dijo, "Martin, ¿por qué no come? ¿Está enfermo?". A lo cual el Sr. Harris se sujetó la frente y lloró, en un tono de profunda angustia, "¡Oh, he perdido mi alma! ¡He perdido mi alma!".

José, quien no había expresado sus miedos hasta ahora, saltó de la mesa, exclamando, "Martin, ¿Has perdido el documento? ¿Has roto tu juramento y traído condenación sobre mi cabeza, así como sobre la tuya?".

"Sí, ha desaparecido", respondió Martin, "Y no sé dónde".

"¡Oh, mi Dios!", dijo José, apretándose las manos. "¡Todo está perdido! ¡Todo está perdido! ¿Qué voy a hacer? He pecado; yo fui quien tentó la ira de Dios. Yo debería haber estado satisfecho con la primera respuesta que recibí del Señor; porque él me dijo que no era seguro dejar que los escritos salieran de mi posesión". Él lloró y se lamentó, y caminó constantemente.

Finalmente, le pidió a Martin que regresara y buscara otra vez.

"No", dijo Martin. "Es en vano; he abierto las camas y almohadas, y sé que no está allí".

"¿Entonces", dijo José, "debo regresar junto a mi esposa con una historia como esta? No me atrevo a hacerlo, porque esta noticia quizás la mate de inmediato. ¿Y cómo le daré la cara al Señor? ¿De qué reprimenda no soy merecedor por el ángel del Más Alto?".

Le rogué que no se lamentara tanto, porque tal vez el Señor lo perdonaría después de un corto período de humillación y arrepentimiento. Pero qué podía decirle para reconfortarlo, cuando vio a toda la familia en el mismo estado mental que él. Llantos y quejidos y la más amarga lamentación llenaron la casa. Sin embargo, José estaba más abrumado que el resto, ya que él entendía mejor las consecuencias de su desobediencia. Y él continuó caminando de un lado a otro mientras lloraba y se lamentaba, hasta el crepúsculo, cuando, después de mucha persuasión, tomó un poco de alimento.

La siguiente mañana partimos hacia nuestra casa. Marchamos con corazones pesados, porque parecía que todo lo que habíamos anticipado tan ansiosamente, y lo que había sido la fuente de mucha gratificación secreta, en un momento, había desaparecido, y desaparecido para siempre.

CAP XXVI
LA PERFIDIA DE MARTIN.

Ahora daré un resumen de lo que ocurrió en casa de Martin Harris durante el tiempo en que José estuvo ausente.

Después de dejar a José, llegó a su hogar con el manuscrito a salvo. Poco después mostró el manuscrito a su esposa y a su familia. Su esposa estaba tan satisfecha con él, que le concedió el honor de guardarlo bajo llave en uno de sus propios armarios, lo cual era un favor especial, ya que ella nunca le había permitido tener el privilegio de mirar en ellos. Después de que él les mostró el manuscrito a aquellos a quienes se le había dado el derecho, según su juramento, fue con su esposa donde uno de sus parientes que vivía a unas diez o quince millas de distancia.

Después de permanecer con él por un breve tiempo, regresó a casa, pero su esposa se negó a acompañarlo. Poco después de su regreso, un amigo suyo muy particular vino a visitarlo, y le contó todo lo que sabía con relación al registro. La curiosidad del hombre estaba encendida, y, como era de esperar, deseaba sinceramente ver el manuscrito. Martin estaba tan ansioso de gratificar a su amigo que, a pesar de ser contrario a su obligación, fue al armario a buscar el manuscrito, pero la llave había desaparecido. La buscó por algún tiempo, pero no la pudo encontrar. Pero, resuelto a llevar a cabo su propósito, forzó la cerradura, y, al hacerlo, dañó considerablemente la cómoda de su esposa. Él entonces tomó el manuscrito, y, después de mostrárselo a su amigo, lo trasladó a su propio armario, donde podía tener acceso a él cuando quisiera. Rompiendo su juramento, él se lo mostró a todos los amigos que lo visitaron.

Cuando la Sra. Harris regresó y descubrió el estado dañado de su cómoda, su temperamento irascible llegó al grado más alto, y la tormenta intolerable que le siguió descendió con la mayor violencia sobre la cabeza devota de su esposo.

Como había sacrificado su consciencia, el Sr. Harris ya no tenía escrúpulos, así que siguió exhibiendo los escritos, a quienes él considerara lo suficiente prudente como para guardar el secreto, excepto a nuestra familia, puesto que no se nos había permitido posar nuestros ojos en él, y así continuó hasta un breve tiempo antes de la llegada de José.

El Sr. Harris había estado haciendo esto, y pensó poco en el manuscrito. Cuando José lo mandó llamar, fue a su armario, donde lo había dejado, ¡pero había desaparecido! Le preguntó a su esposa dónde estaba. Ella declaró solemnemente que no sabía nada del tema. Él entonces hizo una búsqueda fiel por toda la casa, como les relaté anteriormente.

El manuscrito nunca más fue encontrado, y no hay duda de que la Sra. Harris lo sacó del armario, con el propósito de quedárselo, hasta que se hiciera otra traducción, entonces, alteraría el original con el propósito de mostrar una discrepancia entre ellos, y para así hacer como que todo el asunto era un engaño.

Parece que Martin Harris sufrió temporalmente, así como espiritualmente a causa de su transgresión. El mismo día en que la circunstancia mencionada anteriormente ocurrió, una neblina densa se propagó por sus campos, y arruinó su trigo de un solo golpe, por lo que perdió más o menos dos tercios de su cosecha, mientras que los campos que estaban al otro lado de la calle no recibieron ningún daño.

Siempre recordaré ese día de tinieblas, tanto por dentro como por fuera. Para nosotros, al menos, los cielos parecían estar cubiertos de oscuridad, y la tierra velada con pesadumbre. A menudo, me he dicho que si un castigo continuo, tan severo como el que experimentamos en esa ocasión, fuera a ser impuesto sobre el personaje más malvado que jamás se hubiera parado sobre el pedestal del Todopoderoso, si su castigo no fuera peor que eso, debería sentir piedad por su condición.

CAP. XXVII
EL URIM Y TUMIM LE ES QUITADO A JOSÉ; LO RECIBE OTRA VEZ.

Por casi dos meses después de que José regresó con su familia a Pensilvania, no oímos nada de él, y como estábamos preocupados, el Sr. Smith y yo partimos para hacerle una visita. Cuando llegamos a unos tres cuartos de milla de la casa, José vino a recibirnos, diciéndole a su esposa, cuando salió de la casa, que su padre y madre habían venido a verlo. Cuando nos encontró, su rostro tenía un aspecto tan placentero, que estaba convencida de que tenía algo agradable que comunicarnos con respecto al trabajo al que estaba dedicado. Cuando entré, lo primero que llamó mi atención era un baúl de moroco rojo, encima de la cómoda de Emma, la cual, me dijo José, contenía el Urim y Tumim y las planchas. Y, en la tarde, nos contó el siguiente relato de lo que había sucedido desde nuestra separación:

"Al partir de la casa", dijo José, "regresé a mi hogar de inmediato. Poco después de mi llegada, comencé a humillarme en poderosa oración ante el Señor, y, mientras volcaba mi alma en súplica ante Dios, para que, de ser posible, pudiera obtener misericordia y ser perdonado de todo lo que había hecho contrario a su voluntad, un ángel apareció ante mí, y me respondió, diciendo que había pecado al poner el manuscrito en las manos de una persona malvada, y, como me había hecho responsable por su fidelidad, tenía que sufrir las consecuencias de su indiscreción, y que debía entregarle, en sus manos (del ángel), el Urim y Tumim.

"Hice esto como se me pidió, y cuando se los di, él dijo, 'Si eres muy humilde y penitente, puede que los recibas otra vez; si ese es el caso, será el veintidós del próximo septiembre".

José entonces relató una revelación que había recibido poco después de que el ángel lo visitó. Una parte de la cual dice:

"He aquí, se te han confiado estas cosas, pero qué estrictos eran tus mandamientos, y recuerda, también, las promesas que te fueron hechas si no transgredías; y he aquí, cuán a menudo has transgredido estos mandamientos, y las leyes de Dios, y has caído ante las persuasiones de

105

los hombres. Porque he aquí, no deberías haber temido a los hombres más que a Dios. Aunque los hombres no escuchan los consejos de Dios, y a pesar de estas palabras, tú deberías haber sido fiel, y él habría extendido sus brazos, y te habría apoyado contra los fieros dardos del adversario, y él habría estado contigo en todos los momentos de dificultad".

"He aquí, tú eres José, y tú fuiste escogido para hacer la obra del Señor; pero a causa de tu transgresión, si no tienes cuidado, caerás. Pero recuerda, Dios es misericordioso; por lo tanto, arrepiéntete de lo que has hecho, lo cual es contrario a los mandamientos que te he dado, y todavía eres escogido, y nuevamente eres llamado a la obra. Y si no haces esto, serás entregado y serás como los otros hombres, y no tendrás más el don.

"Y cuando entregaste lo que Dios te había dado junto con el poder de traducir, entregaste lo que era sagrado, en las manos de un hombre malvado, quien no respetó los mandamientos de Dios, y ha roto las promesas más sagradas hechas ante Dios, y ha dependido de su propio juicio, y se ha jactado entre los hombres de su propia sabiduría; y esta es la razón por la que has perdido tu privilegio por una temporada, porque has permitido que el consejo de tu director haya sido pisoteado desde el principio.

"Sin embargo, mi obra continuará, por cuanto el conocimiento de un Salvador ha venido al mundo a través del testimonio de los judíos, aun así, el conocimiento de un Salvador vendrá entre mi gente".

Por razones de brevedad, he omitido partes de esta revelación, pero el lector la encontrará en Doc. y Conv., sec. XXX.

Y ahora regreso al relato de José.

"Después de que el ángel se fue", dijo, "continué mis súplicas a Dios sin cesar, y el veintidós de septiembre tuve el gozo y la satisfacción de otra vez recibir el Urim y Tumim, con el cual comencé la traducción nuevamente, y Emma escribe para mí, pero el ángel dijo que el Señor me enviaría un escriba, y confío en que su promesa será verificada. El ángel parecía complacido conmigo cuando me dio el Urim y Tumim de regreso, y me dijo que el Señor me amaba por mi fidelidad y humildad".

Unos pocos meses después de que José los recibió, oró al Señor y recibió la siguiente revelación:

"Ahora, he aquí te digo que, porque entregaste estos escritos que se te dio el poder de traducir, por medio del Urim y Tumim, en las manos de un hombre malvado, las has perdido, y también perdiste tu don al mismo tiempo, y tu mente se oscureció; sin embargo, se te restauraron nuevamente; por lo tanto, ten cuidado de ser fiel, y continúa hasta el fin del resto de la obra de traducción como la has comenzado. No corras más rápido, o trabajes más de lo que tienes fuerzas y posibilidades de traducir, pero sé diligente hasta el fin, siempre ora, para que termines conquistando, sí, para que conquistes a Satanás, y para que puedas escapar de las manos de los siervos de Satanás que apoyan su trabajo. He aquí, han buscado destruirte, sí, aun el hombre en quien has confiado ha tratado de destruirte, y por esta causa yo digo, que él es un hombre malvado, porque ha buscado quitarte las cosas que se te han confiado, y él ha buscado destruir tu don; y como has puesto los escritos en sus manos, he aquí, los hombres malvados lo han tomado de ti. Por lo tanto, lo has puesto en sus manos, sí, aquello que era sagrado, en manos malvadas. Y he aquí, Satanás ha puesto en sus corazones alterar las palabras que has hecho escribir, o que han sido traducidos, las cuales salieron de tus manos; y he aquí, te digo que como han alterado las palabras, ahora se leen contrario a lo que tradujiste e hiciste escribir; y de esta manera el diablo ha intentado plantear un astuto plan, para poder destruir esta obra. Porque él ha puesto en sus corazones que hagan esto, que, al mentir, puedan decir que te atraparon por las palabras". Doc. y Conv., sec. XXXVI.

Durante esta visita conocimos al padre de Emma, cuyo nombre era Isaac Hale; y también a su familia, la cual consistía en su esposa, Elizabeth, sus hijos, Jesse, David, Alva, Isaac Ward, y Reuben; y sus hijas, Phebe, Elizabeth y A.

Eran una familia inteligente y muy respetable. Estaban en una buena situación, y vivían en una situación acomodada, en la ciudad de Harmony, en el río Susquehannah, a una corta distancia de donde José vivía.

Nuestra visita fue muy agradable, y regresamos a nuestro hogar aliviados de un peso que era casi insoportable, y nuestro gozo actual era mucho mayor que nuestra aflicción anterior.

OLIVER COWDERY COMIENZA A ESCRIBIR PARA JOSÉ; SE OCUPAN DE LAS ORDENANZAS DEL BAUTISMO.

Cuando el Sr. Smith y yo llegamos a nuestro hogar, encontramos a Samuel y a Sofronia muy enfermos; de hecho, estaban tan mal que Hyrum había dejado su propia casa y abandonado su negocio para poder cuidarlos durante nuestra ausencia. Continuaron enfermos por mucho tiempo. Samuel no se recuperó por varios meses.

Poco después de que regresáramos de Harmony, un hombre llamado Lyman Cowdery vino a nuestro vecindario y solicitó a Hyrum (ya que él era uno de los administradores) un trabajo en el distrito de escuelas. Se convocó una reunión de los administradores y el Sr. Cowdery fue contratado. Pero al siguiente día, este Sr. Cowdery trajo a su hermano Oliver a los administradores y pidió que lo aceptaran en su lugar, ya que se dieron ciertas situaciones que hicieron que los decepcionara, las cuales no le permitían atender la escuela él mismo, y él garantizaría la buena trayectoria de la escuela bajo la supervisión de su hermano. Todos los participantes estuvieron satisfechos, Oliver comenzó en su escuela, quedándose por un tiempo en nuestra casa. Él había estado en la escuela por un breve tiempo cuando comenzó a escuchar por todas partes con respecto a las planchas, y pronto comenzó a importunar al Sr. Smith sobre el tema, pero por un tiempo considerable no tuvo éxito en obtener ninguna información. Finalmente, sin embargo, se ganó la confianza de mi esposo, al menos lo suficiente como para obtener un bosquejo de los hechos relativos a las planchas.

Poco después de recibir esta información, le dijo al Sr. Smith que estaba encantado con lo que había oído, que había estudiado el asunto profundamente todo el día, y que había recibido la impresión de que debía tener el privilegio de escribir para José. Es más, estaba determinado a visitarlo durante las vacaciones de la escuela donde estaba enseñando.

Al venir al día siguiente, dijo, "El asunto que estábamos discutiendo ayer parece haberme llegado a los huesos, y no puedo sacarlo de mi mente por un momento. Por lo que he resuelto qué hacer. Por lo que entiendo, Samuel va a ir a Pensilvania para pasar la primavera con José; haré los arreglos para estar listo para acompañarlo cuando recupere su salud; porque lo he considerado un asunto de oración, y creo firmemente que es la voluntad del Señor que vaya. Si hay trabajo para mí en esto, estoy determinado a hacerlo".

El Sr. Smith le dijo que suponía que era su privilegio saber si este era el caso, y le recomendó que buscara un testimonio por sí mismo, lo cual hizo, y recibió el testimonio mencionado en el libro de Doc. y Conv., sec. VIII.

Desde ese momento, Oliver estaba tan absorto en este tema del registro que le parecía imposible poder pensar o hablar de algo diferente.

Como el tiempo que habíamos previsto se estaba acercando, comenzamos los preparativos para mudar a nuestra familia y nuestras cosas a la casa en la que Hyrum estaba viviendo. Ahora sentíamos más que nunca la injusticia de la medida que el dueño de la casa nos había impuesto, el cual estaba a punto de expulsarnos.

Yo pensé que esta era una buena ocasión para poner en la mente de Oliver la causa de nuestras privaciones actuales, así como las desgracias que podrían recaer sobre él si volvía su espalda al mundo y decidía servir a Dios.

"Ahora, Oliver", dije. "Mira qué hogar tan cómodo teníamos aquí, cuánto lucharon nuestros hijos para proveernos con todo lo necesario para estar cómodos durante nuestra edad madura, y para que deseemos una vida larga. Aquí, especialmente, veo la labor de mi amado Alvin, quien, en su lecho de muerte, y en sus últimos momentos, les pidió a sus hermanos que terminaran su tarea de preparar un lugar de descanso terrenal para nosotros; que, de ser posible, por medio de su trabajo duro, nuestros últimos días pudieran ser los mejores días. En verdad, hay muy poco aquí que no haya pasado por las manos de ese muchacho tan fiel, y luego sus hermanos arreglaron las cosas según su plan, mostrándome así el recuerdo afectuoso que le tenían, tanto de sus padres como del hermano que tanto amaban. Todos esos recuerdos tan tiernos hacen que nuestro sufrimiento actual sea dos veces peor, ya que estas reliquias tan queridas ahora pasarán a manos de un hombre malvado quien no teme a Dios ni a los hombres. ¿Y bajo qué principio justo ha sucedido todo esto? ¿Acaso han levantado un dedo para ganarse cualquier parte de lo que ahora dicen que es de ellos? Le digo que no. Sin embargo, ahora renuncio a todo esto por el amor de Cristo y de la salvación, y oro a Dios para que me ayude a hacerlo sin murmurar o llorar. En la fuerza de Dios, yo digo que desde este momento en adelante no echaré una mirada sobre ninguna de las cosas que ahora dejo atrás. Pero, como consecuencia de estas cosas, Oliver, no podemos ofrecerle un hogar, y estará bajo la necesidad de buscar algún otro sitio en donde quedarse".

"Madre", exclamó el joven hombre. "Permítame quedarme con ustedes, porque puedo vivir en cualquier choza de madera en la que usted y padre vivan, pero no puedo dejarlos, así que no lo mencione".

En abril, Samuel y el Sr. Cowdery partieron rumbo a Pensilvania. El clima, por algún tiempo previo, había estado muy húmedo y desagradable; la alternancia de lluvias, heladas y deshielos hizo que los caminos estuvieran prácticamente intransitables, especialmente al mediodía. Sin embargo, el Sr. Cowdery no iba a detenerse, ni por el viento ni por el clima, y perseveraron hasta que llegaron a la casa de José.

José había estado tan ocupado con sus asuntos seculares que no pudo proceder con sus preocupaciones espirituales tan rápido como era necesario para completar pronto la obra; también había otra desventaja bajo la cual estaba bregando, su esposa estaba tan ocupada con el cuidado de la casa que solo podía escribir para él por una pequeña porción de tiempo. A causa de estos desbarajustes, José le pidió al Señor, tres días antes de la llegada de Samuel y Oliver, que le enviara un escriba, según las promesas del ángel; y se le informó que uno llegaría en unos pocos días. Consiguientemente, cuando el Sr. Cowdery le dijo la razón por la que había venido, José no estaba sorprendido.

Se sentaron y conversaron hasta tarde. Durante la noche, José le contó a Oliver su historia, hasta donde era necesario para su información actual, en las cosas que más le concernían. Y a la mañana siguiente comenzaron el trabajo de traducción, en el que pronto estuvieron ocupados profundamente.

Una mañana se sentaron a trabajar, como siempre, y la primera cosa que se les mostró por medio del Urim y Tumim fue un mandamiento de que José y Oliver prepararan el agua y atendieran a la ordenanza del bautismo. Lo hicieron, y tan pronto como regresaron a la casa, oyeron a Samuel orando en secreto. José dijo que él consideraba esto suficiente testimonio de que estaba listo para el bautismo; y como ahora habían recibido autoridad para bautizar, hablaron con Samuel sobre el asunto, y fue directamente al agua con ellos y fue bautizado. Después de esto, José y Oliver continuaron con la obra de traducción tal como antes.

CAP. XXIX
LA SRA. HARRIS DEMANDA A JOSÉ.

Alrededor del primero de agosto, Samuel regresó a casa y trajo con él noticias del éxito de José. Esta información produjo en Martin Harris un gran deseo de ir a Pensilvania para ver cómo estaba prosperando. Cuando la esposa se enteró de esto, decidió impedir que fuera y ocasionarle a José muchas dificultades, lo cual tal vez impediría que pudiera cumplir con la obra a la que estaba dedicado.

Con este fin ella decidió demostrar que José nunca había tenido el registro que decía tener, y que había hecho como si tuviera en su poder ciertas planchas de oro con el propósito expreso de obtener dinero. Consiguientemente, montó su caballo, fue de casa en casa por todo el vecindario, como un espíritu oscuro, haciendo preguntas diligentes con una pequeña esperanza de descubrir algo, y agitando todo sentimiento malicioso con el cual poder cumplir con su propósito malvado. Habiendo definido el número y fortaleza de sus seguidores, ella presentó una queja contra José ante un cierto magistrado de Lyons. Ella entonces mandó llamar a Lyman Cowdery, a quien pidió que la visitara, preparada para ir a declarar a Pensilvania (en caso de que la decisión fuera en contra de José), para ayudar a los oficiales a confinarlo a la prisión. Lyman Cowdery respondió a este llamado inmediatamente, y todas las cosas parecían ir exitosamente para la Sra. Harris. Ella hizo una declaración jurada de muchas cosas, y dirigió a los oficiales sobre a quién debían citar. Entre los nombrados estaba su esposo, quien era el testigo principal en el caso.

Cuando llegó el día del juicio, los vecinos vinieron y nos informaron que los testigos habían ido a Lyons con la clara intención de obtener un veredicto contra José, si fuese algo que pudiera lograrse con su juramento. Inmediatamente después de que nuestros amigos se fueron, Hyrum vino, y le pregunté qué podíamos hacer.

"Madre", dijo, "no podemos hacer nada, excepto confiar en el Señor: en él está toda la ayuda y la fuerza; él nos puede librar de todo problema".

112

Yo nunca dejé de cumplir con esta importante obligación, pero el ver tanta confianza en mi hijo me fortaleció en nuestra hora de probación. Al no estar acostumbrada a las demandas de este tipo, me asusté, ya que esta era la primera vez que se había levantado una denuncia en la corte contra mi familia. Me retiré a un lugar privado y volqué mi alma en súplicas a Dios por la seguridad de mi hijo, y continué mi ruego por algún tiempo; a la larga el espíritu recayó sobre mí tan poderosamente que todo presentimiento de mal fue alejado enteramente de mi mente, y me habló diciendo, "ningún cabello de su cabeza será dañado". Estuve satisfecha. Me levanté dispuesta a marcharme a mi casa, pero mis sentimientos eran demasiado intensos como para hacerlo. Mi nuera, Jerusha, vino al cuarto después de esto y cuando volvió su mirada hacia mí, se detuvo y exclamó, "¡Madre! ¿Cuál es el problema? Nunca la vi así en mi vida".

Le dije que me sentía más feliz que nunca antes en mi vida, que mi corazón se sentía tan liviano, y mi mente tan descansada, que no parecía ser posible que alguna vez volviese a tener un problema mientras existiese. Entonces le conté sobre el testimonio que había recibido del Señor.

En la tarde se nos relató lo que sucedió en la corte, lo cual fue como sigue:

Los testigos, habiendo jurado, se levantaron, el primero testificó que José Smith le había dicho que la caja que tenía no contenía nada más que arena, y que él, José Smith, había dicho que era oro para engañar a la gente.

El segundo testigo juró que José Smith le había dicho que no era nada más que una caja de plomo, y que estaba determinado a usarla como quisiera.

El tercer testigo declaró que una vez le preguntó a José Smith qué había en esa caja, y José Smith le dijo que no había nada en la caja, diciéndole que había engañado a todos, y que todo cuanto quería era obtener el dinero de Martin Harris, y que él (el testigo) sabía que José Smith, por medio de la persuasión, ya le había sacado doscientos o trescientos dólares.

Acto seguido siguió la declaración de la Sra. Harris, y dijo que creía que el objetivo principal que José Smith tenía en mente era robar a su esposo todas sus propiedades, y que ella no creía que José Smith hubiera tenido las planchas de oro de las que tanto hablaba.

El magistrado entonces prohibió la introducción de más testigos hasta que Martin Harris hubiera declarado. Martin fue llamado, testificó con fuerza, decisión y energía de unos simples hechos. Cuando se levantó, alzó su mano hacia el cielo y dijo, "Puedo jurar que José Smith nunca ha obtenido un dólar de mí por medio de la persuasión desde que Dios me hizo. Yo una vez, de mi propia voluntad y acuerdo, puse cincuenta dólares en sus manos, en presencia de muchos testigos, con el propósito de hacer la obra del Señor. Esto lo puedo demostrar, y, lo que es más, puedo decirles que nunca he visto en José Smith una disposición de tomar el dinero de cualquier hombre sin darle una compensación razonable por él. Y, caballeros, con respecto a las planchas que él dice tener, si no le creen, sino que continúan resistiéndose a la verdad, un día será la causa de que sus almas sean maldecidas".

Después de escuchar su testimonio, el magistrado les dijo que no necesitaba llamar a más testigos, sino que ordenó que le trajeran lo que había sido escrito de los testimonios dados. Los rompió en pedazos delante de sus ojos y les dijo que fueran a sus casas y que continuaran con sus asuntos, y que no lo molestaran más con tan ridículo disparate. Y se fueron a sus hogares verdaderamente molestos.

JOSÉ Y OLIVER VAN A WATERLOO; COMPLETAN LA TRADUCCIÓN.

Ahora regresaremos a Pensilvania, donde dejamos a José y a Oliver ocupados traduciendo el Libro de Mormón.

Después de que Samuel los dejó, continuaron con su trabajo como antes, hasta el tiempo del juicio que tuvo lugar en Nueva York. Alrededor de esta época, como José estaba traduciendo usando el Urim y Tumim, él recibió, en lugar de las palabras del Libro, un mandamiento de escribir una carta a un hombre llamado David Whitmer, quien vivía en Waterloo, pidiéndole que viniera inmediatamente con su yunta, y que lo llevara a él y a Oliver a su propia residencia, ya que una gente malvada estaba buscando arrebatarle su vida (de José) para impedir que la obra de Dios avanzara en el mundo. La carta fue escrita y enviada, y el Sr. Whitmer se la mostró a su padre, madre, hermanos y hermanas, y les pidió su consejo con respecto a qué sería mejor hacer con relación al asunto.

Su padre le recordó que había tanto trigo en la tierra que necesitaría al menos dos días para poder cosecharlo; además de esto, tenía una cantidad de yeso que aplicar, lo cual debía ser hecho inmediatamente, y como consecuencia no podía ir a menos que tuviera un testimonio de Dios de que era absolutamente necesario.

Esta sugerencia complació a David, y le pidió al Señor que le diera un testimonio respecto de ir donde José, y la voz del espíritu le dijo que fuera tan pronto como su trigo estuviera cosechado. La siguiente mañana, David fue al campo y vio que tenía dos días de trabajo duro ante él. Entonces, se dijo que si pudiera, de alguna manera, hacer este trabajo más rápido de lo que había sido hecho hasta entonces, lo vería como una evidencia de que era la voluntad de Dios, de que debía hacer todo cuanto estuviera en su poder para ayudar a José Smith en el trabajo al que estaba dedicado. Él entonces ató sus caballos a la grada, y en lugar de dividir el campo en "bandas", como lo llamaban los granjeros, trabajó por todo el terreno, continuando hasta el mediodía, y cuando paró para cenar, descubrió, para su sorpresa, que había cosechado la mitad del trigo. Después de la cena

115

continuó trabajando como antes, y ya para la tarde había terminado el trabajo de dos días.

Su padre, al ir al campo esa misma tarde, vio lo que había hecho y exclamó, "Tiene que haber una mano superior en todo esto, y creo que es mejor que vayas a Pensilvania tan pronto como el yeso esté aplicado"

La siguiente mañana, David tomó una medida de madera y fue a aplicar el yeso, al cual había dejado en montones dos días antes cerca de la casa de su hermana, pero, al llegar al lugar se encontró con que había desaparecido. Él entonces corrió a donde su hermana y le preguntó si sabía lo que había pasado. Ella dijo sorprendida, "¿Por qué me preguntas? ¿No lo aplicaron ayer?".

"No que yo sepa", respondió David.

"Estoy sorprendida de escuchar eso", dijo su hermana, porque los niños vinieron a la mañana y me preguntaron si podían ir a ver al hombre que estaba aplicando el yeso en el campo, diciendo que nunca habían visto a alguien hacerlo tan rápido en sus vidas. Yo entonces fui y vi a tres hombres trabajando en el campo, tal como dijeron los niños, pero, suponiendo que los habías contratado, a causa de tu prisa, regresé a la casa y no le presté más atención al asunto.

David hizo una considerable indagación con respecto al asunto, tanto con sus parientes como entre sus vecinos, pero no pudo descubrir quién lo había hecho. Sin embargo, la familia estaba convencida de que hubo un poder sobrenatural relacionado con este extraño suceso.

David inmediatamente fue a Pensilvania y llegó allí en dos días y sin lastimar a sus caballos en lo más mínimo, a pesar de que la distancia era de 135 millas. Cuando llegó, se vio en la necesidad de presentarse a José, ya que esta era la primera vez que se veían.

Debo señalar que la única relación que existía entre las familias Smith y Whitmer era la que se había formado con mi esposo y yo cuando, de camino a Manchester Pensilvania para visitar a José, nos detuvimos en su casa y pasamos la noche allí y les relatamos una breve historia del registro.

Cuando José comenzó a hacer los preparativos para el viaje, le preguntó al Señor cómo debía transportar las planchas. La respuesta fue que debía ponerlas en las manos de un ángel, para su seguridad, y que después de llegar a donde el Sr. Whitmer, el ángel se encontraría con él en el jardín y se las devolvería.

José y Oliver partieron sin demora, dejando a Emma a cargo de los asuntos durante la ausencia de su esposo. Al llegar a Waterloo, José recibió el registro, tal como se le prometió. El siguiente día, él y Oliver continuaron el trabajo de traducción sin interrupciones hasta que toda la obra fue completada.

CAP. XXXI

SE LE MUESTRAN LAS PLANCHAS A LOS DOCE TESTIGOS; JOSÉ HACE LOS ARREGLOS PARA IMPRIMIR EL LIBRO DE MORMÓN.

Tan pronto como el Libro de Mormón fue traducido, José envió a un mensajero al Sr. Smith compartiendo la información de que el libro había sido completado, y nos pidió que viniéramos inmediatamente a Waterloo.

Esa misma tarde le transmitimos la información a Martin Harris, ya que amábamos al hombre, aunque su debilidad nos había causado tantos problemas. Al oír esto, se regocijó grandemente, y determinó ir enseguida a Waterloo para felicitar a José Smith por su éxito la siguiente mañana partimos todos juntos, y antes de la puesta del sol nos encontramos con José y Oliver en la casa del Sr. Whitmer.

Esa tarde la pasamos leyendo el manuscrito, y sería superfluo para mí decir, a quienes han leído las páginas anteriores, que nos regocijamos en extremo. Entonces nos pareció que no nos dábamos cuenta de la magnitud de la obra, como si la dificultad más grande hubiera sido superada; pero José tenía un mejor entendimiento de la naturaleza de la dispensación del Evangelio que se le había encargado.

A la mañana siguiente, después de atender los servicios habituales, es decir, leer, cantar y orar, José se levantó de estar de rodillas y, acercándose a Martin Harris, con una solemnidad que me emociona hasta las venas, incluso hasta el día de hoy cuando lo recuerdo, dijo, "Martin Harris, debes humillarte ante Dios este día, para que puedas obtener el perdón de tus pecados. Si lo haces, es la voluntad de Dios que veas las planchas, en compañía de Oliver Cowdery y David Whitmer".

Unos minutos después, José, Martin, Oliver y David se fueron a una arboleda, a una corta distancia de la casa, donde comenzaron a llamar al Señor, y continuaron en ferviente súplica hasta que él permitió que el ángel bajara a su presencia, y les declarara que lo dicho por José concerniente a las planchas era verdad.

Cuando regresaron a la casa, eran entre las tres y las cuatro de la tarde. El Sr. Whitmer, el Sr. Smith y yo estábamos sentados en un dormitorio en ese momento. Al entrar, José se echó al lado mío y exclamó, "Padre, madre, no saben lo feliz que soy; el Señor les ha mostrado las planchas a tres más aparte de mí. Ellos vieron al ángel, quien les testificó, y ellos compartirán el testimonio de la verdad de lo que he dicho, porque ahora saben por ellos mismo que no trato de engañar a nadie, y siento como que he sido liberado de una carga que era casi demasiado pesada para mí, y me regocijo en el alma que ya no tengo que cargarla solo. Después de esto, Martin Harris entró; parecía casi abrumado por el gozo, y testificó audazmente de lo que había visto y oído. Y lo mismo hicieron David y Oliver, agregando que ninguna lengua puede expresar el gozo de sus corazones, y de las cosas que habían visto y oído".

Su testimonio escrito, el cual se encuentra en el Libro de Mormón, es como sigue:

EL TESTIMONIO DE LOS TRES TESTIGOS

"Conste a todas las naciones, tribus, lenguas y pueblos a quienes llegare esta obra, que nosotros, por la gracia de Dios el Padre, y de nuestro Señor Jesucristo, hemos visto las planchas que contienen esta relación, la cual es una historia del pueblo de Nefi, y también de los lamanitas, sus hermanos, y también del pueblo de Jared, que vino de la torre de que se ha hablado. Y también sabemos que han sido traducidas por el don y el poder de Dios, porque así su voz nos lo declaró; por tanto, sabemos con certeza que la obra es verdadera. También testificamos haber visto los grabados sobre las planchas; y se nos han mostrado por el poder de Dios y no por el de ningún hombre. Y declaramos con palabras solemnes que un ángel de Dios bajó del cielo, y que trajo las planchas y las puso ante nuestros ojos, de manera que las vimos y las contemplamos, así como los grabados que contenían; y sabemos que es por la gracia de Dios el Padre, y de nuestro Señor Jesucristo, que vimos y testificamos que estas cosas son verdaderas. Y es maravilloso a nuestra vista. Sin embargo, la voz del Señor nos mandó que testificásemos de ello; por tanto, para ser obedientes a los mandatos de Dios, testificamos estas cosas. Y sabemos que si somos fieles en Cristo, nuestros vestidos quedarán limpios de la sangre de todos los hombres, y nos hallaremos sin mancha ante el tribunal de Cristo, y moraremos eternamente con Él en los cielos. Y sea la honra al Padre, y al Hijo, y al Espíritu Santo, que son un Dios. Amén.

"Oliver Cowdery,
"David Whitmer,
"Martin Harris".

Al siguiente día regresamos como una compañía feliz y alegre. En unos días fuimos seguidos por José, Oliver y los Whitmer, quienes vinieron para visitarnos y hacer algunos arreglos para que el libro fuera impreso. Después de que regresaron, todos los hombres de la compañía, junto con mi esposo, Samuel y Hyrum, se retiraron a un lugar donde la familia tenía la costumbre de reunirse para ofrecer sus devociones secretas a Dios. Fueron a este lugar porque le había sido revelado a José que las planchas serían llevadas allí por uno de los antiguos nefitas. Fue allí que esos ocho testigos, cuyos nombres están registrados en el Libro de Mormón, las vieron y las tocaron. De lo cual dan testimonio en las siguientes palabras:

EL TESTIMONIO DE LOS OCHO TESTIGOS

"Conste a todas las naciones, tribus, lenguas y pueblos a quienes llegare esta obra, que José Smith, hijo, el traductor de ella, nos ha mostrado las planchas de que se ha hablado, las que tienen la apariencia del oro; y hemos palpado con nuestras manos cuantas hojas el referido Smith ha traducido; y también vimos los grabados que contenían, todo lo cual tiene la apariencia de una obra antigua y de hechura exquisita. Y testificamos esto con palabras solemnes, y que el citado Smith nos ha mostrado las planchas de que hemos hablado, porque las hemos visto y sopesado, y con certeza sabemos que el susodicho Smith las tiene en su poder. Y damos nuestros nombres al mundo en testimonio de lo que hemos visto. Y no mentimos, pues Dios es nuestro testigo.
"Christian Whitmer,
"Hiram Page,
"Jacob Whitmer,
"José Smith, padre,
"Peter Whitmer, hijo,
"Hyrum Smith,
"John Whitmer,
"Samuel H. Smith".

Después de que estos testigos regresaron a la casa, el ángel volvió a aparecerse a José, momento en el que José entregó las planchas en las manos del ángel. En la tarde siguiente tuvimos una reunión en la que los testigos dieron testimonio de los hechos, como se mencionó anteriormente; y todos en nuestra familia, incluyendo a Don Carlos, quien tenía catorce años de edad, testificaron de la veracidad de la dispensación de los últimos días que fue entonces bienvenida. En unos pocos días, toda la compañía de Waterloo fue a Palmyra a hacer los arreglos para imprimir el libro; y lograron efectuar un contrato con un E. B. Grandin, pero no firmaron los contratos en ese entonces. Al día siguiente, la compañía de Waterloo regresó a su casa, a excepción de José y Peter Whitmer, José se quedó para escribir los contratos que tenían que ver con la impresión del manuscrito, los cuales se iban a hacer al día siguiente.

Cuando José estaba por partir hacia Palmyra, donde los contratos estaban siendo ejecutados, el Dr. M'Intyre vino y nos informó que cuarenta hombres se estaban reuniendo en una turba para acechar a José en su camino; le pidieron (al Dr. M'Intyre) como lo habían hecho antes, que tomara control de la compañía, y, que al negarse, un tal Sr. Huzzy, un sombrerero de Palmyra, ofreció sus servicios, y fue escogido como líder.

Al escuchar esto, le rogué a José que no fuera; pero él sonrió y me dijo, "No se preocupe, madre, solo ponga su confianza en Dios, y nada me dañará hoy". Al poco tiempo partió para Palmyra. En su camino encontró un pesado campo de maderas, de una media milla de ancho, y, más allá, en el lado derecho del camino, había un campo perteneciente a David Jaeaway. Cuando llegó a ese campo, encontró a la turba sentada en el cercado al lado del camino. Acercándose al Sr. Huzzy primero, se sacó el sombrero y le dijo bondadosamente, "Buenos días, Sr. Huzzy", y pasando al siguiente lo saludó de la misma manera, y al próximo, y así hasta que llegó al último.

Esto los llenó de confusión, y mientras estaban pensando en esto con asombro, él continuó su camino, dejándolos sentados en el cercado, como pollos descansando, y llegó a Palmyra sin ser molestado. Allí se reunió con D. Grandin, y los contratos fueron redactados entre ellos de la siguiente manera: Que la mitad del precio de la impresión debía ser pagada por Martin Harris, y el restante por mis dos hijos, José y Hyrum

Smith. Estos contratos entonces fueron firmados por todas las partes interesadas.

Cuando José regresó de Palmyra, me dijo, "Bueno, madre, el Señor ha estado a mi lado hoy, y el diablo no ha podido dominarme en ninguno de mis procederes. ¿No te dije que sería librado de las manos de todos mis enemigos? Ellos pensaban que iban a realizar grandes hazañas; ellos han hecho maravillas para evitar que imprimiera el libro: se juntaron y se subieron a la valla, se inclinaron ante mí y se fueron a su casa, y yo aseguro que hubieran deseado quedarse allí en primer lugar. Madre, hay un Dios en el cielo y yo lo sé".

Al poco tiempo después de esto, José se aseguró los derechos de autor; y, antes de regresar a Pensilvania, donde había dejado a su esposa, recibió un mandamiento que era, en esencia, lo siguiente:

Primero, que Oliver Cowdery transcribiera el manuscrito entero. Segundo, que debía llevar una copia a la vez a la oficina, para que si una copia fuera destruida, todavía habría una copia restante. Tercero, que al ir y venir de la oficina, él siempre debía tener un guardia para ayudarle, con el propósito de proteger el manuscrito. Cuarto, que un guardia debía estar en alerta constantemente, tanto de noche como de día, alrededor de la casa para proteger el manuscrito de personas maliciosas, quienes podrían infestar la casa con el propósito de destruir el manuscrito. Todas estas cosas fueron cuidadosamente cumplidas, tal como el Señor se lo había mandado a José. Después de estas instrucciones, José regresó a Pensilvania.

CAP. XXXII
COMIENZA LA IMPRESIÓN; SE REALIZA UNA REUNIÓN DE LOS CIUDADANOS CON REFERENCIA AL LIBRO.

Oliver Cowdery comenzó el trabajo inmediatamente después de que José se fue, y la impresión continuó muy bien durante una temporada, pero las nubes de la persecución otra vez comenzaron a juntarse. La chusma, y un grupo de religiosos inquietos, comenzaron a reunirse para hablar en cuanto al medio más eficaz de poner fin a nuestros procedimientos.

Probablemente el primer consejo de este tipo se celebró en una habitación contigua a aquella en la que Oliver y un joven de nombre Robinson imprimían. El señor Robinson, curioso por saber lo que estaban haciendo en la habitación de al lado, puso su oreja en un agujero en la pared divisoria, y por este medio escuchó a varias personas expresando sus temores en referencia al Libro de Mormón. Uno decía: "estaba destinado a destruir todo lo que tenía por delante, si es que no podía detenerlo", y "que era probable que perjudicara el trabajo de sus ministros", y luego preguntó si debían tolerarlo. "No, no", fue la respuesta unánime. Entonces se preguntó: "¿cómo evitaremos la publicación de este libro? "Sobre lo cual, fue resuelto en la reunión, que tres de esa compañía debían ser designados para ir a la casa del Sr. Smith, el martes o el miércoles próximo, mientras que los hombres estuvieran en su trabajo, y que le solicitaran a la Sra. Smith que les dejara leer el manuscrito, que después de haberlo leído, dos miembros de la compañía se esforzarían por distraerla apuntando a otro objeto, mientras que el tercero, aprovechando la oportunidad, lo sacaría del cajón o donde fuera que estuviera guardado, y lo tiraría inmediatamente a las llamas.

"Otra vez", dijo el orador, "supongamos que fracasemos en esto, y el libro se imprime a pesar de todo lo que podamos hacer en sentido contrario, ¿qué medios adoptaremos entonces? ¿Vamos a comprar sus libros y permitir que nuestras familias los lean?". Todos respondieron, "No". Ellos entonces firmaron un pacto solemne de nunca comprar ni

123

una sola copia de la obra, ni permitir que ningún miembro de sus familias lo comprara o leyera, para así evitar la horrible calamidad que los amenazaba.

Oliver Cowdery llegó a casa esa noche y, después de relatar todo el asunto con mucha solemnidad, dijo: "Madre, ¿qué voy a hacer con el manuscrito? ¿Dónde lo pondré para que esté fuera del alcance de ellos?".

"Oliver", dije yo, "no creo que el asunto sea tan serio después de todo, porque hay un guarda vigilando constantemente la casa, y no necesito sacar el manuscrito para que lo lean a menos que elija hacerlo, y para que en el presente esté seguro, lo puedo guardar en un cofre bajo la cabecera de mi cama, de tal manera que nunca será tocado". Luego lo coloqué en un cofre tan alto que, al colocarlo debajo de la cama, todo el peso de la misma descansaba sobre la tapa. Habiendo hecho este arreglo, nos sentimos muy reconfortados y, esa noche, la familia se retiró a descansar a la hora habitual, salvo Peter Whitmer, quien pasó la noche en guardia. Pero en cuanto a mí, poco después de acostarme, caí en una serie de reflexiones que ocupaban mi mente y que hacían que el sueño abandonara mis párpados hasta que amaneció, pues cuando meditaba sobre los días de trabajo y las noches de ansiedad por la cual todos habíamos pasado años atrás para obtener el tesoro que entonces estaba debajo de mi cabeza, cuando pensaba en las horas de terribles aprensiones que todos habíamos sufrido por el mismo hecho, y que el objeto finalmente se hubiera cumplido, podía decir verdaderamente que mi alma magnificaba al Señor y mi espíritu se regocijaba en Dios mi Salvador. Sentí que los cielos se movían a nuestro favor, y que los ángeles, quienes tenían poder para derribar a los poderosos de sus asientos y para exaltar a los que eran de clase baja, nos vigilaban; que aquellos que tenían hambre y sed de justicia se saciarían, mientras que los ricos serían enviados sin nada; que Dios había ayudado a su siervo Israel en memoria de la misericordia que le había prometido, y al hacer surgir el registro, por el cual se hace saber la descendencia de Abraham, nuestro padre. Por lo tanto, podíamos poner nuestra confianza en él, ya que era capaz de ayudarnos en cada momento de necesidad.

Cuatro días después de la reunión mencionada, al poco tiempo de que mi esposo saliera de la casa para ir a su trabajo, esos tres delegados elegidos por el consejo vinieron a realizar el trabajo asignado. Poco después de entrar, uno de ellos me dijo:

"Señora Smith, escuchamos que usted tiene una Biblia de oro, hemos venido a ver si usted será tan amable de mostrárnosla".

"No, señores", dije yo, "nosotros no tenemos ninguna Biblia de oro, pero tenemos una traducción de algunas planchas de oro que han surgido con el propósito de dar a conocer al mundo la claridad del Evangelio, y también para dar una historia del pueblo que habitaba este continente". Luego procedí a relatar la sustancia de lo que está contenido en el Libro de Mormón, hablando particularmente de los principios religiosos contenidos allí. Traté de mostrarles la similitud entre estos principios y la simplicidad del Evangelio enseñado por Jesucristo en el Nuevo Testamento. "A pesar de todo esto", dije yo, "las diferentes denominaciones son muy diferentes a nosotros. Los universalistas están alarmados de que su religión sufra pérdidas, los presbiterianos tiemblan por sus salarios, los metodistas también vienen y se enfurecen, porque adoran a un Dios sin cuerpo ni partes, y saben que nuestra fe entra en contacto con ese principio".

Después de escucharme, los caballeros dijeron, "¿Podemos ver el manuscrito, entonces?".

"No, señor", respondí yo. "No puede verlo. Le he dicho lo que contiene, y eso debe bastar".

No respondió a esto, pero dijo: "Señora Smith, usted y la mayoría de sus hijos han pertenecido a nuestra iglesia durante algún tiempo, y les respetamos mucho. Ustedes hablan mucho sobre el Libro de Mormón, el cual su hijo ha encontrado, y ustedes creen mucho en lo que él les dice, pero no podemos tolerar la idea de perderlos, y ellos desean... yo deseo que, si realmente creen esas cosas, no digan más nada sobre el tema. Ojalá no lo hicieran".

"Diácono Beckwith", dije yo, "si usted me quemara en la hoguera, yo declararía, mientras Dios me dé aliento, que José tiene ese registro, y que yo sé que es verdad".

En esto, él observó a sus compañeros, "Veo que no tiene sentido decirle nada más, porque no podemos hacerla cambiar de opinión". Luego, volviéndose hacia mí, dijo: "Señora Smith, veo que no es posible convencerla del error de su creencia, por lo que considero innecesario decir más sobre el tema".

"No, señor", dije yo, "no vale la pena".

Entonces se despidió y salió a ver a Hyrum, cuando tuvo lugar la siguiente conversación entre ellos.

Diácono Beckwith. "Señor Smith, ¿no cree usted que puede estar siendo engañado acerca de ese registro que su hermano pretende haber encontrado?".

Hyrum. "No, señor, no lo creo".

Diácono Beckwith. "Bueno, señor Smith, si descubre que fue engañado y que el registro no existe, ¿me lo confesará usted?".

Hyrum. "¿Quiere usted, diácono Beckwith, tomar uno de los libros, cuando se impriman, y leerlo, pidiéndole a Dios que le dé evidencia de si es verdad o no?".

Diácono Beckwith. "Creo que ese trabajo no es digno de mí, pero si me promete que me confesará que José nunca tuvo las planchas, pediré un testimonio para saber si el libro es verdadero".

Hyrum. "Le diré lo que voy a hacer, señor Beckwith. Si usted recibe un testimonio de Dios de que el libro no es cierto, le confesaré que no es verdad".

Después de esto se separaron, y el Diácono fue luego a Samuel, quien le citó, Isaías, 56, 9-11: "Todas las bestias del campo, todas las fieras del bosque, venid a devorar. Sus atalayas son ciegos, todos ellos ignorantes; todos ellos perros mudos, no pueden ladrar; soñolientos, echados, aman el dormir. Y esos perros comilones son insaciables; y los pastores mismos no saben entender; todos ellos siguen sus propios caminos, cada uno busca su propio provecho, cada uno por su lado".

Aquí terminó Samuel la cita, y los tres señores se fueron sin ceremonia

CAP. XXXIII
EL PERIÓDICO DOGBERRY DE DON COLE; SEGUNDA REUNIÓN DE LOS CIUDADANOS.

La obra de imprenta siguió con poca o ninguna interrupción, hasta que un domingo por la tarde, cuando Hyrum comenzó a sentirse muy inquieto en cuanto a la seguridad de la obra dejada en la imprenta, pidió a Oliver que lo acompañara allí para ver si todo estaba bien. Oliver vaciló un momento, en cuanto a si era apropiado ir el domingo, pero al final consintió, y partieron juntos.

Al llegar a la imprenta, la encontraron ocupada por un individuo llamado Cole, exjuez de paz, que se dedicaba con mucho ahínco a la impresión de un periódico. Hyrum se sorprendió mucho al encontrarlo allí, y comentó: "¿Cómo es, señor Cole, que usted trabaja tanto el domingo?".

El Sr. Cole respondió que no podía tener la prensa por el día durante la semana y que se veía obligado a hacer su impresión por la noche y los domingos.

Al leer el folleto de su periódico, descubrieron que había acordado con sus suscriptores publicar cada semana una hoja de "La Biblia de oro de Joe Smith", y así proporcionarles la parte principal del libro de tal manera que no se verían obligados a pagarles a los Smith por ella. Su periódico se llamaba "Dogrerry Paper on Winter Hill". En esto, había reunido una porción de la prosa más vulgar y repugnante, y la burla más pobre y mezquina, en yuxtaposición con un fragmento del Libro de Mormón, el cual había robado. Ante esta perversión del sentido común y de los sentimientos morales, Hyrum se sorprendió e indignó ante el curso deshonesto que el señor Cole había tomado para apoderarse de la obra.

"Señor. Cole", dijo, "¿qué derecho tiene usted para imprimir el Libro de Mormón de esta manera? ¿No sabe que hemos conseguido los derechos de autor?".

"No es asunto suyo", contestó Cole. "Yo contraté la prensa, e imprimiré lo que me plazca, así que ayúdese a sí mismo".

"Señor. Cole", respondió Hyrum, "ese manuscrito es sagrado, y yo le prohíbo que imprima más".

"Smith", exclamó Cole, en tono de ira, "Usted no me importa: esa maldita Biblia de oro va a estar en mi periódico, a pesar de todo lo que usted pueda hacer".

Hyrum trató de disuadirlo de su propósito, pero al encontrarlo inflexible, le dejó que publicara su periódico, como lo había hecho hasta entonces; porque cuando lo encontraron haciendo su obra, ya había emitido seis u ocho números, y llevándoselos diez o veinte millas de nuestro vecindario, había logrado mantenerlos fuera de nuestra vista.

Al regresar de la oficina, le preguntaron a mi esposo qué curso era mejor tomar en relación con el señor Cole. Les dijo que consideraba que era un asunto con el que José debía familiarizarse. En consecuencia, partió para Pensilvania y regresó con José el domingo siguiente. El clima estaba tan frío que casi perecieron antes de llegar a su casa. Pero, tan pronto como José se arregló hasta sentirse parcialmente cómodo, fue a la imprenta, donde encontró a Cole, lo mismo que el domingo anterior. "¿Cómo está, Sr. Cole?", dijo José, "Parece que está trabajando duro".

"¿Cómo está, señor Smith?", respondió Cole con sequedad.

José examinó el diario de Dogerry y dijo con firmeza: "Sr. Cole, ese libro, [el Libro de Mormón] y el derecho de publicarlo, me pertenece, y yo le prohíbo entrometerse más".

En ese momento el Sr. Cole se quitó el abrigo, se enrolló las mangas y se acercó a José, golpeándose los puños con venganza y rugiendo: "¿Quiere luchar, señor? ¿Quiere pelear? Publicaré lo que me plazca. Ahora, si usted quiere luchar, venga".

José no pudo evitar sonreír ante su grotesca apariencia, pues su comportamiento era demasiado ridículo como para provocar indignación. "Ahora, Sr. Cole", dijo "es mejor que se quede con el abrigo puesto. Hace frío, y no voy a pelear con usted; pero, le digo, señor, que tiene que dejar de imprimir mi libro, pues conozco mis derechos y los conservaré".

"Señor", gritó el caballero airadamente, "si usted piensa que es mejor que yo, quítese el abrigo y pruébelo".

"Señor Cole", dijo José, en un tono bajo y significativo, "hay una ley, y lo descubrirá, si es que no lo entiende, pero no voy a pelear con usted, señor".

En esto, el exjuez empezó a enfriarse un poco, y finalmente llegó a someterse a un arbitraje, en el que decidió que debía interrumpir su proceder inmediatamente, de modo que no nos causó más problemas.

José, después de resolver este asunto, volvió a Pensilvania, pero no permaneció allí mucho tiempo, porque cuando los habitantes del país circundante percibieron que la obra seguía progresando, se sintieron inquietos, y se volvieron a juntar en una reunión grande. Esta vez congregaron sus fuerzas, de lejos y cerca, y organizándose en un comité, resolvieron, como antes, nunca comprar uno de nuestros libros, una vez que estuvieran impresos. Entonces nombraron a una comisión para esperar a E. B. Grandin, y le informaron de las resoluciones que habían aprobado, y también le explicaron las consecuencias negativas que le resultarían de ellas. Los hombres que designaron para hacer este encargo cumplieron su misión al pie de la letra, y le insistieron al Sr. Grandin de la necesidad de poner fin a la impresión, ya que los Smith habían perdido todas sus propiedades y, por consiguiente, no podrían pagarle por su trabajo, excepto al vender los libros. Y esto nunca serían capaces de hacer, porque la gente no los compraría. Esta información hizo que el Sr. Grandin dejara de imprimir, y nos vimos obligados a, otra vez, ir a buscar a José. Estos viajes, de ida y vuelta, agotaron casi todos nuestros recursos, pero parecían inevitables.

Cuando José vino, fue inmediatamente con Martin Harris a ver a Grandin, y logró quitarle sus miedos, de modo que continuó con la obra hasta que los libros fueron impresos, lo que sucedió en la primavera de mil ochocientos treinta.

CAP. XXXIV
LA IGLESIA ORGANIZADA.

Alrededor del primero de abril del mismo año en que el Libro de Mormón fue publicado, José vino otra vez de Pensilvania y nos predicó varias veces. En la mañana del sexto día del mismo mes, mi esposo y Martin Harris fueron bautizados. Cuando el Sr. Smith salió del agua, José se paró en la orilla del río y, tomando a su padre de la mano, exclamó, con lágrimas de gozo, "¡Oh, mi Dios! ¡He vivido para ver a mi propio padre bautizarse en la Iglesia verdadera de Jesucristo!". El mismo día, el 6 de abril de 1830, la Iglesia fue organizada.

Poco después de esto, todos mis hijos fueron ordenados al ministerio, incluso Don Carlos, quien solo tenía catorce años de edad. Samuel fue guiado para tomar un número de Libros de Mormón e ir a una misión en Livonia para predicar y, de ser posible, vender el libro. Mientras él se preparaba para su misión, la señorita Almira Mack llegó a Manchester de Pontiac. Esta joven mujer era hija de mi hermano, Stephen Mack, cuya historia ya les relaté. Ella recibió el evangelio en cuanto lo escuchó, y fue bautizada y ha permanecido como miembro fiel de la iglesia desde entonces.

El trece de junio, Samuel comenzó a hace la obra para la que José lo había apartado, y después de viajar veinticinco millas, que fue el primer día de viaje, se detuvo en varios lugares para vender el libro, pero fue echado en cuanto declaró sus principios. Cuando llegó la tarde, estaba cansado y bastante desanimado, pero al llegar a una posada, la cual estaba rodeada de una gran apariencia de abundancia, entró para ver si el posadero querría comprar uno de sus libros. Al entrar, Samuel le preguntó si no quería comprar un libro con la historia del origen de los indios.

"No sé", respondió el posadero. "¿De dónde lo sacó?".

"Fue traducido", respondió Samuel, "por mi hermano de unas planchas de oro que encontró enterradas en la tierra".

"Es un maldito mentiroso", gritó el posadero. "Salga de mi casa. No permanecerá aquí un minuto más con sus libros".

Samuel estaba descorazonado, porque esta era la quinta vez que lo habían echado ese día. Se fue de la casa y viajó una corta distancia y se lavó los pies en un pequeño arroyo como testimonio en contra del hombre. Él entonces continuó unas cinco millas más en su viaje, y al ver un árbol de manzanas a una corta distancia del camino, decidió pasar la noche bajo el mismo y allí durmió toda la noche sobre el piso frío y húmedo. Por la mañana se levantó de su incómoda cama y, al observar una pequeña cabaña no muy lejos, se acercó con la esperanza de recibir un poco de comida. La única habitante era una viuda que parecía muy pobre. Él le pidió un poco de comida, contándole la historia de su trato. Ella le preparó unas avituallas y después de comer él le explicó la historia del Libro de Mormón.

Ella escuchó atentamente y creyó, pero a causa de su pobreza no podía comprar uno de los libros. Él le regaló uno, y continuó hasta Bloomington, el cual estaba a ocho millas más adelante. Allí se detuvo en la casa de un tal John P. Green, quien era un reverendo metodista y en ese momento estaba en una misión predicando. Al igual que los demás, no quiso comprar algo que en ese momento consideraba que era una fábula sin sentido, pero dijo que se suscribiría al periódico, y si encontraba a alguien en su camino que estuviera dispuesto a comprarlo, escribiría su nombre y en dos semanas Samuel debía visitarlo otra vez y él le diría cuáles eran las posibles ventas.

Después de hacer este arreglo, Samuel dejó uno de sus libros con él y regresó a su casa. En el momento convenido, Samuel fue nuevamente a la casa del reverendo John P. Green para saber si había tenido algún éxito en encontrar a compradores para el Libro de Mormón. Esta vez el Sr. Smith y yo lo acompañamos, y era nuestra intención pasar cerca de la taberna donde Samuel había sido tratado tan abusivamente un par de semanas antes, pero antes de salir de casa, nos lo impidió una señal de viruela. Pasamos al lado y le preguntamos a un ciudadano por cuánto había prevalecido la enfermedad, y nos respondió que el tabernero y dos miembros de su familia habían muerto de viruela hacía poco, pero no sabía de nadie más que hubiera sufrido la enfermedad, y que había sido traída al vecindario por un viajero que pasó la noche en la taberna.

Esto es un ejemplo de la disposición peculiar de algunos individuos que prefieren comprar su muerte por unos pesos, pero sacrifican la salvación de sus almas antes que darle un plato de comida a un santo. Según la palabra de Dios, será más tolerable para Sodoma y Gomorra en el día del juicio que para tales personas.

Llegamos a la casa del señor Braman, en Livonia, esa noche. La mañana siguiente, Samuel se encaminó a la casa del Sr. Green, y al enterarse de que no había vendido ningún libro, regresó a casa al siguiente día.

CAP. XXXV
JOSÉ SMITH, PADRE, Y DON CARLOS VISITAN STOCKHOLM.

Poco después de la organización de la Iglesia, mi esposo partió con Don Carlos para visitar a su padre, Asael Smith. Después de un tedioso viaje, llegaron a la casa de John Smith, el hermano de mi marido. Su esposa Clarissa nunca antes había visto a mi marido, pero tan pronto como entró, exclamó: "Ahí, señor Smith, está su hermano José". John, volviéndose de repente, gritó: "José, ¿eres tú?".

"Soy yo", dijo José, "¿mi padre está vivo todavía? He venido a verlo una vez más, antes de morir".

Para un relato particular de esta visita, daré a mis lectores un extracto del diario personal del hermano John Smith. Escribe lo siguiente:

"A la mañana siguiente, cuando llegó el hermano José, partimos juntos a Stockholm para ver a nuestro padre, que vivía en ese lugar con nuestro hermano Silas. Llegamos de noche a la casa de mi hermano Jesse, quien estaba ausente con su esposa. Los niños nos informaron que sus padres estaban con nuestro padre, quien supuestamente estaba muriendo. Nos dirigimos sin demora a la casa del hermano Silas, y al llegar nos dijeron que el padre se estaba recuperando de un severo ataque y, como no se consideraba conveniente que él o la madre supieran que José estaba allí, fuimos a pasar la noche con el hermano Jesse.

"En cuanto nos establecimos, los hermanos Jesse y José empezaron a conversar sobre sus respectivas familias. José relató brevemente la historia de su familia, de la muerte de Alvin, etc. Entonces comenzó a hablar del descubrimiento y la traducción del Libro de Mormón. Al oír esto, Jesse se enojó mucho y exclamó: 'Si dices otra palabra acerca de ese Libro de Mormón, no te quedarás ni un minuto más en mi casa, y si no puedo sacarte de otra manera, te cortaré con mi hacha'.

"Siempre habíamos estado acostumbrados a ser tratados con mucha dureza por nuestro hermano, pero nunca antes lo había llevado a tanto. Sin embargo, pasamos la noche con él, y a la mañana siguiente visitamos a nuestros ancianos padres. Estaban muy contentos de ver a José, porque había estado ausente de ellos tanto tiempo que temían no volver a ver su rostro en la carne.

"Después de los saludos, preguntas y explicaciones habituales, se introdujo el tema del Libro de Mormón. Padre recibió con alegría lo que José le comunicó; y observó que siempre había esperado que algo apareciera para dar a conocer el verdadero Evangelio.

"En pocos minutos el hermano Jesse entró, y al oír que el tema de nuestra conversación era el Libro de Mormón, su ira se elevó tan alto como lo hizo la noche anterior. 'La mente de mi padre', dijo Jesse, 'es débil, y no la corromperé con cosas tan blasfemas, así que cierren la boca'. Mi hermano José trató de razonar con él, pero sin conseguirlo. Entonces hermano Silas dijo: 'Jesse, nuestro hermano ha venido a visitarnos, y me alegro de verlo, y estoy dispuesto a que él hable como quiera en mi casa'. Jesse respondió de una manera tan insultante, y siguió hablando tan desmesuradamente, que Silas tuvo que pedirle que se fuera de la casa.

"Después de esto, hermano José continuó con la conversación, y padre pareció estar satisfecho con cada palabra que él dijo. Pero debo confesar que era demasiado piadoso, en ese momento, como para creerle una sola palabra.

"Regresé a casa al día siguiente, dejando a José con mi padre. Poco después, Jesse vino a mi casa y me informó que todos mis hermanos iban a venir a hacerme una visita, 'y tan cierto como tú vives', dijo él, 'todos creen en ese maldito libro mormón, cada palabra de él, y están tratando de engañarte para que tú también lo creas'.

"Le agradecí por tomarse tantas molestias, por informarme que mis hermanos estaban viniendo a verme, pero le dije que me consideraba muy capaz de juzgar por mí mismo los asuntos de religión. 'Yo sé', respondió, 'que eres un buen juez de tales cosas, pero te digo que ellos son tan astutos como el diablo. Y quiero que vayas conmigo para ver a nuestras hermanas, Susan y Fanny, para que bloqueemos sus mentes contra la influencia de José'.

"En consecuencia, las visitamos y conversamos sobre el tema como creímos conveniente, y les pedí que fueran a mi casa al día siguiente.

"Mis hermanos llegaron según nuestro arreglo anterior, y Jesse, quien vino también, escuchó muy cuidadosamente cada palabra que pasó entre nosotros, y no permitió que se dijera una sola palabra sobre el Libro de Mormón. Ellos acordaron esa noche visitar a nuestras hermanas al día siguiente, y cuando estábamos por irnos, hermano Asael me llevó a un lado y dijo: 'Ahora, John, quiero que hables un poco con José, pero si lo haces, debes hacerlo sin que Jesse se entere. Y si lo deseas, puedo ayudarte a distraerlo'.

"Le dije que me alegraría hablar solo con José, si es que podía tener la oportunidad.

"'Bueno', respondió Asael, 'llevaré a algunos en mi carruaje, y Silas llevará al resto, y tú sacarás un caballo para que monte José, pero cuando estemos fuera de tu vista, lleva el caballo de regreso al establo, y mantén a José allí durante la noche'.

"Hice lo que Asael aconsejó, y esa noche José me explicó los principios del 'mormonismo, la verdad que nunca he negado'.

"A la mañana siguiente (José y yo) fuimos a ver a nuestras hermanas, donde encontramos a nuestros hermanos, quienes me censuraron muy fuertemente por haberle dado un lugar a José para pasar la noche. Jesse, porque estaba muy disgustado; los demás, porque querían demostrar que estaban decepcionados.

"Por la noche, cuando estábamos a punto de separarnos, acordé llevar a José veinte millas en su viaje en mi vagón al día siguiente. Jesse fue a casa conmigo esa noche, dejando a José con nuestras hermanas. Como José no esperaba ver a Jesse otra vez, antes de partir, José le dio la mano de una manera agradable y cariñosa, y dijo: '¡Adiós, hermano Jesse!' 'Adiós para siempre, Jo', replicó Jesse con un tono hosco.

"'Temo', respondió José de una manera amable, pero solemne, 'que será para siempre, a menos que te arrepientas'.

"Esto fue demasiado incluso para el corazón obstinado de Jesse. Se derritió en lágrimas, pero no respondió, y nunca más volvió a mencionar el asunto.

"Al día siguiente llevé a mi hermano veinte millas en su viaje, como había acordado. Antes de irse, me pidió que le prometiera que leería un Libro de Mormón que él me había dado, y que, aunque no creyera en él, que no lo condenara; 'porque', dijo él, 'si no lo condenas, tendrás un testimonio de su verdad'. 'Cumplí con mi promesa, y así comprobé que su testimonio era verdadero'".

Justo antes de que mi marido regresara, cuando José estaba a punto de comenzar un discurso un domingo por la mañana, Parley P. Pratt entró, muy fatigado. Había oído hablar de nosotros a una distancia considerable, y había viajado muy rápido, para llegar allí a tiempo para la reunión, ya que deseaba oír lo que teníamos que decir, para así estar preparado para mostrarnos nuestro error. Pero cuando José terminó su discurso, el señor Pratt se levantó y expresó su entusiasta concordancia con todos los sentimientos presentados. Al día siguiente, fue bautizado y ordenado. En pocos días partió hacia Canaán, Nueva York, donde residía su hermano Orson, a quien bautizó el diecinueve de septiembre de 1830.

Después de que José ordenara a Parley, volvió a su casa en Pensilvania, pues solo estaba en Manchester por negocios. Alrededor de este tiempo, sus problemas con la turba de Colesville comenzaron, le sirvieron con una escritura, y lo arrastraron del escritorio mientras él estaba preparando su discurso. Pero como se da una relación de este asunto en su historia,[1] no mencionaré más que una circunstancia, de la que dependo del señor Beid, el consejero de José en el caso, y lo relataré en sus propias palabras, tal como mi memoria lo permitirá:

"Yo estaba tan ocupado en ese momento, cuando el señor Smith me llamó, que era casi imposible para mí asistir al caso, y no habiendo visto nunca al señor Smith, decidí no ir. Pero poco después de llegar a esta conclusión, creí oír a alguien que me decía: '¡Debes ir y ayudar al Ungido del Señor!' Suponiendo que era el hombre que estaba detrás de mí, le respondí: '¿El ungido del Señor? ¿Qué quiere decir con el Ungido del Señor? Él se sorprendió al ser abordado de esta manera, y respondió', '¿Qué quiere decir, señor? Yo no dije nada acerca del Ungido del Señor'".

"Estaba convencido de que él decía la verdad, pues estas pocas palabras llenaban mi mente de sentimientos peculiares que nunca había experimentado antes; e inmediatamente me apresuré a ir al lugar del juicio. Mientras yo estaba ocupado en el caso, estas emociones aumentaron, y cuando llegué a hablar sobre ello, me sentí inspirado con una elocuencia que era completamente nueva para mí, y que era abrumadora e irresistible. Y logré, como esperaba, hacer que el prisionero fuera liberado. Esto hizo que la oposición se enfureciera más, y pronto descubrí que el señor Smith estaba expuesto a recibir abuso por parte de ellos, si no se escapaba. Como la mayoría de ellos eran aficionados al licor, los invité a beber en otra habitación y logré distraerlos hasta que el señor

---

[1] Véase *Times and Seasons*, Vol. IV. Pp. 40 y 61. Sup. To Mil. Star, Vol. XIV, p. 31.

Smith estuvo fuera de su alcance. No sabía a dónde iba a ir, pero estaba satisfecho de que estuviera fuera de sus manos".

Desde que se dio este hecho, y hasta el día de hoy, el Sr. Beid ha sido un fiel amigo de José, aunque nunca se uniera a la Iglesia.

Después de escapar de las manos de la multitud, José viajó hasta el amanecer del día siguiente antes de animarse a pedir víveres, a pesar de que no había comido nada en los últimos dos días, salvo una pequeña corteza de pan. Al día siguiente, llegó a la casa de una de las hermanas de su mujer, donde encontró a Emma, quien había sufrido de una gran ansiedad desde su primer arresto. Volvieron a casa juntos, e, inmediatamente después, José recibió un mandamiento por revelación de mudarse con su familia a Waterloo.

En este momento acabábamos de construir una casa que José había edificado en una pequeña granja, la que le había comprado a su suegro; sin embargo, cerró su casa con llave y con sus muebles en ella, y partió con Emma inmediatamente a Manchester. Al llegar a nuestra casa, Hyrum había resuelto todos sus asuntos, para así estar en libertad de hacer lo que el Señor le requiriera, y le pidió a José que le solicitara al Señor una revelación sobre el asunto. La respuesta fue que debía tomar una cama, a su familia, y la ropa que necesitara para ellos, y que debía partir de inmediato hacia Colesville, porque sus enemigos estaban combinados en aposentos secretos para quitarle la vida. Al mismo tiempo, el señor Smith recibió el mandamiento de irse inmediatamente a Waterloo y preparar un lugar para nuestra familia, ya que nuestros enemigos también buscaban su destrucción en el barrio en el que residíamos, pero en Waterloo debía encontrar el favor de la gente. Al día siguiente, a las diez, Hyrum ya estaba en camino. José y Emma partieron hacia Macedonia, y William se fue de casa en otra dirección, por negocios. Samuel partió a una tercera misión a Livonia el 1 de octubre, poco después de la llegada de mi marido y de Don Carlos de su visita a padre Smith. Catherine y Don Carlos también estaban lejos de casa. Calvin Stodard y su esposa, Sofronia, se habían mudado a varios kilómetros de distancia. Esto no dejó a nadie más que al Sr. Smith, a mí y a nuestra hija, Lucy, en casa.

CAP. XXXVI
JOSÉ SMITH PADRE, EN PRISIÓN; UN INTENTO DE ATRAPAR A HYRUM.

El mismo miércoles que Hyrum partió hacia Colesville, los vecinos empezaron a venir a nuestra casa, uno tras otro, y preguntaron particularmente por Hyrum.

Esto me causó mucha ansiedad, porque sabía que no tenían ningún asunto con él. La misma noche, mi marido se enfermó gravemente, y, continuando mal al día siguiente, no le fue posible desayunar conmigo. A eso de las diez, comencé a prepararle un poco de gachas de leche, pero, antes de que estuviera listo para servírselo, un caballero cuáquero llamó para verlo, y la siguiente es la esencia de su conversación:

Cuáquero: "Amigo Smith, tengo un recibo que compré recientemente en contra suya de catorce dólares, y he venido a ver si tiene mi dinero".

Señor Smith: "¿Por qué, señor, compró esa nota? ¿Ciertamente no es porque necesitaba dinero?".

Cuáquero: "Eso es asunto mío. Quiero el dinero, y usted debe tenerlo".

Señor Smith: "En este momento le puedo pagar seis dólares, pero tendrá que esperar por el resto, ya que no puedo ahora".

Cuáquero: "No, no esperaré ni una hora; y si no me paga inmediatamente, irá ya mismo a la cárcel, a menos que (corriendo al fuego y haciendo gestos violentos con sus manos hacia el fuego) queme los Libros de Mormón; si los quema, le perdonaré toda la deuda".

Señor Smith (decididamente): "No lo haré".

Cuáquero: "Entonces, irá a la cárcel".

"Señor", le interrumpí (sacando las cuentas de oro de mi cuello, y sosteniéndolas enfrente de él), "estas cuentas tienen el valor total por el resto de la deuda. Le ruego que las tome y renuncie a la nota".

Cuáquero: "No lo haré. Debe pagar el dinero, o su marido irá inmediatamente a la cárcel".

"Ahora, señor", le respondí, "mírese cómo es. Porque Dios ha levantado a mi hijo para traer un libro que fue escrito para la salvación de las almas de los hombres, para la salvación de su alma tanto como la mía; ha venido aquí a angustiarme, llevando a mi esposo a la cárcel; y piensa que con esto nos obligará a negar la obra de Dios, y a destruir un libro que fue traducido por el don y el poder del Todopoderoso. Pero, señor, no quemaremos el Libro de Mormón, ni negaremos la inspiración del Todopoderoso".

El cuáquero entonces se acercó a la puerta y llamó a un agente, quien estaba esperando su señal. El policía se adelantó y, poniendo la mano en el hombro del señor Smith, dijo: "Usted es mi prisionero".

Le rogué al oficial que me diera tiempo para buscar a alguien que hiciera de garantía de mi marido, pero él se negó. Entonces le pedí que se le permitiera comer la avena que yo le había estado preparando, ya que no había comido nada desde la noche anterior. Esto también nos fue negado, y el cuáquero le ordenó a mi marido que entrara inmediatamente en un vagón que estaba esperándolo para llevarlo a la cárcel.

Después de haberlo llevado al carro, el cuáquero se paró sobre él como guardia, y el oficial regresó y comió la comida que había preparado para mi marido, quien estaba sentado bajo el sol ardiente, débil y enfermo.

No haré ninguna observación con respecto a mis sentimientos en esta ocasión. Cualquier corazón humano puede imaginar cómo me sentí. Pero en verdad, en verdad, esos hombres tendrán su recompensa.

Se fueron con mi marido, dejándome sola con mi niña. A la mañana siguiente, fui a pie varias millas para ver a un amigo llamado Abner Lackey, quien, esperaba, me ayudaría. No me decepcionó. Pasó sin demora por la oficina del magistrado y preparó los papeles para poder sacar a mi marido de su celda, aunque todavía continuaría encerrado en la cárcel.

Poco después de regresar a casa, entró un joven caballero y me preguntó si el señor Hyrum Smith estaba en casa. Le dije, como ya les había dicho a los otros, que él estaba en Colesville. El joven dijo que Hyrum tenía una pequeña deuda con el doctor M'Intyre y que había venido a recogerla por orden del médico, ya que él (M'Intyre) estaba fuera de su casa. Le dije al joven que esta deuda debía pagarse con maíz y frijoles, y que se le enviaría al día siguiente. Entonces contraté a un hombre para llevar el producto al día siguiente a la casa del médico, lo cual fue hecho, y, cuando el hombre regresó, me informó que el secretario accedió a borrar la cuenta. Era ya demasiado tarde para salir hacia Canandaigua, donde mi esposo estaba encerrado en la cárcel, y decidí aplazarlo hasta la mañana siguiente con la esperanza de que uno de mis hijos regresara en ese intervalo de tiempo. Al llegar la noche, ninguno de mis hijos había aparecido. Cuando la noche cayó, la oscuridad era espantosa; apenas podía distinguirse nada. Me senté y comencé a contemplar mi situación y la de mi familia. Mi marido, un compañero cariñoso y tierno padre, quien siempre ensalzó la confianza de su familia, era ahora un deudor encarcelado, arrancado de su familia y encerrado en una mazmorra, donde ya había pasado dos malas noches, y ahora debía añadir otra más, antes de que pudiera llegar hasta él para prestarle cualquier ayuda. ¿Y dónde estaban sus hijos? Alvin fue asesinado por un curandero; pero que en paz descanse. Hyrum estaba huyendo de su casa, y yo no sabía por qué; las combinaciones secretas de sus enemigos todavía no estaban completamente desarrolladas. José se había escapado recientemente de los perseguidores que trataban de lograr su destrucción. Samuel había desaparecido, sin bolsa ni alforja, para predicar el Evangelio, por lo cual era tan despreciado y odiado como los antiguos discípulos. William también se había ido, y, a diferencia de Noemí, no tuve ni a mis nueras para consolar mi corazón en esta hora de aflicción. Mientras meditaba, un fuerte golpe en la puerta me trajo de repente a la realidad. Hice entrar al desconocido. Me preguntó, apresuradamente, dónde estaba Hyrum. Yo respondí la pregunta como de costumbre. Justo en ese momento entró otra persona, y la primera le dijo a la segunda, "Sra. Smith dice que su hijo no está en casa ". La segunda persona me miró sospechosamente, y comentó: "Él está en casa, porque sus vecinos lo han visto aquí hoy". "Entonces, señor", le respondí, "han visto lo que no hay". "Tenemos una orden de allanamiento", me respondió, "y si no lo entrega, estaremos ante la necesidad de tomar lo que hallemos que le pertenezca". Encontrando algo de maíz almacenado en la cámara sobre la habitación donde Hyrum había vivido, manifestaron su intención de tomarlo, pero yo les prohibí que se metieran con eso. En este instante entró un tercero, y luego un cuarto hombre. El último observó: "Usted pensará que es extraño que tantos de nosotros entremos, pero mi vela estaba apagada, y entré a encenderla con su fuego". Le dije que no sabía qué pensar, que tenía muy pocas razones para considerarme a salvo, ya fuera de día o de noche, y que me gustaría saber qué era lo que quería y por qué motivo se estaban apoderando de nuestras propiedades. El primero respondió que quería liquidar una deuda que Hyrum debía al Dr. M'Intyre. Le dije que había sido pagada. Él cuestionó mi palabra, y ordenó a sus hombres que tomaran el maíz. Mientras subían las escaleras, miré por la ventana, y una sola mirada casi me dio vueltas la cabeza. Por lo que pude ver a la luz de dos velas y un par de lámparas de carruaje, cabezas de hombres aparecieron por todas las direcciones, algunos a pie, otros a caballo y el resto en vagones. Vi que no había más remedio que sentarme en silencio y ver mi casa saqueada por bandidos de patas negras, fanáticos religiosos y cortadores de gargantas, quienes estaban unidos en un mismo propósito, a saber, destruirnos de sobre la faz de la tierra. Sin embargo, había un recurso, y a ello me apliqué. Me aparté y me arrodillé ante el Señor, rogándole que no dejara caer a mis hijos en las manos de estos hombres, y que pudieran estar satisfechos con el saqueo sin quitarles la vida.

En ese instante, William entró en la casa. "Madre", gritó, "en nombre de Dios, ¿qué está haciendo aquí esta multitud de hombres? ¿Están robando o asesinando? ¿Qué quieren?".

Le dije, en pocas palabras, que habían llevado a su padre a la cárcel, y habían venido luego por Hyrum, pero, al no encontrarlo, comenzaron a saquear la casa. Entonces William agarró una gran palanca de mano, subió las escaleras y, en un instante, sacó a los canallas de la cámara. Corrieron escaleras abajo; él voló tras ellos y, saltando en medio de la muchedumbre, blandió su mano en todas direcciones, exclamando: "Apártense de aquí, ladrones, inmediatamente, o seré la muerte para cada uno de ustedes".

Las luces se apagaron de inmediato, pero él siguió arengándolos hasta que descubrió que su público lo había dejado. Parecían creer lo que decía, y ellos huyeron en todas direcciones, dejándonos nuevamente solos.

Entre las doce y la una, Calvin Stodard y su esposa Sofronia llegaron a nuestra casa. Calvin dijo que había estado preocupado por nosotros toda la tarde, y, finalmente, cerca de la puesta del sol, le dijo a Sofronia que estaba por partir hacia la casa de su padre si se sentía dispuesta a ir con él.

Menos de una hora después de su llegada, Samuel vino. Estaba muy fatigado, pues había viajado veinte kilómetros después del atardecer. Le conté nuestra situación y le dije que deseaba que fuera temprano a la mañana siguiente a Canandaigua, y procurara que su padre fuera liberado de la mazmorra. "Madre" dijo, "estoy enfermo; prepárenme una cama para que me acueste y para poder reposar, o no podré ir, pues tengo un resfriado pesado, y mis huesos me duelen terriblemente".

Sin embargo, con un poco de cuidado y con un poco de descanso, pudo salir al amanecer y llegó a Canandaigua a las diez. Después de informarle al carcelero para qué estaba allí, solicitó que su padre pudiera ser inmediatamente liberado de la celda. El carcelero se negó, porque era domingo, pero permitió que Samuel entrara en la celda, donde encontró a mi esposo encerrado en el mismo calabozo con un hombre acusado de asesinato. Cuando Samuel le preguntó cómo lo habían tratado, el Sr. Smith respondió lo siguiente:

"Inmediatamente después de haber dejado a tu madre, los hombres que me encarcelaron comenzaron a usar todos los argumentos posibles para inducirme a renunciar al Libro de Mormón, diciendo, 'cuánto mejor sería para usted negar esa tontería, que ser desgraciado y encarcelado, cuando no solo podría escapar de esto, sino que además tendría su recibo de regreso, así como el dinero que ha pagado por él. A esto no respondí. Siguieron de la misma manera hasta que llegamos a la cárcel, cuando se apresuraron a meterme en este triste calabozo. Me estremecí cuando, por primera vez, oí estas pesadas puertas crujir en sus bisagras; pero entonces pensé, no fui el primer hombre que ha sido encarcelado por el bien de la verdad; y cuando me encontrara con Pablo en el Paraíso de Dios, podría decirle que también yo había sido atado por el Evangelio que él había predicado. Y ese ha sido mi único consuelo.

"Desde el momento en que entré hasta ahora, y este es el cuarto día, no he tenido nada que comer, salvo un cuenco lleno de un caldo muy débil; y allí (señalando al lado opuesto de la celda) está todavía el cuenco".

Samuel estaba muy herido por esto, y, habiendo obtenido el permiso del carcelero, salió inmediatamente y le trajo a su padre un poco de alimento. Luego de esto, permaneció con él hasta la mañana siguiente, cuando atendió el asunto; el Sr. Smith salió al patio de la cárcel a una tienda de toneleros, donde obtuvo empleo haciendo toneles, lo que siguió haciendo hasta que fue puesto en libertad treinta días después. Él predicó allí durante su confinamiento todos los domingos, y cuando fue puesto en libertad, bautizó a dos personas que había convertido.

CAP. XXXVII
LA FAMILIA DE JOSÉ SMITH PADRE, SE MUDA A WATERLOO.

Samuel volvió de Canandaigua el mismo día en que mi esposo fue liberado de la prisión. Después de relatarnos el éxito que había tenido en Canandaigua, nos contó de su tercera misión a Livonia:

"Cuando llegué a la casa del señor Green", dijo, "la Sra. Green me informó que su esposo estaba ausente, que no había ninguna posibilidad de vender mis libros, e incluso que me tendría que llevar el que había dejado con ellos, ya que el señor Green no tenía disposición de comprarlo, aunque ella misma lo había leído y estaba muy feliz con él. Hablé con ella por un corto tiempo, y, poniendo la mochila en mis hombros, me levanté para irme; pero, mientras me despedía, tuve la impresión en mi mente de dejarle el libro. Se lo regalé, y le dije que el Espíritu me prohibía llevármelo. Se echó a llorar y me pidió que orara con ella. Lo hice, y después de explicarle la manera más provechosa de leer el libro que había dejado con ella (pedirle a Dios, al leerlo, un testimonio de la veracidad de lo que había leído), y recibiría el Espíritu de Dios, el cual le permitiría discernir las cosas de Dios. Entonces la dejé y regresé a casa".

Ahora me apartaré de mi narración y daré una historia del libro mencionado anteriormente. Cuando el señor Green volvió a casa, su esposa le pidió que lo leyera, informándole muy particularmente sobre lo que Samuel le había dicho con respecto a obtener un testimonio de la verdad sobre él. Él se negó a hacerlo por un tiempo, pero finalmente cedió a su persuasión. Tomó el libro y comenzó a leerlo, invocando a Dios para que le diera el testimonio de su Espíritu. El resultado fue que él y la señora Green fueron bautizados al poco tiempo. Le dieron el libro a Phineas Young, el hermano del Sr. Green, quien lo leyó y comenzó a predicar de él inmediatamente. Próximamente fue entregado a Brigham Young, y de él a la señora Murray, su hermana, quien también es la madre de la esposa de Heber C. Kimball. Todos recibieron la obra sin vacilación, y se regocijaron en la veracidad de la misma. Joseph Young estaba en ese momento en Canadá predicando la doctrina metodista; pero tan pronto como Brigham llegó a convencerse de la verdad del Evangelio, como estaba contenida en el Libro de Mormón, fue inmediatamente a su hermano Joseph y lo persuadió de que dejara de predicar el metodismo, y de que abrazara la verdad, tal como se expone en el Libro de Mormón, el cual llevaba consigo.

Así, este libro fue el medio para convencer a toda la familia y para llevarlos a la Iglesia, donde han permanecido fieles desde el tiempo en que se unieron a la misma hasta ahora. Y, a través de su fidelidad y celo, algunos de ellos se han convertido en hombres tan grandes y honorables como jamás los haya habido sobre la tierra.

Ahora reanudaré mi tema. El primer negocio al que se dedicó Samuel, después de su regreso a casa, fue prepararse para trasladar a la familia a Waterloo, según lo requería la revelación de José. Y después de mucha fatiga y perplejidades de diversos tipos, logró llevarnos allí. Nos mudamos a una casa perteneciente a un individuo de nombre Kellog. Poco después de llegar allí, nos dimos cuenta de que los corazones del pueblo estaban en manos del Señor; porque, apenas habíamos desempaquetado nuestras cosas, cuando entró uno de nuestros nuevos vecinos, el señor Osgood, y nos invitó a llevar a nuestros animales y a alimentarlos en su granero, sin costo alguno, hasta que pudiéramos hacer arreglos adicionales. Muchos de nuestros vecinos entraron y nos dieron la bienvenida a Waterloo. Entre ellos estaba el señor Hooper, dueño de una taberna, y su esposa, y nos trajeron un regalo de comestibles exquisitos. Manifestaciones de bondad como estas nos fueron mostradas día a día, todo el tiempo que permanecimos en el lugar. Y fueron debidamente apreciados, porque habíamos experimentado lo contrario tan severamente que la menor muestra de buen sentimiento daba lugar a las más vivas sensaciones de gratitud.

Al establecernos en este lugar, comenzamos la costumbre de pasar las tardes cantando y orando. Los vecinos pronto se dieron cuenta de esto, e hizo que nuestra casa se convirtiera en un lugar de reunión, por la noche, para unas docenas o veinte personas. Una noche, poco después de que empezáramos a cantar, entraron dos niños, y, uno de ellos, acercándose a Samuel, susurró, "Sr. Smith, ¿no orará pronto? Nuestra madre dijo que tenemos que estar en casa a las ocho, y nos gustaría escucharle orar antes de irnos".

Samuel les dijo que debía orar de inmediato. En consecuencia, una vez que cantamos el himno, cerramos los servicios vespertinos con oración para que los niños se sintieran satisfechos. Después de esto, nunca estuvieron ausentes durante nuestras devociones de la tarde mientras que permanecimos en el vecindario.

CAP. XXXVIII
LA PRIMERA MISIÓN AL OESTE; JOSÉ SMITH, HIJO, SE MUDA A KIRTLAND.

Mencioné, en un capítulo anterior, que cuando José y Emma salieron de Manchester, fueron a Macedonia. Aquí, él comenzó sus labores ministeriales y continuó predicando, sucesivamente, en este lugar, en Colesville, Waterloo, Palmyra y Manchester, hasta que, finalmente, mandó buscar sus pertenencias en Pensilvania, y se instaló en Waterloo. Poco después se dio una revelación, ordenando a Parley P. Pratt, a Ziba Peterson, a Peter Whitmer y a Oliver Cowdery a que fueran en una misión a Misuri, predicando por el camino. Tan pronto como se recibió esta revelación, Emma Smith y varias otras hermanas comenzaron a hacer arreglos para proveer a los que habían sido apartados para esta misión, con la ropa necesaria, lo cual no era una tarea fácil, ya que la mayor parte debía ser fabricada de materias primas.

En ese momento, la salud de Emma era bastante delicada. No se hizo ningún favor, porque cualquier cosa que pudiera hacer, lo hacía con todas sus fuerzas, hasta que fue demasiado y trajo sobre sí misma una enfermedad bastante fatigosa que duró cuatro semanas. Y, aunque sus fuerzas se habían agotado, su espíritu seguía siendo el mismo, lo cual, de hecho, siempre era el caso con ella, incluso en las circunstancias más difíciles. Nunca he visto a una mujer en mi vida que soportara toda tipo de fatiga y dificultades, de mes en mes y de año en año, con ese coraje inflexible, con ese celo y paciencia, con el que ella lo ha hecho siempre, porque yo sé lo que ella ha tenido que soportar: la han lanzado sobre el océano de la incertidumbre, ha enfrentado las tormentas de la persecución y azotado la rabia de los hombres y los demonios, lo que habría vencido a casi cualquier otra mujer. Puede ser que muchos aún tengan que encontrarse con lo mismo. Pido a Dios que esto no sea así; pero, si ese es el caso, que reciban la gracia merecida en su día, tal como ha sido el caso con ella.

Tan pronto como los hombres designados en la Revelación estuvieron preparados para salir de su casa, comenzaron su misión, predicando y bautizando en su camino, dondequiera que se diera la oportunidad. En su ruta pasaron por Kirtland, donde predicaron por algún tiempo, y abrieron una rama de veinte o treinta miembros. Antes de salir de este lugar, le escribieron una carta a José, deseándole que enviara a un élder para presidir la rama que habían abierto. En consecuencia, José envió a John Whitmer para asumir la presidencia de la Iglesia en Kirtland; y cuando llegó allí, los designados para ir a Misuri continuaron su misión, predicando y bautizando como antes.

En diciembre del mismo año, José hizo una reunión en nuestra casa. Mientras él estaba predicando, Sidney Rigdon y Edward Partridge entraron y se sentaron en la congregación. Cuando José terminó su discurso, les dio, a todos los que tenían algún comentario que hacer, el privilegio de hablar. Ante esto, el señor Partridge se levantó y declaró que había estado en Manchester con el propósito de obtener más información sobre la doctrina que predicamos; pero, al no encontrarnos, había hecho alguna indagación a nuestros vecinos acerca de nuestro carácter, el cual ellos habían declarado intachables, hasta que José nos engañó en relación con el Libro de Mormón. También dijo que había caminado por nuestra granja y observado el buen orden y lo industriosa que parecía; y habiendo visto lo que habíamos sacrificado por causa de nuestra fe, y habiendo oído que nuestra veracidad no era cuestionada en ningún otro punto que en el de nuestra religión, creyó en nuestro testimonio, y estaba listo para ser bautizado, "si el hermano José me bautiza".

José respondió, "Usted está ahora muy fatigado, hermano Partridge, y es mejor que descanse y sea bautizado mañana".

"Como el hermano José piensa mejor", respondió el señor Partridge, "estoy listo en cualquier momento".

Por lo tanto, fue bautizado al día siguiente. Antes de marcharse, mi esposo volvió a casa de la cárcel, trayendo con él bastante ropa que había ganado trabajando en el patio de la cárcel.

A finales del mismo mes, José recibió una carta de John Whitmer, deseando su ayuda inmediata en Kirtland en la organización de los asuntos de la iglesia allí. José consultó al Señor y recibió el mandamiento de irse de inmediato a Kirtland con su familia y sus posesiones; también le envió un mensaje a Hyrum de que tomara aquella rama de la Iglesia sobre la que presidía, y que partiera inmediatamente hacia el mismo lugar. Y a mi esposo se le ordenó, en la misma revelación, encontrarse con Hyrum en el punto más conveniente, y acompañarlo a Kirtland. Samuel fue enviado en una misión a la misma región del país, mientras que yo y mis dos hijos, William y Don Carlos, debíamos quedarnos hasta la primavera siguiente, cuando íbamos a tomar al resto de la rama en Waterloo y nos mudaríamos también a Kirtland.

Poco tiempo después, José y Emma estaban en camino, acompañados por Sidney Rigdon, Edward Partridge, Ezra Thayre y Newel Knight. Cuando estaban a punto de partir, predicaron en nuestra casa en Seneca River; y, en su camino, predicaron en la casa de Calvin Stodard, y también en la casa de Preserved Harris. En cada uno de estos lugares bautizaron a varios individuos en la Iglesia.

A la llegada de José a Kirtland, encontró una Iglesia compuesta de casi cien miembros, quienes, en general, eran buenos hermanos, aunque unos cuantos se habían empapado de algunas ideas muy erróneas, muy engañados por un poder singular que se manifestaba entre ellos en contorsiones extrañas del rostro y repentinos esfuerzos antinaturales del cuerpo. Esto, suponían ellos, era una muestra del poder de Dios. Poco después de la llegada de José, llamó a la Iglesia para mostrarles la diferencia entre el Espíritu de Dios y el espíritu del diablo. Dijo él, si un hombre se levanta en la reunión para hablar y lo agarra una especie de paroxismo que deforma su cara y sus extremidades de una manera violenta y antinatural, lo que lo hace ver como que está sufriendo dolor; y si da voces con sonidos extraños, incomprensibles para su público, pueden confiar en que tiene el espíritu del diablo. Pero, por el contrario, cuando un hombre habla por el Espíritu de Dios, habla de la abundancia de su corazón: su mente está llena de inteligencia, e incluso si se excita, no le induce a hacer nada ridículo o indecoroso. Luego llamó a uno de los hermanos para que hablara, quien se levantó e hizo el intento, pero fue inmediatamente agarrado con una especie de espasmo, que deformó su rostro, brazos y dedos de una manera asombrosa.

Hyrum, por petición de José, impuso las manos sobre el hombre, con lo cual retrocedió a un estado de agotamiento total. José invitó a otro hombre a hablar, quien estaba de pie apoyado en una ventana abierta. Este hombre también trató de hablar, pero fue arrojado, postrado, incapaz de pronunciar una sílaba. Se le ministró, y los mismos efectos continuaron como en la primera instancia.

Estos, junto con algunos otros ejemplos del mismo tipo, convencieron a los hermanos del error en el que habían estado trabajando; y todos se regocijaron en la bondad de Dios por una vez más condescendiente para conducir a los hijos de los hombres por la revelación, y el don del Espíritu Santo.

LAS DIFERENTES RAMAS DE LA IGLESIA SE MUDAN A KIRTLAND; MILAGRO EN BUFFALO.

Poco después de que mi esposo y José se fueran a Kirtland, William, siendo uno de los maestros, asistió a la Iglesia; visitando a cada familia, se quedó con ellos hasta que oyó orar a cada individuo en la casa.

Cuando los hermanos consideraron que el manantial estaba lo suficientemente abierto como para viajar por el agua, todos comenzamos a prepararnos para nuestro viaje a Kirtland. Contratamos un barco de cierto predicador metodista, y determinamos una hora para reunirnos en nuestra casa para salir juntos; y cuando fuimos recogidos, contamos ochenta almas. La gente del país circundante vino y se despidió, invocando la bendición del cielo sobre nuestras cabezas.

Unos minutos antes de comenzar, un viejo hermano llamado Humphry llegó desde Potsdam. Este hombre fue llevado a la Iglesia por Don Carlos cuando visitó a su abuelo en compañía de mi marido. En ese momento, el hermano Humphry era el élder más anciano de la Iglesia, y Don Carlos el más joven.

Debido a la edad del hermano Humphry, deseé que se hiciera cargo de la compañía, pero se negó, diciendo que todo debía hacerse tal como la madre Smith dijera; y a esto toda la compañía respondió: "sí". En ese instante, un tal Sr. Chamberlain subió a bordo y me preguntó si tenía el dinero que necesitaba para que mi familia se sintiera cómoda. Respondí que tenía abundante para mí y para mis hijos, pero tal vez encontraría a algunos a bordo que necesitaban ayuda. "Bueno", dijo él, "aquí hay un poco de dinero. Puede repartirlo como quiera", y, entregándome diecisiete dólares, dejó el barco. Poco después de esto, partimos y comenzamos a avanzar bastante.

Luego llamé a los hermanos y hermanas, y les recordé que estábamos viajando a causa del mandamiento del Señor, tal como el padre Lehi, cuando salió de Jerusalén; y, de ser fieles, tendríamos la misma razón para esperar las bendiciones de Dios. Luego deseé que fueran solemnes y alzaran sus corazones a Dios continuamente en oración, para que pudiéramos prosperar. Luego nos sentamos y cantamos un himno. El capitán estaba tan encantado con la música que llamó a su ayudante diciendo: "Por el amor de Dios, ven aquí y dirige el bote, porque debo escuchar ese canto". Posteriormente expresó su placer y sorpresa al ver una actitud de devoción entre nosotros, afirmando que su esposa se había negado a acompañarlo a causa de su prejuicio contra nosotros, lo cual lamentó mucho.

Al acercarse la puesta del sol, nos sentamos y cantamos otro himno. La música sonaba maravillosamente en el agua, y tuvo un efecto saludable sobre cada corazón, llenando nuestras almas de amor y gratitud por Dios por su mucha bondad hacia nosotros.

Habiendo finalizado los servicios de la noche, les pregunté a los hermanos sobre la cantidad de provisiones que tenían en las manos para el viaje; y, para mi sorpresa, comprobé que teníamos a bordo, además de veinte personas adultas, treinta niños que estaban casi sin comida. Al principio yo no sabía esto, pero después me enteré de que habían convertido sus posesiones en ropa, esperando que los que estaban en mejores circunstancias los apoyarían así como también pagarían sus gastos de viaje; aquellos, sin embargo, de quienes esperaban la mayor ayuda, los desilusionaron, y, por consiguiente, la carga fue echada por completo sobre mis hombros. A partir de este momento, proveí a las cincuenta personas con alimentos todos los días.

Pronto descubrí entre las madres una especie de descuido con respecto a sus hijos, incluso cuando sus vidas estaban en peligro. Entonces los reuní, y me esforcé por hacerles entender la importancia de cumplir con su deber para con sus hijos; que en un lugar como este, especialmente, debían mantenerlos constantemente a su lado; que deberían considerar que los niños se les habían dado como una bendición, y que si no los trataban como tal, les serían quitados. Pero fueron negligentes y se excusaron diciendo que sus hijos eran desobedientes. Les dije a las hermanas que yo podía controlar a sus hijos, y que si no los vigilaban mejor por sus madres, que yo tomaría el control de ellos.

Luego llamé a los niños a mi alrededor y les dije: "Ahora, niños, recuerden lo que les digo. Cuando subo las escaleras y levanto la mano, cada uno de ustedes debe correr hacia mí lo más rápido que pueda. ¿Harán lo que les digo?".

"Sí", respondieron, con voz unánime. Y mantuvieron estrictamente su fe hasta el final del viaje.

Al llegar a la mitad del camino a Buffalo, el canal se rompió. Esto dio lugar a mucha murmuración y descontento, lo que fue expresado en términos como los siguientes:

"Bueno, ahora el canal está roto, y aquí estamos, y aquí es probable que sea donde vamos a quedarnos, porque no podemos seguir adelante. Hemos abandonado nuestros hogares, y aquí no tenemos medios para ganarnos la vida, por lo tanto, tendremos que morirnos de hambre ".

"No, no", dije yo, "no morirán de hambre, hermanos, nada de eso; solo tengan paciencia y dejen de murmurar. No tengo dudas de que la mano del Señor está sobre nosotros para siempre; Quizás sea mejor para nosotros estar aquí por un corto tiempo. Es bastante probable que los barcos no puedan salir del puerto de Buffalo debido al hielo; si es así, la ciudad inevitablemente estará llena de familias, en cuyo caso nos sería casi imposible conseguir una casa cómoda. ¿No estamos en circunstancias mucho mejores en nuestra situación actual?".

"Bueno, bueno", respondieron las hermanas ", supongo que sabe de lo que habla; pero me parece que hubiera sido mejor estar tranquilos donde estábamos, porque allí podríamos sentarnos en nuestras sillas mecedoras y estar tan cómodos como quisiéramos, pero aquí estamos cansados y no hay un lugar para descansar".

Mientras esto pasaba, un ciudadano del lugar se nos unió, y, después de preguntarnos a qué denominación pertenecíamos, nos dijo que si había predicadores a bordo, se podría designar una reunión en el vecindario. Le presenté a los élderes Humphry y Page, quienes planearon una reunión para el día siguiente, la que se celebró en un bello prado verde bordeando el canal, y de un tamaño suficiente para albergar a cien personas. Escucharon con atención, y solicitaron que se convocara otra reunión para el día siguiente, pero, cuando el canal se reparó a las once, continuamos nuestro viaje y llegamos a Buflalo al quinto día después de dejar Waterloo.

Aquí encontramos a los hermanos de Colesville, quienes nos informaron que habían estado detenidos una semana en ese lugar esperando que se abriera la navegación. También que el Sr. Smith y Hyrum habían viajado a Kirtland por tierra, para poder estar allí el primero de abril.

Les pregunté si confesaban a las personas que eran "mormones". "No, y de hecho", respondieron, "usted tampoco debe mencionar una palabra sobre su religión, porque si lo hace, nunca podrá conseguir una casa o un bote".

Les dije que le diría a la gente exactamente quién era; "Y", continué yo, "si se avergüenza de Cristo, no puede esperar prosperar; y me pregunto si no llegaremos a Kirtland antes que usted".

Mientras hablábamos con los hermanos Colesville, otro bote desembarcó, teniendo a bordo a unos treinta hermanos, entre los cuales estaba Thomas B. Marsh, quien se nos unió de inmediato, y, al igual que los hermanos de Colesville, se opuso decididamente a que oráramos, o a hacer saber que profesábamos una religión. Dijo que si nuestra compañía persistía en cantar y rezar, como lo habíamos hecho hasta ahora, seríamos acosados antes de la mañana siguiente,

"Que haya una turba, entonces", dije yo, "oraremos antes del atardecer, turba o no turba". El Sr. Marsh, como respuesta a esto, se fue considerablemente irritado. Luego les pedí a los hermanos Humphry y Page que dieran una vuelta entre los barqueros y que preguntan por el capitán Blake, quien anteriormente había sido capitán de un barco perteneciente a mi hermano, el general Mack, y que, a la muerte de mi hermano, compró el barco y todavía lo dirigía. Fueron en busca del hombre y pronto lo encontraron, y supieron por él que su bote ya estaba cargado con la cantidad habitual de pasajeros y carga. Él dijo, sin embargo, que creía que podría hacer espacio para nosotros si viajábamos en un pasillo en la cubierta. Como esta era nuestra única oportunidad, movimos nuestras cosas al día siguiente, y después de acomodarnos bastante bien, comenzó a llover. Esto hizo nuestra situación muy incómoda, y algunas de las hermanas se quejaron amargamente porque no habíamos alquilado una casa hasta que el bote estuviera listo para partir. De hecho, la situación era bastante complicada, ya que algunas de ellas tenían hijos enfermos; como consecuencia de lo cual, el hermano Page salió con el propósito de conseguir una habitación para las mujeres y los niños enfermos, pero regresó sin éxito. En esto, las hermanas renovaron sus quejas, y afirmaron que conseguirían una casa sin importar las consecuencias. Para satisfacerlas, salí con mi hijo William, aunque todavía estaba lloviendo muy fuerte, para ver si era posible obtener un refugio para ellas y sus hijos.

Me detuve en la primera taberna y le pregunté al propietario si podía proporcionarme una habitación para algunas mujeres y niños enfermos. El propietario respondió que fácilmente podría hacerles sitio. Ante esto, una mujer que estaba presente se volvió hacia él bruscamente, diciendo: "Yo estoy aquí, y no voy a permitir que nadie ponga sus cosas en mi camino. Apuesto que los niños tienen tosferina o sarampión, o alguna otra enfermedad contagiosa, y si ellos vienen, yo me iré a otro lugar ".

"Por qué, señora", dijo el propietario, "eso no es necesario, todavía puede tener una habitación grande".

"No me importa", dijo ella, "quiero las dos, y si no puedo, no me quedaré; eso es todo".

"No importa", dije yo, "no importa; supongo que también puedo conseguir una habitación en otro lugar".

"No, no puede", respondió la dama, "porque buscamos por toda la ciudad, y no pudimos encontrar un solo lugar hasta que llegamos aquí".

Me fui inmediatamente y seguí mi camino. En breve llegué a una larga fila de habitaciones, una de las cuales parecía estar casi vacía. Pregunté si se podía alquilar por unos días. La propietaria de los edificios parecía una anciana alegre, de unos setenta años de edad. Le mencioné las circunstancias, como lo había hecho antes con el propietario.

"Bueno, no sé", dijo ella; "¿A dónde van?".

"A Kirtland", respondí.

"¿Qué es usted?", dijo ella. "¿Es bautista?".

Le dije que éramos "mormones".

"¡Mormones!", exclamó ella, en un tono rápido y bastante desnaturalizado. "¿Qué son? Nunca había oído de ellos".

"Le dije que somos 'mormones', respondí, 'porque eso es lo que nos llama el mundo, pero el único nombre que reconocemos es el de santos de los últimos días'.

"¡Santos de los últimos días!", agregó ella. "Tampoco he oído hablar de ellos".

Luego le informé que esta Iglesia fue creada a través de la instrumentalidad de un Profeta, y que yo era la madre de este Profeta.

"¡Qué!", dijo ella, "¡un profeta en estos días! Nunca escuché hablar de semejante cosa en mi vida; y si viene a sentarse conmigo, tendrá un lugar para sus hermanas y sus hijos, pero usted misma debe venir y quedarse conmigo y contármelo todo".

154

Así lo prometí, y luego regresé al bote e hice que las hermanas y sus hijos enfermos fueran a la casa de la anciana; y después de asegurarnos de que estuvieran cómodos, entré a su habitación. Pronto iniciamos una conversación, en la que le expliqué, tan claramente como pude, los principios del Evangelio. Al hablar de la imposición de manos para la recepción del Espíritu Santo, estaba tan sorprendida como aquellos discípulos que Pablo encontró en Éfeso, y me preguntó: "¿Qué quiere decir con el Espíritu Santo?". Seguí con mis explicaciones hasta después de las dos de la mañana siguiente, cuando volvimos al bote. Al llegar allí, el capitán Blake les pidió a los pasajeros que permanecieran a bordo, ya que él, desde ese momento, deseaba estar listo para continuar en cuanto nos avisaran; al mismo tiempo, envió a un hombre para medir la profundidad del hielo, quien, cuando regresó, informó que tenía seis metros de alto, y que era su opinión que nos quedáramos en el puerto al menos dos semanas más.

En esto, Porter Rockwell se fue para ver a su tío. Su madre trató de convencerlo para que se quedara, pero él no le prestó atención, y luego me rogó, diciendo: "Madre Smith, haga que Porter regrese, porque él no escucha a nadie más que a usted". Le dije que si se iba, deberíamos dejarlo en la costa, pero que podía hacer lo que quisiera. Dejó el bote y varios otros lo siguieron; pero cuando hablé con ellos, respondieron: "Haremos lo que usted diga, madre Smith", y regresaron inmediatamente.

Justo en ese momento, William me susurró al oído: "Madre, vea la confusión allá; ¿No irá a detenerla?".

Fui a esa parte del barco donde estaban la mayoría de los de nuestra compañía. Allí encontré a varios de los hermanos y hermanas en un debate acalorado, otros murmurando y refunfuñando, y varias jovencitas coqueteando y riéndose con pasajeros, hombres completamente extraños, mientras cientos de personas en la costa y en otros barcos asistían con gran interés a esta escena de clamor y vanidad entre nuestros hermanos. Entré en medio de ellos. "Hermanos y hermanas", dije yo, "nos llamamos santos y profesamos haber salido del mundo con el propósito de servir a Dios a costa de todas las cosas terrenales; y, desde el comienzo, ¿pondrán poner en ridículo la causa de Cristo con su conducta imprudente e inapropiada? Profesan confiar en Dios, entonces ¿cómo pueden murmurar y quejarse de la manera que lo hacen? Son aún más irrazonables que los hijos de Israel; porque aquí hay hermanas que añoran sus mecedoras, y hermanos de quienes esperaba firmeza y energía, pero que declaran que creen positivamente que morirán de hambre antes de que lleguen al final de su viaje. ¿Y por qué es así? ¿Alguno de ustedes careció de algo? ¿No he puesto comida delante de ustedes todos los días, y no les he provisto tanto como lo hubiera hecho con mis propios hijos? ¿Dónde está su fe? ¿Dónde está su confianza en Dios? ¿No se dan cuenta de que todas las cosas fueron hechas por él y que él gobierna las obras de sus propias manos? Y supongamos que todos los santos aquí deben levantar sus corazones en oración a Dios para que se les abra el camino, qué fácil sería para él hacer que el hielo se desprendiera para que en un momento pudiéramos estar en camino"

Justo en ese momento un hombre en la orilla gritó: "¿Es verdadero el Libro de Mormón?".

"Ese libro", respondí yo, "fue creado por el poder de Dios y traducido por el don del Espíritu Santo; y si pudiera hacer que mi voz sonara tan fuerte como la trompeta de Miguel, el Arcángel, declararía la verdad de tierra en tierra, y de mar a mar, y el eco llegaría a todas las islas, hasta que cada miembro de la familia de Adán quede sin excusas. Porque testifico que Dios se ha revelado al hombre de nuevo en estos últimos días, y ha puesto su mano para reunir a su pueblo en una buena tierra, y si obedecen sus mandamientos, les será por herencia; mientras que, si se rebelan contra su ley, su mano estará en contra de ellos para dispersarlos fuera, y los cortará de la faz de la tierra; y que ha comenzado una obra que probará ser olor de vida para vida, o de muerte para muerte a todos los que están aquí hoy, de vida a vida, si lo reciben, o de muerte a muerte, si rechazan el consejo de Dios, porque cada hombre recibirá según los deseos de su corazón; si desean la verdad, pueden oír y vivir, pero si pisotean la simplicidad de la palabra de Dios, cerrarán la puerta del cielo contra sí mismos". Entonces, volviéndome a nuestra compañía, dije: "Ahora, hermanos y hermanas, si todos ustedes elevan sus deseos al cielo de que el hielo se rompa, y de que quedemos en libertad, tan seguro como el Señor vive, se hará". En ese instante se oyó un ruido como un estallido de truenos. El capitán gritó: "Todos los hombres a sus puestos". El hielo se abrió, dejando apenas un pasaje para el barco, y tan estrecho, que cuando el bote pasó por él, los baldes de la rueda de agua se rompieron con un estruendo, lo que, unido a la palabra de mando del capitán, la respuesta ronca de los marineros, el ruido del hielo y los gritos y la confusión de los espectadores, presentaban una escena verdaderamente terrible. Cuando apenas habíamos atravesado la avenida, el hielo se volvió a cerrar, y los hermanos de Colesville se quedaron en Buffalo, incapaces de seguirnos.

Cuando salimos del puerto, uno de los observadores exclamó: "¡Ahí va la compañía mormona! Ese barco está hundido en el agua nueve pulgadas más que antes, y, fíjate, se hundirá, con toda seguridad". De hecho, estaban tan seguros de ello que fueron directamente a la oficina e hicieron que se publicara que estábamos hundidos, de modo que cuando llegamos a Fairport, leímos en los periódicos la noticia de nuestra propia muerte.

Después de nuestra milagrosa salida del muelle de Buffalo, convocamos a nuestra compañía y tuvimos una reunión de oración en la que ofrecimos nuestro agradecimiento a Dios por la misericordia que él manifestó hacia nosotros en nuestra liberación; pero antes de que se disolviera nuestra reunión, el compañero del capitán se me acercó y me dijo: "Señora Smith, haga, por el amor de Dios, que sus hijos dejen de orar, o todos iremos al infierno juntos; no podemos poner a un solo hombre soltero de guardia, aunque de eso dependa irnos al diablo, porque están todos tan ocupados con la oración". Por lo tanto, nuestra reunión se disolvió.

Poco después de dejar Buffalo, parte de nuestra compañía comenzó a sentir los efectos del movimiento de la embarcación y se sintió abatida por la enfermedad del mar. Fui al cocinero, y, entregándole veinticinco centavos, le pregunté si podía dejarme llevar un poco de agua caliente para los enfermos. Él atendió mi solicitud, y me proporcionó los medios para hacerlos sentir más cómodos.

Tras conocer al capitán, me di a conocer como la hermana del general Mack. Parecía muy complacido de encontrar en mí a un pariente de su viejo amigo; y me trataron con gran atención y respeto, tanto él mismo como la tripulación, mientras estuve en el barco.

Poco tiempo antes de llegar a Fairport, el hermano Humphry y yo fuimos a la costa para hacer algunas transacciones para la compañía. Mientras estaba en la costa, este hermano me dijo que me estaba volviendo innecesariamente en una esclava, que esas hermanas cuyas familias yo cuidaba también podían cuidar de sus propios esposos e hijos; que, en cuanto a sí mismo, no iba a permanecer a bordo mucho más tiempo. Le di las gracias por su amabilidad, pero le dije que pensaba que podía tolerar bien el trabajo sin verme perjudicada. Nada más hablamos sobre el tema. Se fue en la siguiente parada, y a dónde, no lo sé.

Al acercarse a Fairport, donde íbamos a desembarcar, el capitán, los pasajeros y la tripulación me despidieron con lágrimas. Después de desembarcar, nuestra compañía estaba más descorazonada que nunca, y los hermanos me rodearon y me pidieron que hiciera que sus esposas se pusieran a coser mantas y a hacer tiendas para que los hombres pudieran acampar junto a sus bienes y cuidarlos, porque no tenían esperanzas de seguir adelante.

Les dije que no iba a hacer nada por el estilo. En cuanto a las hermanas, algunas de ellas estaban mintiendo, algunas haciendo pucheros, y algunas estaban atendiendo a sus familias. Cuando pasé entre ellos, atrajo mi atención un extraño que se sentó a poca distancia de nosotros en la orilla del lago. Le pregunté la distancia a Kirtland. Él, comenzando, dijo: "¿Es posible que sea la madre Smith? Me he sentado aquí buscándole estos tres días".

Respondiendo a su pregunta afirmativamente, le pregunté si sería posible alquilar equipos para llevar nuestros productos a Kirtland. Me dijo que no me preocupara sobre el asunto, que esperaban a José en cualquier momento y que en menos de veinticuatro horas habría equipos suficientes para llevar a toda nuestra compañía a las casas que estaban esperando recibirlos. Cuando mencionó el nombre de José, comencé a llorar, porque recién me daba cuenta de que muy pronto iba a ver a mi esposo y a mis hijos. Le di mi espalda al desconocido y me encontré con Samuel, quien venía hacia mí, seguido de cerca por José. Extendí mi mano derecha hacia Samuel y mi izquierda hacia José. Lloraron de gozo al verme, Samuel, porque Dios le había advertido en un sueño que encontraría a la compañía en Waterloo, y temía que me hubiera sucedido un desastre; y José, a causa de la información que había recibido del hermano Humphry, quien había llegado a Kirtland poco tiempo antes, le había informado a José que había sabido, a causa de la fatiga que estaba sufriendo, que mi vida estaba en peligro.

Después de que me informaron de estas cosas, José dijo que debería sacarme de la compañía. Mientras las hermanas suplicaban ir conmigo, él las llevó hasta Painsville, donde nos detuvimos en la casa del hermano Partridge. Aquí encontramos una buena cena preparada para toda la compañía.

Poco después de tomar esa merienda, me llevaron a la casa del hermano Kingsbury en su propio carruaje, donde me trataron con gran amabilidad y respeto. Desde allí fui con José a Kirtland. La primera casa en la que entré era la del hermano Morley. Allí encontré a mi amado esposo, y grande fue nuestra alegría. Muchos de mis lectores conocerán mi situación actual. Ellos pueden imaginar con qué sentimientos recitó escenas como las que siguieron a la reunión de nuestra familia; pero déjenlo pasar, la imaginación debe suplir a los puntos suspensivos. Si permitiese que mis sentimientos me dominaran en ocasiones como esta, mis fuerzas no me apoyarían hasta el final de mi narración.

Poco después de llegar a Kirtland, un par de gemelos fueron llevados a Emma, los cuales le dieron para que tomaran el lugar de la parejita que había muerto.

CAP. XL
PRIMERA MISIÓN DE SAMUEL SMITH A MISURI.

Permanecimos dos semanas en casa del Sr. Morley, y luego llevamos a nuestra familia a una granja que José había comprado para la Iglesia. En esta granja, mi familia se estableció con el siguiente arreglo, que íbamos a cultivar la granja, y, según los frutos de nuestro trabajo, debíamos recibir nuestro apoyo; pero por encima de todo, esto se usaba para el bienestar de extraños o hermanos que viajaban por el lugar.

Aproximadamente en este tiempo, Parley P. Pratt y su compañía, que estaban en Misuri, le pidieron a José que enviara a algunos élderes para que les ayudaran. Él le preguntó al Señor y recibió la revelación contenida en el *Times and Seasons*, vol. v, p 416, en el que Samuel H. Smith y Reynolds Cahoon fueron designados para ir juntos a Misuri. Ambos partieron de inmediato en su misión. Antes de que hubieran avanzado mucho, visitaron una ciudad, cuyo nombre no recuerdo, donde encontraron a William E. Mc Lellin, quien trabajaba como empleado en una tienda. Después de hacer una pequeña investigación, descubrieron que el Sr. Mc Lellin estaba ansioso por escucharles predicar, y que estaba dispuesto a hacer algún esfuerzo para obtener una casa y una congregación para ellos, porque el nombre de los santos de los últimos días era nuevo para él, y sintió curiosidad por saber cuáles eran los principios de nuestra fe. Entonces, por su mediación, pronto tuvieron una gran congregación sentada en una cómoda habitación. Ellos predicaron esa noche, y a la mañana siguiente prosiguieron su viaje.

Poco después de que se fueron, el Sr. Mc Lellin se inquietó mucho con respecto a sus nuevos conocidos; sintió que era su deber haber ido con ellos y ayudarles en su viaje. Este sentimiento ardió tan fuertemente en su pecho que le privó de reposo toda la noche siguiente; y, antes de la mañana, ultimó su partida hacia Misuri, arriesgando su negocio, carácter y todo lo demás. En consecuencia, después de arreglar sus asuntos con su empleador, comenzó a seguir a Samuel y al hermano Cahoon. Los alcanzó en el camino y llegaron a Misuri, y fueron bautizados antes de que llegaran allí.

En su camino, Samuel y el hermano Cahoon sufrieron grandes privaciones, tales como falta de descanso y de comida. En el momento en que comenzaron a viajar a Misuri, cerca de cincuenta personas también partieron hacia el mismo lugar, todos tomando diferentes rutas. Cuando llegaron, dedicaron el lugar para el Templo. Más o menos en este tiempo, o poco después, se recibieron varias revelaciones que el lector encontrará siguiendo la Historia de José en el *Times and Seasons*, vol. v., pp. 448 a 466. Una cláusula en una de ellas dice lo siguiente: "Dejad que mi siervo Reynolds Cahoon, y mi siervo Samuel H. Smith, con el cual estoy satisfecho, no se separen hasta que regresen a sus hogares, y esto con un sabio propósito en mí". pág. 465 Y, aquí, permítanme decir que Samuel nunca fue censurado por revelación, que yo sepa, porque siempre realizó fielmente sus misiones y su trabajo fue bien reconocido.

LUCY SMITH VISITA DETROIT.

Como a Hyrum, mi hijo mayor, se le ordenó ir a Misuri de camino a Detroit, pensé que sería una buena oportunidad para visitar a la familia de mi hermano, el General Mack. En consecuencia, mi sobrina, Almira Mack, Hyrum, los hermanos Murdock, Lyman Wight, y Corril y yo, partimos juntos hacia Detroit. Cuando abordamos por primera vez el barco que nos llevó a través del lago, tomamos la decisión de mantenernos completamente en silencio sobre el tema de la religión; pero luego Hyrum propuso que la madre Smith debería decir lo que quisiera, y si se metía en dificultades, los élderes deberían ayudarla. Poco después de esto, estaba sentado en la puerta de la cabaña, leyendo el Libro de Mormón, cuando una señora se acercó y me preguntó qué libro estaba leyendo. "El Libro de Mormón", respondí. Pero el título del libro no la ayudó mucho, ya que nunca antes había oído hablar de que tal obra existiera. A petición suya, le facilité una breve historia del descubrimiento y la traducción del libro. Esto la deleitó, y cuando mencioné que era un registro del origen de los aborígenes de América, ella dijo, "Cómo me gustaría tener uno de sus libros para llevárselo a mi esposo, porque él ahora es un misionero entre los indios".

En ese momento, otra mujer, que era la esposa de un médico, se nos acercó con la apariencia de querer escuchar nuestra conversación. Estaba magníficamente vestida, y se comportaba muy delicadamente. Llevaba una espléndida bufanda de satén que, mientras caminaba de un lado a otro delante de nosotros, ocasionalmente se dejaba caer por el hombro izquierdo, dejando al descubierto un cuello y un pecho decorados con joyas muy brillantes. Luego se detuvo en seco y dijo: "No quiero oír nada más de eso, ni tampoco nada más sobre Joe Smith. Dicen que es un profeta mormón; pero no es más que engaño y mentiras. Hubo un Sr. Murdock que creía en las doctrinas de Joe Smith; y todos los mormones creen que pueden curar a los enfermos y resucitar a los muertos; así que cuando la esposa de este, Murdock, estaba enferma, se negó a enviar a buscar a un médico, aunque la pobre mujer quería que lo hiciera, y así, por su negligencia, su esposa murió".

Le dije que creía que debía estar un poco equivocada, que estaba familiarizada con la familia y que sabía algo sobre el asunto.

"Lo sé todo", dijo la señora.

"Bueno, tal vez no", dije, "solo escúcheme un momento y se lo explicaré".

"No, no lo haré", respondió la mujer.

"Entonces", dije "le presentaré al Sr. Murdock, y que él mismo le cuente la historia". Luego me volví hacia el Sr. Murdock, quien estaba cerca, y se lo presenté. Antes de esto, sin embargo, la camarera bajó por las escaleras y se quejó al médico del comportamiento impropio de su esposa, y antes de haber escuchado una docena de palabras de nuestro hermano, su marido subió corriendo las escaleras. "Aquí", le dijo él a su esposa, "me dicen que estás abusando de esta anciana" y, tomándola de la mano, la llevó adentro de su brazo y la condujo sin más ceremonia.

Esta circunstancia introdujo el tema del "mormonismo" entre los pasajeros, y continuó siendo el tema de conversación hasta que llegamos a Detroit. Al desembarcar en Detroit, reparamos de inmediato en una taberna, ya que mi sobrina, la señora Cooper, estaba muy nerviosa, y consideramos imprudente molestarla esa noche. A la mañana siguiente, Almira Mack y yo visitamos a la señora Cooper, la hermana de Almira, esta entró en su habitación y la encontró tendida en la cama. Después de los saludos habituales, le informó a la señora Cooper que la tía Lucy estaba en el salón esperando verla, y pidió el privilegio de invitarme a su habitación; pero pasó un tiempo antes de que sus nervios estuvieran lo suficientemente calmados como para verme. Sin embargo, antes de que fuera admitida en su presencia, se le informó además que su primo Hyrum, como también varios otros élderes, habían venido a Detroit conmigo, y que esperaría que fueran invitados así como yo. Pero la Sra. Cooper se negó, declarando que no podía soportar la presencia de tantos visitantes. Ella me mandó llamar, pero les prohibió a sus hermanas que invitaran a alguien más.

Fui a verla, y, después de terminar con los elogios, le dije: "Lovisa, tengo a cuatro de mis hermanos en la fe, uno de los cuales es tu primo Hyrum; si me quedo, también deben ser invitados".

"¡Oh! No, no. Nunca podría consentir", exclamó ella, "Tía, estoy tan nerviosa que casi nunca puedo recibir a ninguna visita".

"Lovisa", le contesté, "¿Sabes qué te pasa? Puedo decirte exactamente de qué se trata: hay un espíritu bueno y uno maligno operando sobre ti, y el espíritu malo casi te tiene poseída; y cuando el espíritu bueno está menos agitado, el maligno lucha por la supremacía completa, y hace que el buen espíritu revolotee, listo para desaparecer, porque tiene un punto de apoyo muy ligero. Pero tú has estado así por mucho tiempo y aún puedes vivir muchos años. Estos hombres que se hallan conmigo están cubiertos con la autoridad del Sacerdocio, y a través de su ministración puedes recibir una bendición; e incluso si no sanas, ¿no deseas saber algo sobre tu Salvador antes de conocerlo en persona? Además, si te niegas a recibir a mis hermanos en tu casa, yo misma me iré".

Finalmente se llegó a la conclusión de que se debía preparar una cena suntuosa y que todos los hermanos debían ser invitados. Mientras trabajaban con ella, le administraron dos veces por imposición de manos en el nombre del Señor. Se quedaron con ella durante el día, y en la noche partieron hacia Pontiac. Cuando supo que no se esperaba que volvieran, pareció muy angustiada, porque no les había instado a que se quedaran y le predicaran.

A la mañana siguiente, mi sobrina y yo partimos hacia Pontiac, en el primer carruaje, para visitar a la hermana Mack, la viuda de mi hermano, y a su hija, la señora Whitermore. Allí, el Sr. Whitermore y su familia nos trataron con gran atención y respeto. El tema de la religión se introdujo inmediatamente después de nuestra llegada y continuó hasta la hora del té, cuando la hermana Mack se levantó y dijo: "Hermana Lucy, debes disculparme, pero encuentro que mis nervios están tan agitados que no puedo soportar la conversación por más tiempo; el tema es completamente nuevo para mí y me confunde la mente". Le pedí que se detuviera un momento. Luego le repetí lo mismo que le había dicho dos días antes a Lovisa, y agregué: "supongamos que una compañía de gente de moda viniera y comenzara a hablar sobre bailes de gala, fiestas y el último estilo de confeccionar vestidos, ¿tú crees que eso te agitaría así?". Ella sonrió ante esto y dijo: "No sé si lo haría, hermana Lucy; sabes que esas son cosas más comunes".

Luego le dije que la excusaría y que ella podría ir adonde quisiera, resolviendo en mi mente que nunca volvería a mencionarle el tema a menos que ella misma me lo pidiera. Esa noche dormimos en la misma habitación. Cuando estaba a punto de retirarme para descansar, ella observó, "No dejes que mi presencia te impida cumplir con cualquier deber que practiques en tu casa". Y poco después ella comentó una vez más: "La casa está ahora tranquila, y me alegraría escucharte hablar, si no estás demasiado cansada". Le dije que no pondría objeciones, siempre que el tema de la religión no la pusiera nerviosa; y, como ella no creía que sucedería, comenzamos una conversación cuyo resultado fue que ella terminó convencida de la veracidad del Evangelio.

Unos días después de esto, todos partimos para visitar a la Sra. Stanly, quien también era hija de mi hermano. Aquí el Sr. Whitermore me presentó a un tal Sr. Euggles, el pastor de la iglesia presbiteriana a la que el Sr. Whitermore pertenecía.

"Y usted", dijo el Sr. Euggles, al estrecharme la mano, "es la madre de ese pobre tonto muchacho, Joe Smith, que simuló traducir el Libro de Mormón".

Lo miré fijamente a la cara y le respondí: "Lo soy, señor, la madre de José Smith; pero ¿por qué usa epítetos como esos?".

"Porque", dijo su reverencia, "que él imaginó que iba a destruir a todas las demás iglesias con ese simple libro mormón".

"¿Alguna vez leyó ese libro?", inquirí.

"No", dijo él, "no se merece mi atención".

"Pero", respondí yo, "las Escrituras dicen 'probad todas las cosas'; y, ahora señor, déjeme decirle con valentía que ese libro contiene el Evangelio eterno, y fue escrito para la salvación de su alma, por el don y el poder del Espíritu Santo".

"Bah", dijo el ministro, "tonterías; no temo que ningún miembro de mi iglesia se desvíe por tales cosas; tienen demasiada inteligencia".

"Sr. Euggles", dije, y hablé con énfasis, porque el Espíritu de Dios estaba sobre mí, "recuerde mis palabras, tan cierto como Dios vive, en menos de tres años tendremos más de un tercio de su iglesia; y, señor, ya sea que lo crea o no, también tomaremos al mismísimo diácono".

Esto produjo una risa abundante por parte del ministro.

Para no ser tediosa, diré que permanecí en esta parte del país unas cuatro semanas, tiempo durante el cual trabajé incesantemente por la verdad, y logré ganar los corazones de muchos, entre los que se encontraban David Dort y su esposa. Muchos deseaban que usara mi influencia para enviar a un élder a esa región del país, lo que acordé hacer. Cuando estaba a punto de partir hacia mi hogar, el Sr. Cooper observó que nuestros ministros tendrían más influencia si se vestían de paño.

Cuando volví, le conté a José de la situación en el lugar donde había estado, por lo que él envió al hermano Jared Carter allí. Y para asegurarse de tener suficiente influencia, estaba vestido con un traje de paño muy fino. Se presentó inmediatamente en la iglesia del Sr. Euggles, y en poco tiempo se llevó a setenta de sus mejores miembros, entre los que se encontraba el diácono, tal como le había dicho yo al ministro. Este diácono era el hermano Bent, quien ahora preside el Sumo Consejo.

En menos de un mes después de mi llegada, Samuel regresó a casa desde Misuri y permaneció hasta el octubre siguiente, momento en que se dio una revelación, ordenándole a él y Wm. Mc Lellin a que fueran a la ciudad de Hiram, a unas treinta millas de distancia. Samuel comenzó a hacer los preparativos, pero antes de que estuviera listo para partir, oyó una voz en la noche que le dijo: "Samuel, levántate inmediatamente, y parte hacia la misión a la que se te mandó ir en Hiram". Se levantó de su cama y tomó la ropa que tenía preparada, y partió sin más demora.

Al llegar al lugar mencionado anteriormente, encontró a Wm. E. Mc Lellin allí de acuerdo con la cita prevista. Aquí comenzaron a predicar juntos, y después de trabajar un tiempo en esta ciudad, fueron de un lugar a otro, dando testimonio de la verdad en cualquier ciudad, pueblo o villa en la que entraron, hasta el veintisiete de diciembre, momento en que llegaron a Kirtland. A Samuel no se le permitió descansar mucho tiempo en casa; el primero de enero fue enviado, junto con Orson Hyde, a una misión en el este del país. Fueron y predicaron de ciudad en ciudad hasta que fueron llamados a casa para recibir la ordenanza del lavado de pies.

UN EXTRACTO DE LA HISTORIA DE JOSÉ EL PROFETA; LA TRANSGRESIÓN DE SIDNEY RIGDON; PROBLEMAS EN EL CONDADO DE JACKSON.

Volveré ahora al mes de septiembre de 1831. José, en este momento, se estaba dedicando a traducir la Biblia, y Sidney Rigdon estaba sirviendo como su escriba. Aproximadamente el primero de este mes, José llegó a la conclusión de mudarse, y al oficinista, así como a sus familias, a la antes mencionada ciudad de Hiram, a fin de agilizar el trabajo. Se mudaron a la casa del Padre Johnson, y vivieron con él en paz hasta el siguiente mes de marzo, cuando ocurrió una circunstancia que relataré en sus propias palabras:

"El veinticinco de marzo de 1832, los gemelos antes mencionados, que habían estado enfermos de sarampión por algún tiempo, lo que hizo que no pudiéramos descansar al cuidarlos, especialmente mi esposa. Por la tarde le dije que era mejor que me retirara para descansar con uno de los niños, que cuidaría al niño más enfermo. Por la noche, ella me dijo que era mejor que me acostara en la cama nido, y así lo hice. Poco después desperté, ella gritando 'asesinos', cuando me encontré saliendo por la puerta en manos de una docena de hombres; algunas de sus manos en mi cabello, y algunas agarraban mi camisa, ropa interior y extremidades. El pie de la cama nido apuntaba hacia la puerta, dejando solo espacio suficiente para que la puerta se abriera un poco. Mi esposa oyó un suave golpeteo en las ventanas que no tuvo en cuenta (pero que indiscutiblemente fue planeado para determinar si estábamos todos dormidos), y, poco después, la multitud abrió la puerta y rodeó la cama en un instante, y, como dije, lo primero que advertí es que estaba saliendo por la puerta en manos de una turba enfurecida. Sostuve una lucha desesperada por soltarme mientras me forzaban a salir, pero solo logré liberar una pierna, con la que le di una patada a uno de los hombres, quien cayó sobre los escalones de la puerta. Inmediatamente me confinaron de nuevo, y juraron por Dios que me matarían si no me quedaba quieto, lo que me hizo dejar de luchar. Mientras me llevaban alrededor de la casa, el tipo al que pateé vino y me puso la mano en la cara, todo cubierto de sangre (porque lo golpeé en la nariz) y con una risa excitada de caballo, murmuró 'Maldito, te arreglaré'.

"Luego me agarraron del cuello y apretaron hasta que perdí el aliento. Cuando volví en mí, al pasar al lado mío, a unos treinta metros de la casa, vi al élder Rigdon tendido en el suelo, donde lo habían arrastrado por los talones. Supuse que estaba muerto.

"Empecé a suplicarles, diciendo que esperaba que tuvieran misericordia y perdonaran mi vida. A lo que respondieron: 'Maldito, pídele ayuda a tu Dios; nosotros no te mostraremos piedad'; y más gente comenzó a aparecer en todas las direcciones: uno que venía del huerto tenía un tablón, y esperaba que me mataran y me llevaran en esa tabla. Luego doblaron a la derecha y avanzaron aproximadamente ciento cincuenta metros más, a unos trescientos metros de la casa, y a unos ciento cincuenta desde donde vi al élder Rigdon, hasta el prado, donde se detuvieron, y uno dijo: 'Simonds, Simonds' (es decir, supongo, Simonds Rider), 'levante sus calzoncillos, levante sus calzoncillos, se enfriará'. Otro replicó: '¿No lo vamos a matar, no lo vamos a matar?', cuando un grupo de pandilleros se juntaron a cierta distancia y dijeron: 'Simonds, Simonds, ven aquí', y Simonds les dijo que me tuvieran agarrado evitando que tocara el suelo (como lo habían hecho hasta ahora), no fuera a dar un empujón, liberándome. Se reunieron y tuvieron un breve consejo, y como de vez en cuando podía escuchar una palabra, supuse que era para saber si era mejor matarme. Regresaron, después de un tiempo, cuando supe que habían llegado a la conclusión de que no me matarían, pero me golpearon y arañaron bien, me arrancaron la camisa y los calzoncillos y me dejaron desnudo. Uno gritó: 'Simonds, Simonds, ¿Dónde está el cubo de alquitrán?'. 'No lo sé', contestó uno, 'aquí es donde Eli lo dejó'. Regresaron rápidamente y buscaron el cubo de alquitrán, cuando uno exclamó, 'Maldito, le cubriremos la boca de alquitrán'; y trataron de forzarme la paleta de alquitrán en la boca. Giré la cabeza, para que no lo pudieran hacer; y clamaron, 'Maldito, levanta la cabeza y déjanos darte un poco de alquitrán'. Luego trataron de introducir un frasco en mi boca, y lo rompieron en mis dientes. Me arrancaron toda la ropa, excepto el cuello de la camisa; y un hombre se me tiró encima y me rasguñó el cuerpo como un gato enojado, y luego murmuró: 'Maldito, esta es la forma en la que el Espíritu Santo cae sobre la gente'.

"Luego me abandonaron e intenté levantarme, pero me caí de nuevo. Me saqué el alquitrán de los labios, etc., para poder respirar más libremente, y después de un tiempo comencé a recuperarme y me levanté, cuando vi dos luces. Me dirigí hacia uno de ellos, y descubrí que era el padre Johnson. Cuando llegué a la puerta, estaba desnudo, y el alquitrán me hizo ver como si estuviera cubierto de sangre; y cuando mi esposa me vio, creyó que me habían destrozado y se desmayó. Durante la riña, las hermanas del vecindario se habían reunido en mi habitación. Pedí una manta; me arrojaron una y cerraron la puerta; me envolví en ella y entré a la casa.

"Mis amigos pasaron la noche raspando y quitando el alquitrán, y lavando y limpiando mi cuerpo; de modo que por la mañana estaba listo para vestirme una vez más. Siendo la mañana del sábado, la gente se reunió a la hora habitual de adoración, y entre ellos también llegaron los pandilleros, a saber, Simonds Rider, un predicador campbelita y líder de la turba; un tal M'Clentic, hijo de un ministro campbelita; y don Pelatiah Allen, quien le había dado a la turba un barril de *whisky* para levantar sus espíritus; y muchos otros. Con mi carne toda escarificada y desfigurada, prediqué a la congregación, como de costumbre, y en la tarde del mismo día bauticé a tres individuos". (Times and Seasons, vol. 5, p. 611; Millennial Star, vol. 14, p. 148.)

Sidney Rigdon fue inmediatamente a Kirtland, pero José se quedó en casa del padre Johnson para terminar sus preparativos para un viaje que estaba contemplando hacer a Misuri. Inmediatamente después de la llegada de Sidney a Kirtland, nos reunimos con el propósito de hacer una reunión de oración, y, como Sidney no había estado con nosotros durante un tiempo, esperábamos saber de él en esta ocasión. Esperamos mucho antes de que él hiciera su aparición; finalmente entró, aparentemente muy agitado. No fue al púlpito, sino que comenzó a caminar de un lado a otro por la casa. Mi esposo dijo: "Hermano Sidney, nos gustaría escuchar su discurso de hoy". El Hermano Rigdon respondió, en un tono de excitación: "Las llaves del reino son arrancadas de la Iglesia, y no habrá oración en esta casa hoy". "¡Oh, no!", dijo el Sr. Smith, "espero que no". "Les digo que lo son", respondió el élder Rigdon, "y ningún hombre o mujer debe hacer una oración en este lugar hoy".

Esto perturbó en gran medida las mentes de muchas hermanas y de algunos hermanos. Los hermanos se miraron y palidecieron, y las hermanas lloraron. La hermana Howe, en particular, estaba muy aterrorizada: "¡Dios mío!", dijo ella, "¿qué haremos? ¿Qué haremos? Las llaves del reino nos son quitadas, y ¿qué haremos?". "Se lo vuelvo a decir", dijo Sidney, con mucho sentimiento, "las llaves del reino les son quitadas, y nunca más las tendrán hasta que me construyan una nueva casa".

Hyrum estaba enojado con tanta tontería frívola, y, tomando su sombrero, salió de la casa, diciendo: "Voy a poner fin a este alboroto enseguida; voy a buscar a José".

"Oh, no", dijo la hermana Howe, "por el amor de Dios, no vayas a por él. El hermano Sidney dice que las llaves del reino nos han sido arrebatadas, y ¿de qué sirve traer a José aquí?".

Hyrum tomó un caballo, y fue inmediatamente a la casa del padre Johnson, para buscar a José. Llegó allí al final de la noche y, después de haber despertado a José, dijo: "Debes ir directamente a Kirtland; estamos teniendo unos problemas terribles allí, y quiero que vengas a ver como están las cosas". José fue informado de la situación exacta, obtuvo un caballo del padre Johnson, y partió sin demora, con Hyrum, hacia Kirtland. A su llegada allí, los hermanos fueron congregados para la reunión. José subió al estrado e informó a los hermanos que estaban bajo un gran error, que la Iglesia no había transgredido; "Y, en cuanto a las llaves del reino", dijo él, "yo mismo poseo las llaves de esta última dispensación, y las retendré para siempre, tanto en el tiempo como por la eternidad; así que sosieguen sus corazones sobre ese punto, todo está bien".

Luego continuó y predicó un discurso reconfortante, después del cual designó un concilio para sentarse al día siguiente, por el cual Sidney fue juzgado por haber mentido en el nombre del Señor. En este concilio, José le dijo que debía sufrir por lo que había hecho, que debería ser entregado a los bofetones de Satanás, que lo manejaría como un hombre maneja a otro, que cuanto menos sacerdocio tuviera, mejor sería para él, y que sería bueno para él renunciar a su licencia.

Sidney cumplió con este consejo, sin embargo, tuvo que sufrir por su locura, ya que, según su propio relato, el diablo lo había sacado de la cama tres veces en una noche, pisándole los talones. Si esto es verdad o no, una cosa es cierta, su contrición de alma fue tan grande como un hombre pudiera sentirla.

Después de haberse humillado lo suficiente, recibió otra licencia; pero la anterior fue retenida y ahora está en las manos del obispo Whitney.

El 2 de abril de 1832, José partió hacia Misuri, acompañado por Newel K. Whitney, Peter Whitmer y Jesse Gauze. Fueron llevados por el hermano Pitkin a la ciudad de Warren, donde se les unió el hermano Rigdon, y todos siguieron su viaje juntos.

Durante la ausencia de su esposo, Emma Smith vivió con William Cahoon y su hermano Williams, de vez en cuando pasando un corto tiempo con nosotros.

El veinticuatro de abril, José llegó a Independence. Se apresuró a atender los asuntos que tenía ante sí, y el 6 de mayo siguiente, él, junto con los hermanos Whitney y Rigdon, dejaron Independence para ir a Kirtland. Cuando llegaron a New Albany, el hermano Whitney tuvo la desgracia de romperse la pierna. Esto retuvo a José, quien se quedó para cuidarlo por cuatro semanas en la taberna del Sr. Porter en Greenville. Mientras estaban en este lugar, alguien administró veneno en la comida de José, el cual actuó con gran violencia en su sistema, pero pronto se recuperó, y a la mañana siguiente continuaron su viaje una vez más, y llegaron a Kirtland en algún momento del mes de junio. Cuando José llegó a casa, inmediatamente consiguió un lugar para su esposa; y después de hacer que su familia se sintiera cómoda, se fue a una misión al este, dejando a su familia al cuidado de Hyrum. Poco después de que se fue, nació José Smith Tercero.

Después de que José regresó de su misión al este, estableció una escuela para los élderes, y los llamó a todos a casa desde las diferentes partes del país donde habían estado trabajando. Esta fue llamada la Escuela de los Profetas; y se reunían en una habitación encima de la casa en la que residía José.

En este momento mis hijos fueron llamados a casa, y, poco después de su llegada, José llevó a todos los hombres de nuestra familia al aula antes mencionada, y les administró la ordenanza del Lavado de Pies; después de lo cual el Espíritu recayó sobre ellos, y hablaron en lenguas, y profetizaron. Los hermanos se juntaron para presenciar las manifestaciones del poder de Dios. En ese momento yo estaba en la granja a poca distancia del lugar donde se estaba realizando la reunión, y mis hijos, ansiosos de que yo disfrutara de la reunión también, me enviaron a un mensajero a toda prisa. Fui sin demora y sentí, junto con el resto, el derramamiento más glorioso del Espíritu de Dios que jamás hubiera tenido lugar en la Iglesia. Sentimos que habíamos ganado una victoria decisiva sobre el adversario, y,

"No podíamos creer,
Que alguna vez deberíamos sufrir,
O lamentarnos otra vez".

¡Pero ay! nuestra alegría pronto se mezcló con dolor. No pasaron dos meses antes de que llegara un mensajero de Misuri, con noticias de las dificultades en el condado de Jackson; los hermanos Partridge y Allen habían sido cubiertos de brea, emplumados y encarcelados; algunos habían sido asesinados, otros habían sido disparados; y, entre los últimos, estaba el hermano Dibble, quien había sido herido gravemente.

Al escuchar esto, José se sintió abrumado por la pena. Comenzó a llorar, y sollozó en voz alta. "¡Oh mis hermanos! mis hermanos", exclamó, "haber podido estar con ustedes, haber compartido su destino. Dios mío, qué haré en una prueba como esta".

Después de que su dolor se hubo calmado un poco, convocó un concilio, y se resolvió que los hermanos del país circundante, así como los de Kirtland, deberían irse inmediatamente a Misuri y llevar consigo dinero y ropa para aliviar a los hermanos en su angustia. Justo antes de esto, Jesse Smith, el sobrino de mi esposo, y Amos Fuller, llegaron a Kirtland desde Potsdam, y Jesse decidió ir con el campamento a Misuri. Él era hijo de Jesse Smith, el hermano mayor de mi esposo, de cuya peculiar disposición he hablado antes. Sabiendo que su padre nos censuraría, me esforcé por disuadirlo de ir, pero sin resultado, porque estaba decidido a formar parte de la compañía. Después de hacer acopio de lo necesario, partieron hacia Misuri. Toda la compañía la formaban doscientos en número.

CAP. XLIII
LUCY SMITH CONSTRUYE UNA ESCUELA; JOSÉ Y HYRUM REGRESAN DE MISURI; CUENTAN LA HISTORIA DE SUS PROBLEMAS.

Antes de partir hacia Misuri, los hermanos comenzaron a construir una casa diseñada tanto para que fuera un lugar de reuniones como una escuela. La finalización del proyecto fue dejada en manos del hermano Reynolds Cahoon, y debía estar lista para ser utilizada al comienzo del invierno siguiente. Es cierto que tuvimos reuniones durante el verano, pero entonces solo servía como refugio contra el sol. En ese entonces estábamos inusualmente ansiosos de reunirnos tan a menudo como fuera posible, a fin de unir nuestra fe y nuestras oraciones en nombre de nuestros hermanos; pero, por un tiempo después de que se fueron, casi todas las reuniones fueron interrumpidas por una tormenta. Como consecuencia de esto, además de la proximidad del invierno, comenzamos a instar al hermano Cahoon de la necesidad de apresurar la finalización del edificio, pero él dijo que no podía hacer nada al respecto, ya que no tenía tiempo ni medios. Esto me entristeció mucho. Medité sobre esto por mucho tiempo. Finalmente, le dije a mi esposo que creía que podía recaudar los medios para terminar el edificio yo misma, y, si él daba su consentimiento, intentaría ver qué conseguía hacer. Dijo que se alegraría de poder hacer algo para avanzar el trabajo, y que yo podría tomar cualquier camino que considerara adecuado para lograrlo. Entonces escribí un documento de suscripción, en el que acordé reembolsar todo el dinero que recibiera de no ser usado para el propósito para el cual había sido asignado. Primero presenté este artículo a cada miembro de mi familia que estaba en casa, y también a mis inquilinos, y luego se lo llevé al padre Bosley. Allí conseguí una asistencia considerable, y al salir de la casa conocí al hermano Gaboon y le informé de lo que estaba haciendo. Pareció complacido y me dijo que continuara y que esperaba que prosperase. Y así fue, prosperé; de modo que en dos semanas tuve todo en orden para comenzar el trabajo. Empleé a un hombre de nombre Bar para hacer y colocar las puertas, y también para instalar las ventanas y hacer los marcos. Todo esto debía hacerse a un precio muy reducido. El Sr. Bar fue inmediatamente a la casa y comenzó a medir las ventanas; pero, como consecuencia de un malentendido, el hermano Cahoon le prohibió tocar la obra. El Sr. Bar fue a ver a mi esposo para recibir una explicación del asunto. Se convocó un concilio y, después de tres horas sentados, se votó que la madre Smith continuara y terminara la casa como le pareciera. En consecuencia, continué recogiendo los medios y empleé la mano de obra hasta que la casa se completó totalmente, incluso las cerraduras de las puertas; y cuando esto se logró, solo quedaban seis dólares sin liquidar. Y esta deuda mi esposo la pagó luego con la venta de verduras.

A finales del otoño, José y Hyrum regresaron. Se llenaron de alegría al encontrarnos otra vez con salud, especialmente a causa de los peligros que habían acontecido durante su ausencia. José y Hyrum se sentaron a mi lado, cada uno sosteniendo una de mis manos en la suya, mientras relataban la siguiente historia:

"Cuando comenzamos nuestro viaje, hicimos arreglos para que todos estuvieran lo más cómodos posible; pero los sufrimientos que son consecuencia de tal excursión hicieron que algunos de los hermanos sintieran descontento, y comenzaron a murmurar contra nosotros, diciendo que 'el Señor nunca les pidió que hicieran un viaje tan pesado', y que era una locura que sufrieran fatigas e inconvenientes solo para gratificarnos. Les advertimos, en el nombre del Señor, que dejaran de murmurar; porque, si no lo hacían, el desagrado del Todopoderoso se manifestaría en juicios contra ellos. Pero la mayoría de ellos no prestaron atención a lo que les dijimos, hasta que una mañana, cuando salieron a enganchar sus caballos, los encontramos a todos tan cojos que no podían viajar. Les dijimos que esta era una maldición que les había llegado por transgresión; pero, si se arrepentían podría ser eliminada; de lo contrario, una gran condenación vendría sobre ellos. Creyeron lo que dijimos, y se arrepintieron de su locura. Como consecuencia, en breve continuamos nuestro viaje. No pasó mucho tiempo, sin embargo, hasta que el espíritu de disensión surgió de nuevo, y no fue sofocado, como para producir algún grado de buenos sentimientos, hasta que llegamos a Misuri.

"Poco después de llegar a nuestro destino, el cólera se desencadenó entre nosotros; los hermanos se enfermaron tan violentamente que parecía imposible prestarles ayuda. Inmediatamente nos enviaron para que les impusiéramos las manos, pero pronto descubrimos que esto también era un juicio del Todopoderoso; porque, cuando les impusimos las manos, en el nombre del Señor, la enfermedad se apoderó de nosotros inmediatamente, y en pocos minutos sufrimos una terrible agonía. Nos hicimos señas el uno al otro y salimos de la casa para unirnos en oración a Dios para que nos librara de esta terrible influencia; pero, antes de poder llegar a una distancia suficiente de la casa como para estar libres de interrupciones, apenas si podíamos sostenernos sobre nuestros pies, y temíamos que moriríamos en ese desierto del oeste sin el privilegio de bendecir a nuestros hijos, o de darles una palabra de consejo de despedida. Tuvimos éxito en dar algunos pasos más, y luego nos arrodillamos y clamamos al Señor que nos librara de esta terrible calamidad, pero nos levantamos peor que antes. Nos arrodillamos por segunda vez, y cuando comenzamos a orar, un calambre se apoderó de nosotros, haciendo que las cuerdas de los brazos y las piernas se juntaran en racimos, y operando con la misma severidad en todo nuestro sistema. Todavía le suplicamos al Señor con todas nuestras fuerzas que tuviera piedad de nosotros, pero todo fue en vano. Parecía que los cielos estaban sellados en nuestra contra, y que cada poder que nos podría haber ayudado estaba encerrado dentro de sus puertas. Nos arrodillamos por tercera vez, y concluimos que no nos pondríamos más de pie hasta que alguien recibiera un testimonio de que debíamos ser sanados; y que quien recibiera la primera indicación del Espíritu, debía darlo a conocer a los demás".

Afirmaron, además, que después de orar por un tiempo, el calambre comenzó a abandonarlos; y, en poco tiempo, Hyrum se puso de pie y exclamó: "José, volveremos a nuestras familias. He tenido una visión en la que vi a mi madre arrodillada debajo de un manzano; e incluso ahora le está pidiendo a Dios, llorando, que nos perdone la vida, para que ella pueda nuevamente contemplarnos en la carne. El Espíritu testifica que sus oraciones, unidas a la nuestra, serán respondidas".

"¡Oh, madre!", dijo José, "cuán seguido tus oraciones han sido el medio de ayudarnos cuando las sombras de la muerte nos rodearon".

William también estaba enfermo del mismo malestar; pero una de las hermanas lo llevó a su casa y lo cuidó tan fielmente que pronto se recuperó. Jesse Smith, mi sobrino, fue tomado tan violentamente que no se pudo hacer nada por él y murió inmediatamente. El hermano Thayre

175

también se enfermó de cólera: fue al río y comenzó a sumergirse, y al descubrir que eso lo ayudaba, continuó hasta que fue completamente restaurado. Su ejemplo fue seguido por varios otros con el mismo efecto.

Después de escuchar este relato, llevé a José y a Hyrum conmigo y les mostré el nuevo centro de reuniones, con el que quedaron muy complacidos, y aprobaron todo lo que había hecho con relación al asunto.

CAP. XLIV

LA CASA DEL SEÑOR EN KIRTLAND ES INICIADA; UNA CARTA DEL PROFETA A SU TÍO SILAS.

El verano después del regreso de José de Misuri, los hermanos convocaron un concilio con el objetivo de estudiar la construcción de una nueva casa de reuniones, ya que la primera era ahora demasiado pequeña como para albergar a la creciente congregación.

En este concilio, José solicitó que cada uno de los hermanos expresara su opinión con respecto a la casa; y cuando todos hubieran terminado, él daría su opinión sobre el asunto. Todos cumplieron con su petición. Algunos estaban a favor de construir una casa de tablones, pero la mayoría estaba de acuerdo con hacer otra casa de troncos. José les recordó que no estaban construyendo una casa para el hombre, sino para Dios; "¿Y nosotros, hermanos", dijo él, "edificaremos una casa de troncos para nuestro Dios? No, tengo un plan mejor. Tengo un plano para la casa del Señor, dada por Él mismo; y pronto verán la diferencia entre nuestros cálculos y su idea de las cosas".

Luego les dio un patrón completo de la casa del Señor en Kirtland, con la que los hermanos quedaron muy complacidos, especialmente Hyrum, quien estaba más animado que si hubiera sido diseñada para él.

Después del cierre de la reunión, José se llevó a los hermanos con él para seleccionar un lugar para el edificio. El lugar que escogieron estaba situado en la esquina noroeste de un campo de trigo, que fue sembrado por mis hijos el otoño previo, en la granja en la que vivíamos entonces. En unos pocos minutos quitaron la cerca y nivelaron el grano para preparar un lugar para el edificio, y Hyrum comenzó a cavar una zanja para la pared, habiendo declarado que iba a dar el primer golpe sobre la casa.

Esto fue el sábado por la noche. El lunes siguiente, los hermanos fueron a trabajar a la casa con gran afán; y aunque solo treinta familias permanecieron en Kirtland, no se detuvieron hasta que la terminaron. A consecuencia de la oposición que encontraron con sus enemigos, tuvieron que soportar grandes fatigas y privaciones, y, tan grandes, que se vieron obligados a tener una vigilancia sobre las murallas cada noche después de que empezaron, hasta que la completaron. "No le dieron descanso a sus ojos, ni sueño a sus párpados, hasta que encontraron un lugar para el Señor, una morada para el poderoso Dios de Jacob".

Mary Bailey y Agnes Coolbrith estaban viviendo conmigo; ellas dedicaron todo su tiempo a hacer y reparar ropa para los hombres que trabajaban en la casa. No había más que una motivación para todos nuestros pensamientos y acciones, y esta era la construcción de la casa del Señor.

A menudo me pregunto, cuando escucho a hermanos y hermanas quejarse de los inconvenientes insignificantes que tienen que sufrir en estos días, y pienso que la salvación vale tanto ahora como lo valía en el comienzo de la obra. Pero "a todos les gusta la compra, pero pocos están dispuestos a pagar el precio". Cuántas veces he apartado cada cama en la casa para acomodar a los hermanos, y luego he puesto una manta en el piso para mi esposo y para mí, mientras José y Emma dormían en el mismo piso, sin nada más que sus ropas como cama y cobijas. En este momento, John Smith, el hermano de mi esposo, estaba enfermo de tuberculosis, y, aunque no podía levantarse sin ayuda, resolvió bautizarse, lo cual se hizo prontamente, y fue sanado de inmediato. Al poco tiempo mudó a su familia a Kirtland, donde se estableció con la Iglesia. No mucho después de que el hermano John llegó, mi hija mayor, Sofronia Stodard, se enfermó. Sus síntomas pronto se volvieron tan alarmantes que su esposo envió a buscar a un médico, quien, después de atenderla durante un tiempo, la declaró fuera del alcance de la medicina, y por lo tanto interrumpió sus visitas. Como ella no hablaba, ni se movía en la cama, muchos supusieron que estaba muriendo. Pero mientras ella estaba en esta situación, Jared Carter, junto con mi esposo y nuestros hijos, le ministraron en el nombre del Señor, y en media hora me habló, diciendo: "Madre, me voy a curar, no de repente, pero el Señor me sanará de a poco". El mismo día se sentó media hora y en tres días cruzó la calle.

Todavía estábamos viviendo en la granja y trabajando con todas nuestras fuerzas para hacer que las multitudes que constantemente se nos unían se sintieran lo más cómodas posible. José vio cual era nuestra situación, y que no nos sería posible mantener una casa pública gratis por más tiempo; y, a petición suya, nos mudamos a un cuarto superior de su propia casa, donde vivimos muy cómodos durante una temporada. En esa época, José le escribió una carta a su tío Silas que creo que será interesante para mis lectores, y por lo tanto la incluyo aquí:

"Kirlland Mills, Ohio, 26 de septiembre de 1833.

"Respetado tío Silas,

"Es con sentimientos de profundo interés por el bienestar de la humanidad, los que llenan mi mente con la reflexión de que todos fueron formados por la mano de Aquel que los llamará para que le den una explicación imparcial de todas sus obras en ese gran día al que usted y yo, junto con ellos, estaremos obligados, tomo mi pluma y me siento en una actitud de dirigirle algunas líneas, aunque imperfectas, para su lectura.

"No tengo ninguna duda de que estará de acuerdo conmigo en que los hombres serán responsables de las cosas que han hecho, y no por las cosas que no han hecho. O que toda la luz e inteligencia que su benéfico Creador les comunique, ya sea mucho o poco, por eso mismo ellos, en justicia, serán juzgados. Y se les exigirá que rindan obediencia y mejoren, y solo eso, lo cual les es dado, porque el hombre no vivirá solo de pan, sino de cada palabra que sale de la boca del Señor.

"Al ver que el Señor nunca le ha dado al mundo a entender, por medio de ninguna revelación hasta ahora, que ha cesado de hablar a sus criaturas para siempre, cuando es buscado de una manera apropiada, ¿por qué habría de ser algo increíble que Él esté complacido de hablarles nuevamente en estos últimos días para su salvación? Tal vez le sorprenda esta aseveración, que hable de la salvación de sus criaturas en estos últimos días, ya que tenemos en nuestro poder una gran cantidad de sus palabras, las que Él nos ha dado previamente. Pero admitirá usted que las palabras pronunciadas a Noé no fueron suficientes para Abraham, o no se le exigió a Abraham que abandonara la tierra de su natividad y buscara una herencia en un país extraño por medio de las palabras que se les habían dicho a Noé: Sino que obtuvo promesas para sí mismo de la mano del Señor, y caminó en esa perfección, hasta que fue llamado amigo de Dios. Isaac, la simiente prometida, no estaba obligado a depositar su esperanza solo sobre las promesas hechas a su padre Abraham, sino que fue privilegiado con la seguridad de su aprobación, en la vista del Cielo, por la voz directa del Señor hacia él. Si un hombre puede vivir de las revelaciones dadas a otro, ¿no podría, con propiedad, preguntar por qué la necesidad de que el Señor le hable a Isaac como lo hizo, como está registrado en el capítulo veintiséis de Génesis? Porque el Señor allí repite, o más bien, promete nuevamente cumplir el juramento que había hecho previamente a Abraham; ¿por qué esta repetición a Isaac? ¿Por qué no fue la primera promesa tan segura para Isaac como lo fue para Abraham? ¿No era Isaac el hijo de Abraham, y no podía confiar implícitamente en la veracidad de su padre como un hombre de Dios? Quizás puedas decir que él era un hombre muy peculiar, y diferente de los hombres en estos últimos días; consecuentemente, el Señor lo favoreció con bendiciones peculiares y diferentes, ya que era diferente de los hombres de esta época. Reconozco que era un hombre peculiar, y no solo fue bendecido de manera peculiar, sino que fue bendecido en gran manera. Pero toda la peculiaridad que puedo descubrir en el hombre, o toda la diferencia entre él y los hombres en esta época, es que él era más santo y más perfecto ante Dios y fue a él con un corazón más puro, y con más fe que los hombres de este día.

"Lo mismo podría decirse sobre el sujeto de la historia de Jacob. ¿Por qué fue que el Señor le habló de la misma promesa, después de habérsela hecho una vez a Abraham y renovársela a Isaac? ¿Por qué Jacob no podía estar satisfecho con la palabra que les habían dicho a sus padres? Cuando llegó el tiempo de la promesa de la liberación de los hijos de Israel de la tierra de Egipto, ¿por qué era necesario que el Señor les hablara? La promesa o mensaje a Abraham fue que su descendencia serviría en la esclavitud y sería afligida por cuatrocientos años, y después de eso saldrían con gran poder. ¿Por qué no confiaron en esta promesa, y cuando habían estado en Egipto, en la esclavitud por cuatrocientos años, salieron, sin esperar más revelaciones, sino que actuaron completamente sobre la promesa dada a Abraham, que deberían salir?

"Pablo les dijo a sus hermanos hebreos que Dios podría mostrarles más abundantemente a los herederos de la promesa la inmutabilidad de su consejo, y lo confirmó con un juramento. También los exhorta, a ellos, quienes mediante la fe y la paciencia heredan las promesas.

"A pesar de eso, nosotros (dijo Pablo) hemos huido en busca de refugio para aferrarnos a la esperanza que tenemos ante nosotros, y es a esa esperanza que tenemos como el ancla de nuestras almas, tan segura como firme, y que pertenece a aquello que está dentro del velo; sin embargo, él se aseguró de inculcar en ellos la necesidad de continuar hasta que ellos, así como aquellos que luego heredaron las promesas, pudieran tener la seguridad de su salvación confirmada por un juramento de la boca de Aquel que no puede mentir; porque ese parecía ser el ejemplo en la antigüedad, y Pablo lo presenta a sus hermanos hebreos como un objeto alcanzable en su día. ¿Y por qué no? Admito que al leer las Escrituras de la verdad, los santos, en los días de Pablo, pudieron aprender, más allá del poder de la contradicción, que Abraham, Isaac y Jacob tenían la promesa de la vida eterna confirmada por un juramento del Señor, pero esa promesa o juramento no era garantía de que ellos serían salvados; pero podrían, siguiendo los pasos, continuar en la fe de sus padres, obtener, para ellos mismos, un juramento de confirmación de que estaban reunidos para ser partícipes de la herencia junto con los Santos en la luz.

"Si los santos, en los días de los apóstoles, tuvieron el privilegio de tomar a los santos como ejemplo, y aferrarse a las mismas promesas, y alcanzar los mismos privilegios exaltados de saber que sus nombres estaban escritos en el Libro de la vida del Cordero, y que fueron sellados allí como un recuerdo perpetuo ante el Altísimo, ¿no tendrán la misma fidelidad, la misma pureza de corazón y la misma fe, la misma seguridad de la vida eterna, y de la misma manera los hijos de los hombres viviendo en esta época del mundo? No tengo ninguna duda de que los santos Profetas, y los Apóstoles, y los Santos en los días antiguos son salvos en el reino de Dios; tampoco dudo que mantuvieron conversación y comunión con él mientras estaban en la carne, como les dijo Pablo a sus hermanos corintios, que el Señor Jesús se había mostrado a más de quinientos Santos al mismo tiempo después de su resurrección. Job dijo que sabía que su Redentor vivía, y que lo vería en carne y hueso en los últimos días. Puedo creer que Enoc caminó con Dios, y por fe fue trasladado. Puedo creer que Noé fue un hombre perfecto en su generación, y que también caminó con Dios. Puedo creer que Abraham se comunicó con Dios, y conversó con los ángeles. Puedo creer que Isaac obtuvo una renovación del pacto hecho a Abraham por la voz directa del Señor. Puedo creer que Jacob conversó con ángeles sagrados, escuchó la palabra de su Creador, que luchó con el ángel hasta que prevaleció y obtuvo una bendición. Puedo creer que Elías fue llevado al cielo en un carro de fuego con caballos ardientes. Puedo creer que los santos vieron al Señor y conversaron con él cara a cara después de su resurrección. Puedo creer que la Iglesia hebrea llegó al monte de Sion, a la ciudad del Dios viviente, la Jerusalén celestial, y a una innumerable compañía de ángeles. Puedo creer que miraron hacia la eternidad y vieron al Juez de todos, y a Jesús, el Mediador del Nuevo Pacto. Pero, ¿me ofrece esto una garantía de que iré a las regiones del día eterno con mis ropas impecables, puras y blancas? O, ¿no debo obtener, por mi propia fe y diligencia en guardar los mandamientos del Señor, una garantía de salvación para mí mismo? ¿Y no tengo el mismo privilegio que los antiguos santos? ¿Y no escuchará el Señor mis oraciones y oirá mis lamentos tan rápido como lo hizo con los de ellos, si yo llegase a él de la manera en que ellos lo hicieron? O, ¿hace Él acepción de personas?

"Debo ahora cerrar este tema por falta de tiempo; y, puedo decir, con decoro, al comienzo. Estaremos encantados de verlo en Kirtland; y más feliz de que abrace el Nuevo Pacto.

"Sigo siendo

"Afectuosamente suyo,

"JOSÉ SMITH, Hijo".

Antes de ir a vivir con José, mi atención se había centrado principalmente en los negocios; Concluí que dedicaría la mayor parte de mi tiempo al estudio de la Biblia, el Libro de Mormón y Doctrina y Convenios, pero ocurrió una circunstancia que me privó del privilegio. Un día, al bajar las escaleras para cenar, puse descuidadamente el pie sobre un palo redondo que yacía cerca de la parte superior de la escalera. Esto, rodando bajo mi pie, me empujó hacia los escalones; mi cabeza quedó severamente magullada al caer; pero dije muy poco al respecto, pensando que pronto debería estar mejor.

Por la tarde fui con mi esposo a una reunión de bendiciones; me resfrié y una inflamación se me asentó en los ojos, la cual aumentó hasta que me quedé completamente ciega. La angustia que sufrí por días supera toda descripción. Mis amigos hicieron todos los esfuerzos para aliviarme, pero todo fue en vano. Llamé a los élderes y les pedí que oraran al Señor para que yo pudiera ver, para poder leer sin usar anteojos. Así lo hicieron, y cuando me quitaron las manos de la cabeza, leí dos renglones en el Libro de Mormón; y aunque ahora tengo setenta años, desde entonces nunca he tenido que usar anteojos.

CAP. XLV
LA CASA DEL SEÑOR COMPLETADA; DIVISIÓN EN LA IGLESIA.

La casa del Señor progresó constantemente hasta que fue completada, a pesar de las amenazas de la turba. Cuando este trabajo fue terminado, hubo mucho regocijo en la Iglesia, y grandes bendiciones se derramaron sobre los élderes; pero como yo no estaba presente durante la investidura, diré muy poco al respecto.

Poco después de la finalización de la casa, José y Martin Harris realizaron un breve recorrido por el oeste. Cuando llegaron a Palmyra, a su regreso, José tuvo una visión que duró hasta que le rogó al Señor que se la quitara, porque le manifestaron cosas que eran dolorosas de contemplar. Le fue retirada por un corto tiempo, pero pronto regresó y permaneció hasta que toda la escena fue presentada ante él.

A su llegada a casa, los hermanos parecían muy complacidos de verlo. Al día siguiente predicó un sermón, y los siguientes son algunos de sus comentarios:

"Hermanos, estoy feliz de verlos, y no tengo dudas de que estarán alegres de verme. Ahora estamos casi tan felices como se puede estar en la tierra. Hemos logrado más de lo que podíamos esperar cuando comenzamos. Nuestra hermosa casa está terminada, y el Señor la ha aceptado, derramando su Espíritu sobre nosotros, y revelándonos gran parte de su voluntad con respecto a la obra que está por realizar. Además, tenemos todo lo que es necesario para nuestra comodidad y conveniencia, y, a juzgar por las apariencias, uno no supondría que pudiera ocurrir algo que terminara nuestras amistades o perturbara nuestra tranquilidad.

"Pero hermanos, cuidado; porque les digo en el nombre del Señor que hay una maldad en esta congregación, la cual, si no se arrepienten, hará que un tercio de quienes están aquí este día se conviertan en mis enemigos, al punto que tendrán el deseo de quitarme la vida; e incluso lo harán si es que Dios lo permite. Él continuó su labor con ellos de esta manera, apelándoles de la manera más solemne, hasta que casi todos en la casa estaban llorando, y él estaba agotado de hablar.

"Pero hermanos, les pido que se arrepientan y cesen toda su dureza de corazón, y que se aparten de los principios de muerte y deshonestidad que están albergando en sus pechos antes de que sea eternamente demasiado tarde, ya que aún hay lugar para el arrepentimiento".

La semana siguiente se pasó en conjeturas y especulaciones sobre quiénes serían los traidores y por qué deberían ser así, etc., etc.

Antes de esto, se estableció un banco en Kirtland. Poco después del sermón mencionado anteriormente, José descubrió que habían perdido una gran cantidad de dinero del banco por fraude. Inmediatamente exigió una orden de allanamiento de don Williams, la cual fue rotundamente rechazada. "Insisto en una orden", dijo José, "porque si me la da, puedo recuperar el dinero, pero si no lo hace, lo haré expulsar de su oficina". "Bueno, expúlseme entonces", dijo Williams, "y nos daremos la mano". "Muy bien", dijo José, "a partir de ahora yo lo expulso de mi cuórum en el nombre del Señor".

Williams, furioso, respondió, "Amén". José presentó una queja contra él por descuido del deber como oficial de justicia; a consecuencia de lo cual le quitaron la magistratura y se la dieron a Oliver Cowdery.

José luego fue a Cleveland para realizar transacciones comerciales relacionadas con el banco; y como estuvo ausente el domingo siguiente, mi esposo le predicó a la gente. Al hablar del asunto del banco, él reflexionó sobre Warren Parrish. Aunque la deliberación fue justa, Parrish se indignó mucho e intentó sacarlo del estrado. Mi esposo apeló a Oliver Cowdery, quien era el juez de paz, para que le llamara la atención; pero Oliver no se movió de su asiento. William, al ver el abuso que recibía su padre, saltó y atrapó a Parrish, y lo llevó en sus brazos casi hasta fuera de la casa. Ante esto, John Boynton dio un paso adelante, y, sacando una espada de su bastón, la puso en el pecho de William, y dijo: "si avanzas un paso más, te atravesaré". Antes de que William tuviera tiempo de darse la vuelta, varios se reunieron a su alrededor amenazándolo severamente si volvía a poner el peso de su dedo sobre Parrish. En esta coyuntura, salí de la casa, no solo aterrorizada por la escena, sino también descorazonada al ver que la apostasía de la que José había profetizado estaba tan cerca.

En ese momento, cierta joven que vivía en casa de David Whitmer pronunció una profecía, la cual, dijo, había recibido al mirar a través de una piedra negra que había encontrado. Esta profecía les dio a todos un nuevo concepto de las cosas. Ella dijo que la razón por la cual un tercio de la Iglesia se alejaría de José, era porque él mismo estaba en transgresión; que él caería de su oficio por esto mismo; que David Whitmer o Martin Harris reemplazarían a José; y de estos, el que no sustituyera a José, sería el consejero del que lo hiciera.

Esta muchacha pronto se convirtió en objeto de gran atención entre los que estaban desafectos. El Dr. Williams, el exjuez de paz, se convirtió en su escriba y le transcribió sus revelaciones. Jared Carter, quien vivía en la misma casa que David Whitmer, pronto absorbió el mismo espíritu, y me informaron que dijo en una de sus reuniones que tenía el poder de llevar a "Joe Smith" al cielo más alto, o de sumergirlo en el infierno más bajo.

Poco después de esto, Jared vino a nuestra casa y lo interrogué sobre lo que había dicho sobre José. Al no haberle mencionado el asunto a mi esposo, al principio no entendió lo que quise decir; pero después de una pequeña explicación, le advirtió a Jared que se arrepintiera del rumbo imprudente que estaba tomando, y que confesara prontamente sus pecados a la Iglesia, o que los juicios de Dios le sobrepasarían. Jared recibió esta advertencia, y, reconociendo su culpa, aceptó confesarse a los hermanos en la primera oportunidad. A la mañana siguiente fue presa de un violento dolor en los ojos, y continuó con gran angustia durante dos días. En la tarde del segundo día, se levantó de la cama, y, arrodillándose, rogó al Señor que lo sanara, haciendo un convenio de hacer una confesión completa a la Iglesia cuando se reunieran el próximo domingo.

En consecuencia, el siguiente sábado se levantó y declaró a los hermanos que había actuado mal; y, pidiendo su perdón, suplicó que lo volvieran a recibir en su confianza. Sin embargo, él no dijo qué había hecho que estaba mal; no obstante, su confesión fue aceptada y fue perdonado. Pero el resto de su grupo se mantuvo obstinado como antes. Todavía hacían sus reuniones secretas en la casa de David Whitmer, y, cuando la joven, quien era su instructora, terminaba de dar las revelaciones que quería ofrecer esa noche, saltaba de la silla y bailaba en el suelo, jactándose de su poder, hasta que quedaba completamente agotada. Sus prosélitos también, de la manera más vehemente, proclamaban su pureza y santidad, y el inmenso poder que iban a tener.

Hicieron un acuerdo de reunirse todos los jueves, por la Iglesia pura en la casa del Señor. También hicieron circular un documento, con el fin de determinar cuántos los seguirían, y encontraron que una gran proporción de la Iglesia estaba decididamente a favor del nuevo grupo. Con este espíritu es que fueron a Misuri y contaminaron las mentes de muchos de los hermanos contra José para tratar de destruir su influencia. Esto hizo que fuera más necesario que nunca mantener una vigilancia estricta en las casas de aquellos que eran los principales objetos de su venganza.

CAP. XLVI

JOSÉ SMITH, PADRE, Y SU HERMANO JOHN VAN A UNA MISIÓN AL ESTE; MUERTE DE JERUSHA SMITH.

En el año 1836, enviaron a mi esposo y a su hermano John a una breve misión a New Portage. Mientras estuvieron allí, administraron bendiciones patriarcales y bautizaron a dieciséis personas.

Poco después de partir hacia New Portage, su anciana madre llegó a Kirtland desde Nueva York después de recorrer una distancia de quinientas millas. Inmediatamente enviamos a buscar a mi esposo y a su hermano, quienes regresaron lo más prontamente posible, y encontraron a la anciana en buen estado de salud y excelente espíritu. Se regocijó de ver a tantos de sus hijos, nietos y bisnietos, a quienes esperaba no ver jamás.

Dos días después, cuando llegaron sus hijos John y Joseph, ella se enfermó y sobrevivió una semana más; al final de la cual murió firme en la fe del Evangelio, aunque nunca había rendido obediencia a ninguna de sus ordenanzas. Tenía noventa y tres años.

Poco después de su muerte, mi esposo y su hermano John hicieron un viaje para visitar a todas las iglesias, y el siguiente es un boceto del diario de John Smith de esta gira:

"Mientras viajábamos por Nuevo Hampshire, visitamos al cuñado de José Daniel Mack. Nos trató muy amablemente, pero no estaba dispuesto a escuchar el Evangelio. Viajamos desde allí por el río Connecticut hasta Grafton. Aquí encontramos a nuestra hermana, a quien no habíamos visto en veinte años. Su prejuicio se había vuelto tan fuerte contra el 'mormonismo', que no estaba dispuesta a siquiera tratarnos decentemente. Desde allí fuimos a Vermont, por los condados de Windsor y Orange, y encontramos a muchos de nuestros parientes, quienes nos trataron amablemente, pero no recibieron el Evangelio. Luego cruzamos las Green Mountains hacia Middlebury. Aquí encontramos a nuestra hermana mayor, quien estaba muy complacida de vernos y recibió nuestro testimonio. Nos quedamos con ella durante la noche, y al día siguiente partimos hacia el condado de St. Lawrence, Nueva York, donde vimos a un hermano y a una hermana. Habiendo llegado a la casa de este hermano (Jesse Smith), pasamos un día con él. Él nos trató muy mal. Dejándolo, fuimos a ver a nuestra hermana Susan. Yo tenía negocios que tratar a unas diez millas, y, durante mi ausencia, Jesse persiguió a Joseph a Potsdam con una orden judicial por una deuda fingida de doce dólares, y lo llevó de regreso a Stockholm. No satisfecho con esto, lo maltrató de la manera más vergonzosa en presencia de extraños; y le exigió cincuenta dólares, los que José tomó prestado de su hermano Silas, quien por casualidad estaba allí en Kirtland en ese momento, y se los pagó a Jesse para ahorrarse más problemas.

"La mansedumbre manifestada por el hermano Joseph en esta ocasión se ganó los sentimientos de muchos, quienes dijeron que Jesse se había deshonrado tanto, que nunca sería capaz de redimir su persona.

"Desde Potsdam fuimos a Ogdensburg, cuando, para nuestra alegría, encontramos a Heber C. Kimball, quien había levantado una pequeña rama en ese lugar. Estos fueron los primeros santos de los últimos días que vimos en nuestro viaje de trescientas millas. El 10 de octubre volvimos a casa".

Aproximadamente un año después de que mi esposo regresara de esta misión, una calamidad le sucedió a nuestra familia que oprimió nuestros corazones con un dolor mayor de lo normal. Jerusha, la esposa de Hyrum, se enfermó y, después de una enfermedad de tal vez dos semanas, murió mientras su esposo estaba ausente en una misión en Misuri. Era una mujer a la que todo el mundo que la conocía amaba, porque era muy buena en todos los sentidos.

La familia estaba tan apegada a ella que, si hubiera sido nuestra propia hermana, no podríamos haber estado más afligidos por su muerte.

CAP. XLVII
LA PERSECUCIÓN SE REVIVE ; DON CARLOS Y SU PADRE HUYEN DE SUS ENEMIGOS; JOSÉ SE MUDA A MISURI.

Poco después de la división que tuvo lugar en la Iglesia, nuestros enemigos comenzaron sin tardanza a molestarnos otra vez. Habiendo visto nuestra prosperidad en todo lo que nos habíamos propuesto, se desanimaron y cesaron sus acciones; pero, al descubrir que había una división en medio de nosotros, su imaginación se despertó al máximo inventando nuevos esquemas para lograr nuestra destrucción.

Su primer movimiento fue demandar a José por deudas y, con este pretexto, apropiarse de cada propiedad que pertenecía a cualquiera de la familia. José tenía en su poder cuatro momias egipcias, con algunos registros antiguos que las acompañaban. Estos pandilleros juraron que las tomarían de la casa de reuniones, y que las quemarían todas. En consecuencia, ellos les impusieron una ejecución por una deuda no pagada de cincuenta dólares; pero, con varias estratagemas, logramos mantenerlas fuera de sus manos.

La persecución finalmente se volvió tan violenta, que José consideró que no era seguro quedarse en Kirtland y comenzó a hacer arreglos para mudarse a Misuri. Una tarde, antes de terminar los preparativos para el viaje, se sentó en consejo con los hermanos en nuestra casa. Después de darles instrucciones sobre lo que él deseaba que hicieran mientras él estuviera ausente, y, cuando estaba a punto de abandonar la habitación, dijo: "Bueno, hermanos, no recuerdo nada más, pero una cosa, hermanos, es cierta, y es que los volveré a ver, deja que lo que pase, pase, porque tengo una promesa de vida de cinco años, y no pueden matarme hasta que ese tiempo transcurra".

Esa noche, el Espíritu le advirtió que escapara con su familia tan rápido como le fuera posible; él entonces se levantó de la cama y se llevó a su familia con apenas las camas y la ropa suficientes para ellos, y salió de Kirtland en medio de la noche. Al día siguiente, el alguacil, Luke Johnson, un apóstata, le trajo una citación a mi marido, diciéndole que no pretendía causarle ningún daño, y le pidió que fuera inmediatamente a la oficina.

189

Le supliqué a Johnson que no llevara a mi marido a donde nuestros enemigos, porque sabía, por triste experiencia, las terribles consecuencias de estos pleitos civiles. Johnson no prestó atención a lo que le dije y se apresuró a enviar a mi marido a la oficina. Lo llevaron por haber casado a una pareja; y como don Cowdery, y la turba, no consideraban que era un ministro del Evangelio, cuestionaban que tuviera el derecho de realizar esta ceremonia, y por lo tanto lo multaron con la suma de tres mil dólares, y, en caso de que no pudiera pagar esta cantidad de inmediato, sería sentenciado a ir a prisión. Luke Johnson salió rápidamente, fingiendo estar muy ocupado preparando las facturas y haciendo otros arreglos, como se lo había requerido el grupo al que pertenecía. En la primera oportunidad que se le dio, fue a ver a Hyrum y le dijo que se llevara a su padre a una habitación que él le señaló y, dijo Johnson, "abriré la ventana, lo que le dará la libertad de escaparse e ir a donde quiera". El Sr. Smith y Hyrum, quienes habían estado juntos todo el tiempo, se retiraron de la turba. Luke Johnson les impidió seguirlos, diciéndoles que el prisionero había ido a consultar cómo recaudar el dinero. De esta forma fueron calmados, hasta que el Sr. Smith, con la ayuda de Hyrum y John Boynton, escapó por la ventana.

Mi esposo, después de recorrer unas cuatro millas, se detuvo en la casa del hermano Snow, padre de Eliza Snow, la poetisa. El anciano le dijo al Sr. Smith que lo escondería, y, llamando a su familia, les prohibió que le dijeran a nadie que él estaba allí.

Cuando Johnson supuso que mi esposo estaba fuera de su alcance, se levantó y corrió a la habitación donde lo había dejado, diciendo que debía ver al prisionero y, al encontrar la habitación vacía, lanzó un gran grito y corrió, buscando al fugitivo en todas las direcciones. Vino a verme y me preguntó si el señor Smith había regresado a casa. Esto me atemorizó mucho, y exclamé: "Luke, has matado a mi esposo". Él lo negó, pero no dio más explicaciones. En poco tiempo descubrí dónde estaba y le envié dinero y ropa para viajar, así que en pocos días partió con Don Carlos y con su hermano Wilber. Ya para ese momento, había carteles en todos los caminos públicos y privados, ofreciendo una recompensa y describiéndolo, para, de ser posible, evitar su escape. También enviaron mensajeros por todo el país para vigilarlo y con la autorización de traerlo de regreso en caso de encontrarlo; pero, a pesar de tanta diligencia, logró escapar y llegar a New Portage, donde permaneció con su hermano

Taylor. Don Carlos, después de haber acompañado a su padre al lugar mencionado anteriormente, regresó a casa con su familia; pero, al descubrir de inmediato que la turba contemplaba capturarlo por la misma ofensa, se mudó con su familia a New Portage y estuvo allí con su padre hasta que el resto de la familia estuvo lista para mudarse a Misuri. Hyrum ya se había mudado allí con su familia.

Poco después de irse, un hombre llamado Edward Foley vino a Kirtland a ver al Sr. Smith. Al no encontrarlo allí, fue a New Portage y convenció a mi esposo de que lo acompañara a su casa.

Después de que el Sr. Smith había estado en la residencia de este caballero por unas dos semanas, nos sentimos muy preocupados por él; y, como no sabíamos en ese momento adónde se había ido, William salió a buscarlo, con el fin de saber, de ser posible, si se había reunido con amigos, y si estaba bien provisto o si había caído en las manos de sus enemigos y si había sido asesinado, ya que teníamos tantas razones para pensar en la última calamidad así como para esperar la fortuna anterior.

Pasó un tiempo después de la llegada de William a New Portage antes de que pudiera determinar a dónde se había ido mi esposo. Pero tan pronto como recibió la información deseada, fue a la casa de Edward Woolley, donde encontró a su padre con buena salud, pero muy ansioso por su familia.

Al oír que William estaba en el área, muchos de los habitantes estaban deseosos de que predicara, y él aceptó hacerlo; pero algunos declararon que si lo hacía, lo cubrirían de brea y plumas. Uno de ellos era el Sr. Bear, un hombre de tamaño y fuerza inusuales; además de él, había otros tres. Estos hombres entraron en la casa justo cuando William estaba preparando su texto, llamado "Los pobres mormones engañados". La singularidad de este texto excitó su curiosidad, y se detuvieron en la entrada, diciendo: esperen un poco, veamos qué hará con su texto; y esperaron tanto, que, o se olvidaron de lo que buscaban, o cambiaron de opinión, ya que no trataron más de usar el alquitrán y las plumas. Después de la reunión, el Sr. Bear reconoció con franqueza su convicción de la verdad, y se bautizó.

Inmediatamente después de esto, William regresó a casa y su padre fue nuevamente a New Portage. Allí se quedó con Don Carlos, hasta que estuvimos listos para salir hacia Misuri.

JOSEPH SMITH, PADRE, SE MUDA CON SU FAMILIA A MISURI; COMIENZA LA PERSECUCIÓN EN CALDWELL.

Cuando estábamos listos para comenzar nuestro viaje, fui a New Portage y reuní a mi esposo, a su familia, y todos seguimos juntos nuestro viaje, muy felices de disfrutar de la sociedad de los demás después de una separación tan larga.

Tan pronto como comenzamos, nuestros hijos empezaron a recibir llamamientos para predicar, y descubrieron que, de atender a todas las solicitudes, nuestro viaje sería una misión de predicación de una duración considerable, lo cual era bastante inconsistente con el número y situación de nuestra familia. Por lo tanto, dejaron de predicar durante el viaje y procedimos lo más rápido posible en las circunstancias desfavorables de las que frecuentemente estábamos rodeados. A veces dormíamos en nuestras tiendas, durante tormentas severas; en otras ocasiones viajábamos a pie por marismas y pantanos. Una vez, en particular, estuvimos toda la noche expuestos a una lluvia que cayó torrencialmente, de modo que cuando me levanté por la mañana, descubrí que mi ropa estaba totalmente empapada de lluvia. Sin embargo, no pude arreglar el asunto con un cambio de vestido, ya que la lluvia seguía cayendo rápidamente, así que llevé mi ropa en esas condiciones por tres días; como consecuencia, sufrí un resfriado tan fuerte que cuando llegamos al río Misisipi no podía caminar ni sentarme. Después de cruzar ese río, nos detuvimos en una cabaña de negros, un lugar muy desagradable, pero el mejor refugio que pudimos encontrar. Esta choza fue el lugar del nacimiento de la hija de Catharine.

Al día siguiente, mi marido consiguió un lugar cómodo a unas cuatro millas de distancia para Catharine y su pequeña hija, y el mismo día las llevaron allí en un carretón de madera. Luego acordamos que Sofronia y su segundo marido, Mc Lerrey, debían detenerse y cuidar de Catharine, mientras que el Sr. Smith y el resto de la compañía debían llevarme a mí y apresurarse tanto como pudieran en su camino a Huntsville.

Nuestro progreso fue lento, porque, a causa de una tos violenta con la que estaba afligida, no pude viajar más de cuatro millas por día; sin embargo, al fin llegamos allí y conseguimos un lugar donde quedarnos durante un tiempo considerable, si es que deseábamos permanecer allí.

A la mañana siguiente de nuestra llegada, cuando la familia estaba ausente, aproveché la oportunidad para hacer un esfuerzo por alejarme lo suficiente de la casa para orar sin interrupción. En consecuencia, tomé un báculo en cada mano y, con la asistencia que me brindaron, pude alcanzar una densa maraña que estaba a cierta distancia de la casa. Tan pronto como estuve lo suficientemente descansada como para hablar con facilidad, comencé a invocar al Señor, suplicándole que me devolviera la salud, así como a mi hija Catharine. Rogué por cada derecho que nos otorgan las Escrituras, y seguí orando fielmente por tres horas, al final de las cuales me sentí aliviada de todo tipo de dolor, me dejó la tos y me sentí bien.

A la una, Wilkins J. Salisbury, el esposo de Catharine, vino a Huntsville y nos informó que Catharine estaba mucho mejor, y que de tener un carruaje que montar, ella podría continuar su viaje.

Después de conseguir un carruaje, Salisbury regresó con su esposa, quien estaba a sesenta y cinco kilómetros de Huntsville, y el primer día que viajó, recorrió treinta millas. El segundo día, comenzó a llover bastante temprano por la mañana y continuó lloviendo todo el día. Pero eso no detuvo a Catherine; salieron alrededor de las ocho en punto y llegaron al lugar mencionado anteriormente un poco antes del mediodía. Cuando llegó a Huntsville estaba mojada y fría. La pusimos inmediatamente en una cama seca, y poco después tuvo un ataque de fiebre. Llamamos a los élderes para que pusieran sus manos sobre ella, después de lo cual se veía mejor, pero continuó débil y con escalofríos y fiebre por algún tiempo.

Al día siguiente lavé una cantidad de ropa, y luego continuamos nuestro viaje, y no encontramos ninguna dificultad hasta que llegamos a Far West.

Nos mudamos a una pequeña casa de troncos que tenía una sola habitación, un lugar muy inconveniente para una familia tan grande. José vio lo incómodos que estábamos y propuso que tomáramos una casa grande de taberna que él había comprado recientemente del hermano Gilbert. Aceptamos la taberna y nos mudamos a ella. Antes de esto,

Samuel se había mudado a un lugar llamado Marrowbone. William se había mudado a treinta millas en otra dirección. Todos estábamos ahora bastante cómodos. Pero esta situación duró poco, ya que un corto tiempo después nuestra paz fue nuevamente alterada por la turba. Unas elecciones tuvieron lugar en Gallatin, la sede del condado de Davies; los hermanos acudieron a las urnas como siempre, pero, al intentar votar, la turba se lo prohibió. Sin embargo, ellos no se preocuparon por eso y procedieron a votar, como resultado de lo cual uno de la turba le dio al hermano John Butler un fuerte golpe, el cual fue devuelto por este último, y con una fuerza tal que derribó a su antagonista. Otros cuatro acudieron a ayudar al hombre caído y sufrieron el mismo destino. La turba vio el disgusto de sus campeones con vergüenza y decepción, y, decidieron no prestarles ninguna ayuda en ese momento, esperaron hasta la noche, cuando, procurando la ayuda del juez elegido, escribieron cartas a todos los condados contiguos rogándoles su ayuda contra los "mormones". Afirmaron que José Smith mismo había matado a siete hombres en las elecciones del día anterior, y que los habitantes debían tener todos los motivos para esperar que él reuniera a su gente lo antes posible y asesinara a todos los que no pertenecían a su iglesia.

Estas cartas fueron ampliamente repartidas y creídas.

Unos días después de esto, José estaba en nuestra casa escribiendo una carta. Mientras estaba así concentrado, me acerqué a la puerta y, mirando hacia la pradera, contemplé una gran compañía de hombres armados que avanzaban hacia la ciudad, pero, como suponía que sería un día de entrenamiento, no dije nada al respecto.

En ese momento, el cuerpo principal se detuvo. Desmontando los oficiales, ocho de ellos entraron en la casa. Pensando que habían venido a tomar algo, les ofrecí sillas, pero se negaron a sentarse y, colocándose en una línea a lo largo del piso, continuaron de pie. Nuevamente les pedí que se sentaran, pero ellos respondieron: "No queremos sentarnos; hemos venido aquí para matar a Joe Smith y a todos los mormones".

"Ah", dije, "¿qué ha hecho José Smith para que quieran matarlo?".

"Ha matado a siete hombres en el condado de Davies", replicó el primero, "y hemos venido a matarlo a él y a toda su Iglesia".

"No ha estado en el condado de Davies", respondí, "por lo tanto, el informe debe ser falso. Además, si lo vieran, no querrían matarlo".

194

"No hay duda de que el informe es perfectamente correcto", respondió al oficial; "nos llegó directamente, y yo lo creo; y fuimos enviados a matar al Profeta y a todos los que creen en él, y seré maldecido si no ejecuto mis órdenes".

"¿Supongo", dije, "que pretende matarme con el resto?".

"Sí", respondió el oficial.

"Muy bien", continué, "quiero que actúe como un caballero al respecto, y haga el trabajo rápido. Dispáreme de inmediato, y entonces podré descansar; pero no me gustaría ser asesinada lentamente".

"Ahí está otra vez", dijo él. "Le dices a un mormón que lo matarás, y ellos siempre te dirán, 'eso no es nada; si nos matas, seremos felices'".

José en ese momento terminó su carta y, entrando en la habitación, les dije: "Caballeros, permítanme presentarles a José Smith, el Profeta". Lo miraron como si fuera un espectro. Él sonrió y, acercándose a ellos, les dio la mano a todos, de una manera que los convenció de que no era ni un criminal culpable ni un hipócrita.

Luego José se sentó y les explicó los puntos de vista, los sentimientos, etc., de la Iglesia y cuál había sido su rumbo, además del trato que habían recibido de sus enemigos desde el principio. También argumentó que, si alguno de los hermanos violaba la ley, debía ser juzgado por ella antes de que alguien más fuera importunado. Después de hablar con ellos durante un tiempo de este modo, dijo: "Madre, creo que me iré a casa, Emma me estará esperando". Ante esto, dos de los hombres se pusieron en pie de un salto y declararon que no debía ir solo, ya que no sería seguro, que irían con él para protegerlo. En consecuencia, los tres se fueron juntos, y, durante su ausencia, escuché la siguiente conversación entre los oficiales, que permanecieron en la puerta:

1.ᵉʳ oficial. "¿No te sentiste extraño cuando Smith te tomó de la mano? Nunca me había sentido así en mi vida".

2.° oficial. "No podía moverme. No dañaría ni un pelo de la cabeza de ese hombre por nada del mundo".

3.ᵉʳ oficial. "Esta es la última vez que me verán tratando de matar a Joe Smith o a los mormones".

1.ᵉʳ oficial. "Supongo que esta es mi última expedición contra este lugar. Nunca vi a un hombre más inofensivo e inocente que ese Profeta mormón".

2.° oficial. "Esa historia de que él mató a los hombres es una maldita mentira, no hay duda de eso; y hemos tenido todo este problema para nada; pero nunca me volverán a engañar de esta manera, se lo garantizo".

Los hombres que fueron con mi hijo a su casa prometieron disolver la milicia e irse a sus casas, lo cual hicieron prontamente, y supusimos que la paz se restablecería nuevamente. Después de que partieron, José y Hyrum fueron al condado de Davies y, recibiendo las garantías más firmes por parte de los funcionarios civiles de ese condado de que se administrarían los mismos derechos a todas por igual, regresaron con la esperanza de que todo estuviera bien.

Aproximadamente en ese tiempo, escuchamos que William y su esposa estaban muy enfermos. Samuel, quien estaba en Far West, partió con un carruaje para llevarlos a nuestra casa y, en unos días, regresó con ellos. Estaban en una situación muy pobre cuando llegaron; pero con gran cuidado y atención, pronto comenzaron a recuperarse.

Poco después de que Samuel llevó a William y a Caroline a nuestra casa, le nació un hijo a Samuel, a quien llamó con su propio nombre. Cuando el niño tenía tres días, su padre se vio obligado a irse, y, en el cuarto día de su nacimiento, le informaron a su madre que debía irse de inmediato y hacer un viaje de treinta millas hasta Far West. Uno de los vecinos le ofreció una yunta y a un niño pequeño para que la condujera, si ella partía de inmediato. Ella estuvo de acuerdo. Trajeron un carro de madera, y ella, con su cama, sus hijos y muy poca ropa, fue puesta en él y enviada a Far West bajo el cuidado de un niño de once años de edad.

Al día siguiente, Samuel partió hacia su casa desde Far West, aunque la lluvia caía torrencialmente, lo mismo que la noche anterior. Había recorrido solo diez millas cuando se encontró con su esposa e hijos, expuestos a la inclemencia del clima y empapados de agua. Regresó con ellos a Far West, donde llegaron unas treinta y seis horas después de que salieran de Marrowbone, sin haber comido nada desde el momento en que salieron de su casa. Ella estaba completamente muda y rígida por el frío. La pusimos en una cama y mi marido y mis hijos le administraron por imposición de manos. Luego le cambiamos la ropa y la pusimos en mantas calientes y, después de verter un poco de vino y agua en su boca, le administraron de nuevo. Esta vez ella abrió los ojos y pareció revivir un poco. Continué empleando todos los medios que tenía a mi alcance para que se recuperara. Emma y mis hijas me ayudaron mucho con esto.

Mis hijos pronto comenzaron a mejorar y me sentí a gusto con la perspectiva de recuperar la salud.

Cuando William comenzó a sentarse un poco, me dijo que había tenido una visión durante su enfermedad, en la que vio un tremendo ejército de hombres llegando a Far West, y que era su impresión de que no pasaría mucho tiempo antes de que la viera cumplirse. Pronto fui convencida, a causa de las circunstancias que luego se produjeron.

TESTIMONIO DE HYRUM SMITH.

Aquí presentaré una breve historia de nuestros problemas en Misuri, dada por mi hijo Hyrum ante la Corte Municipal en Nauvoo el 30 de junio de 1843, cuando José fue juzgado por traición contra el estado de Misuri:

"Hyrum Smith, jurando: Dijo que el acusado ahora en la corte es su hermano, y que su nombre no es José Smith, hijo, sino que su nombre es José Smith, padre, y lo ha sido por más de dos años. Lo conocí desde que nació, hace treinta y siete años el diciembre pasado, y no me he apartado de él en ningún momento, ni siquiera por el espacio de seis meses, desde su nacimiento, según recuerdo; y he estado íntimamente familiarizado con todos sus dichos, hechos, transacciones comerciales y movimientos, tanto como un hombre podría estar familiarizado con los asuntos de cualquier otro hombre, hasta el presente, y saben que no ha cometido traición contra ningún estado de la Unión, mediante ningún acto abierto, o declarando guerra, o por complicidad, o asistiendo a un enemigo, en cualquier estado de la Unión. Y que el dicho José Smith, padre, no ha cometido traición en el estado de Misuri, ni violó ninguna ley o regla de dicho estado, habiéndome familiarizado personalmente con las transacciones y actividades de dicho Smith mientras residía en dicho estado, lo cual fue durante aproximadamente seis meses en el año 1838; habiendo sido yo residente en dicho estado también durante el mismo período de tiempo. Y sí sé que dicho José Smith, padre, nunca estuvo sujeto a servicio militar en ningún estado, incluyendo al estado de Misuri, estando exento por la amputación o extracción de un hueso de la pierna, y teniendo una licencia para predicar el Evangelio, o, en otras palabras, para ser un ministro del Evangelio. Y sé que el mentado Smith nunca portó armas como militar de ningún tipo mientras estaba en el estado de Misuri o antes de ese momento; tampoco ha dado ninguna orden, o asumido ningún comando, en cualquier capacidad. Pero sí sé que mientras estaba en el estado de Misuri, la gente comúnmente llamada 'mormones' fue amenazada con violencia y exterminio, y en, o alrededor del primer lunes de agosto de 1838, en las elecciones en Gallatin, la sede del condado de Davies, a los ciudadanos comunmente llamados 'mormones' se les prohibió ejercer los derechos de franquicia, y a partir de esa circunstancia indecente comenzó una riña, y se produjo una pelea entre los ciudadanos de ese lugar, y desde ese momento una turba comenzó a reunirse en ese condado, amenazando con el exterminio de los mormones. El dicho Smith y yo, al saber que las turbas se estaban juntando, y que también habían asesinado a dos de los ciudadanos del mismo lugar, y que no permitieron que fueran enterrados, el mentado Smith y yo fuimos al condado de Davies para conocer los detalles de la refriega; pero a nuestra llegada a Diahman, nos enteramos de que ninguno fue asesinado, sino que varios resultaron heridos. Nos quedamos toda la noche en donde el coronel Lyman Wight. A la mañana siguiente, cuando hacía mucho calor y había acaecido una sequía por un tiempo, los manantiales y pozos de esa región estaban secos. Al montar nuestros caballos para regresar, nos dirigimos a lo del señor Black, quien era entonces un juez de paz en funciones, para obtener un poco de agua para nosotros y para los caballos. Algunos de los ciudadanos nos acompañaron allí, y después de obtener el agua, el mentado José Smith le preguntó al Sr. Black si él usaría su influencia para asegurarse de que las leyes fueran ejecutadas fielmente y para aplastar la violencia de la turba, y él nos dio un papel escrito de su propia mano indicando que lo haría. También le solicitó (al Sr. Black) que convocara a los hombres más influyentes del condado al día siguiente para que pudiéramos tener una entrevista con ellos; a esto accedió, y, como consecuencia, al día siguiente se reunieron en la casa del coronel Wight y celebraron un pacto de paz mutuo para sofocar la violencia de la turba y para protegerse los unos a los otros en el ejercicio de sus derechos. Después de esto, nos despedimos con los mejores sentimientos y cada hombre regresó a su casa. Este acuerdo mutuo de paz, sin embargo, no duró mucho; pocos días después, la turba comenzó a reunirse nuevamente hasta que cientos de personas se encontraron en Millport, a unas pocas millas de distancia de Diahman. Inmediatamente comenzaron a agredir a los ciudadanos llamados 'mormones', llevándose sus cerdos y ganado y amenazándolos con la exterminación o destrucción total; diciendo que tenían un cañón, y que no habría ningún compromiso a no ser que fuera su desenlace; con frecuencia tomaron prisioneros, hombres, mujeres y niños, azotándolos y lacerando sus cuerpos con varas de nogal, atándolos a árboles y privándolos de alimentos hasta que se vieron obligados a roer la corteza de los árboles a los que estuvieron atados a fin de mantenerse vivos, tratándolos de la manera más cruel que pudieron inventar o pensar, y haciendo todo lo posible para excitar la indignación de los 'mormones' para que los rescataran, a fin de tener un pretexto para acusarlos de incumplimiento de la ley, y para así excitar más el prejuicio de la población y obtener ayuda y asistencia para llevar a cabo sus propósitos infernales de exterminación. Inmediatamente después de la autentificación de estos hechos, se enviaron mensajeros desde Far West a Austin A. King, juez del quinto distrito judicial del estado de Misuri, y también al comandante general Atchison, comandante general de esa división y al brigadier general Doniphan, brindándoles información sobre los hechos existentes y exigiendo ayuda inmediata. El general Atchison regresó con los mensajeros y fue inmediatamente a Diahman, y de allí a Millport, y descubrió que los hechos eran ciertos tal como se le había informado; que unos doscientos o trescientos hombres ciudadanos de ese condado se reunieron en una actitud hostil amenazando con el exterminio total de los 'mormones'. Inmediatamente regresó al condado de Clay y ordenó una fuerza militar suficiente como para sofocar a la turba. Inmediatamente después de que fueron dispersados y de que el ejército regresó, la turba comenzó otra vez; poco después, volvimos a solicitar ayuda militar cuando el general Doniphan salió con una fuerza de sesenta hombres armados hacia Far West; pero estaban en tal estado de insubordinación, que dijo que no podía controlarlos, y el coronel Hinkle, el Sr. Rigdon y otros pensaron que era aconsejable que regresaran a sus casas. El general Doniphan ordenó al coronel Hinkle que llamara a la milicia de Caldwell y defendiera a la ciudad contra la turba, porque, dijo, tienen mucha razón para alarmarse; porque Neil Gillum, del condado de Platte, había bajado con doscientos hombres armados y había tomado su estación en Hunter's Mill, un lugar distante a unos diecisiete o dieciocho millas al noroeste de la ciudad de Far West, y, también, que una fuerza armada se había reunido nuevamente en Millport, en el condado de Davies, la que constaba de varios cientos de hombres, y que otra fuerza armada se había reunido en De Witt, en el condado de Carroll, a unos ochenta kilómetros al sudeste de Far West, donde se habían establecido unas setenta familias de la gente 'mormona' sobre el banco del Río Misuri, en una pequeña ciudad llamada De Witt. Mientras él todavía estaba hablando, un mensajero llegó desde De Witt, indicando que trescientos o cuatrocientos hombres armados se habían reunido en ese lugar, y que amenazaban la total extinción de los ciudadanos de ese lugar si no lo abandonaban de inmediato, y que también habían rodeado la ciudad y cortado todo suministro de alimentos, por lo que muchos de ellos estaban sufriendo de hambre. El general Doniphan parecía estar muy alarmado y parecía dispuesto a hacer todo lo posible por ayudar y aliviar los sufrimientos de la gente 'mormona'. Él aconsejó que una petición fuera inmediatamente escrita y enviada al gobernador. Por consiguiente, se preparó una petición y se envió un mensajero inmediatamente al gobernador, y se envió otra solicitud al Juez King. Los 'mormones' en todo el país estaban en un gran estado de alarma y tenían una gran angustia. Se vieron completamente rodeados por fuerzas armadas en el norte, en el noroeste y en el sur, y Bogard, un predicador metodista que era entonces capitán de una compañía de milicias de cincuenta soldados, y que había agregado a su número, de los condados circundantes, un centenar más, lo que hizo que su fuerza se agrandara a unos ciento cincuenta fuertes, fue colocado en Crooked Creek, enviando avanzadillas, tomando hombres, mujeres y niños prisioneros, llevándose ganado, cerdos y caballos, entrando en cada casa en Log y Long Creeks, saqueando sus casas de sus artículos más preciosos, como dinero, ropa de cama y vestimenta, tomando todos sus mosquetes y sus fusiles o instrumentos militares, amenazando a la gente con la muerte instantánea si no le entregaban todas sus cosas preciosas y entraban en un pacto de abandonar el estado o ir a la ciudad de Far West a la mañana siguiente, diciendo que 'calculaba mandarlos a Far West, y de allí al infierno'. Gillum también estaba haciendo lo mismo en el lado noroeste de Far West; y Sashiel Woods, un ministro presbiteriano, era el líder de la turba en el condado de Davies, y, un hombre muy notable de la misma sociedad, era el líder del condado de Carroll; y también estaban enviando sus grupos de exploración, robando y saqueando casas, ahuyentando cerdos, caballos y ganado, tomando hombres, mujeres y niños, y llevándolos, amenazando sus vidas, y sometiéndolos a todo tipo de abusos que pudieran inventar o pensar.

"Bajo este estado de alarma, emoción y angustia, los mensajeros regresaron de su visita al gobernador y a las otras autoridades, trayendo la noticia fatal de que los 'mormones' no podrían recibir ayuda. Dijeron que, según el gobernador, 'los mormones habían tenido dificultades con los ciudadanos y que podrían pelear, y que por lo que a él le incumbía, no podía prestarles ninguna ayuda'.

"La gente de Witt se vio obligada a abandonar sus hogares e ir a Far West; pero no lo hicieron hasta que muchos de ellos murieron de hambre por falta de sustento adecuado, y varios murieron en el camino y fueron sepultados allí mismo, sin un ataúd o ceremonia fúnebre, y la angustia, los sufrimientos y las privaciones de la gente no pueden ser expresadas. Todas las familias de los 'mormones' dispersas en todos los condados, excepto Davies, fueron conducidas a Far West, con algunas excepciones.

"Esto solo aumentó su angustia, porque muchos miles de personas que fueron conducidas allí no tenían viviendas o casas para refugiarse, y estaban acurrucadas juntas, algunas en tiendas de campaña y otras bajo mantas, mientras que otras no tenían ningún refugio contra las inclemencias del clima. Casi por dos meses la gente había estado en este terrible estado de consternación; muchos de ellos habían sido asesinados, mientras que otros habían sido azotados hasta que tuvieron que cubrirse las entrañas para evitar que se les cayeran. Por esta época, el general Parks salió de Richmond, condado de Ray, quien fue uno de los oficiales comisionado enviado a Diahman, y yo y mi hermano José Smith, padre, salimos al mismo tiempo.

"La noche en que el general Parks llegó a Diahman, la esposa del fallecido Don Carlos Smith, mi hermano, vino donde el coronel Wight como a las once de la noche trayendo a sus dos hijos con ella, uno de casi dos años y medio, el otro un bebé en brazos. Llegó a pie, de una distancia de tres millas, vadeando el Grand River. El agua le llegaba entonces aproximadamente a la cintura, y la nieve tenía cerca de tres pulgadas de profundidad. Ella declaró que un grupo de la turba, una pandilla de rufianes, la había echado de su casa, había tomado sus enseres domésticos y había incendiado su hogar, y ella había escapado por los pelos. Su esposo en ese momento estaba en Virginia y ella vivía sola. Ese trato cruel excitó los sentimientos de la gente en Diahman, especialmente los del Coronel Wight, y le preguntó al general Parks en mi audiencia, *¿Cuánto tiempo tuvimos que sufrir una violencia tan indigna?* El general Parks dijo que no sabía por cuánto tiempo. El coronel Wight le preguntó qué debía hacerse. El general Parks le dijo que 'debería tomar una compañía de hombres bien armados, e ir a dispersar a la turba donde fuera que se encontrara reunida, y quitarles sus armas'. El coronel Wight hizo exactamente según las órdenes del general Parks, y mi hermano José Smith, padre, no dijo nada al respecto. Y después de que el coronel Wight dispersara a la turba y pusiera fin a la quema de casas pertenecientes a la gente 'mormona' y expulsar a las mujeres y niños de sus hogares, todas estas siendo cosas que habían hecho hasta ese momento, hasta ocho o diez casas, las cuales fueron consumidas hasta las cenizas. Después de que sus planes previstos fueran detenidos, la turba puso en marcha un nuevo plan. Se pusieron a trabajar y sacaron a sus familias del condado y prendieron fuego a sus casas, y al no poder provocar a los 'mormones' a cometer crímenes, recurrieron a esta estratagema de incendiar sus propios hogares, y enviaron mensajeros a todos los condados adyacentes declarándole a la gente que los 'mormones' habían quemado sus casas y destruido sus campos; y si la gente no les creía, les dirían que fueran a ver si lo que habían dicho no era cierto. Mucha gente vino a ver, observaron las casas ardiendo y, estando llenos de prejuicios, no se les pudo convencer más de que los 'mormones' les prendieron fuego; qué acción más diabólica y más negra, porque de hecho los 'mormones' no prendieron fuego ni se entrometieron en sus casas o sus campos. Y las casas que fueron quemadas, junto con los derechos de preferencia, y el maíz en los campos, habían sido previamente compradas por los 'mormones' del pueblo y había sido todo pagado en efectivo y con carros y caballos, y con otras propiedades, unas dos semanas antes, pero no habían tomado todavía posesión de los recintos; esta malvada transacción fue hecha con el propósito de excitar clandestinamente las mentes de una población con prejuicios y al gobierno, el cual podía obtener una orden para llevar a cabo más fácilmente sus propósitos infernales en la expulsión o el exterminio, o la extinción total, de la gente 'mormona'. Después de presenciar la angustiada situación de la gente en Diahman, mi hermano José Smith, padre, y yo regresamos a la ciudad de Far West e inmediatamente despachamos un mensajero con documentos dirigidos al general Atchison, explicando los hechos tal como sucedieron, rogando su ayuda, de ser posible, y solicitando al editor del 'Far West', que incluyera lo mismo en su periódico, pero se negó rotundamente a hacerlo. Seguíamos creyendo que debíamos recibir ayuda del gobernador, y nuevamente la solicitamos, rogando su protección, exponiéndole nuestra angustiada situación. Y mientras tanto, el juez presidente de la corte del condado emitió órdenes, en declaraciones juradas que le hicieron los ciudadanos, al comisariof del condado, ordenando a la milicia del condado de estar en constante preparación, día y noche, para evitar que los ciudadanos fueran masacrados, a cuya situación tan temible estaban expuestos en todo momento. Todo era muy portentoso y alarmante. A pesar de todo esto, todavía existía un rayo de esperanza en la mente de la gente de que el gobernador nos prestaría su ayuda. Y mientras la gente esperaba ansiosamente ser liberada, hombres, mujeres y niños asustados, orando y llorando, contemplamos a lo lejos, cruzando las praderas y acercándose a la ciudad, a un gran ejército en formación militar blandiendo sus relucientes espadas al sol, y no pudimos sino sentirnos alegres por un momento, pensando que probablemente el gobernador había enviado una fuerza armada para nuestro alivio, a pesar de los terribles presentimientos que impregnaban nuestros pechos. Pero para nuestra gran sorpresa, cuando llegó el ejército, se acercaron y formaron una doble fila a un kilómetro y medio al este de la ciudad de Far West, y despacharon a tres mensajeros con una bandera blanca para que fueran a la ciudad. Fueron recibidos por el Capitán Morey, con algunas otras personas, cuyos nombres ahora no recuerdo. Yo mismo estaba de pie cerca y podía escuchar claramente cada palabra que decían. Estando lleno de ansiedad, corrí hacia allí, esperando escuchar buenas noticias, pero, ¡ay! Descorazonador para cada alma que los escuchó, exigieron que tres personas fueran sacadas de la ciudad, antes de que masacraran al resto. Los nombres de las personas que demandaron fueron Adam Lightner, John Cleminson y su esposa. Inmediatamente esas tres personas fueron llevadas para tener una entrevista con los oficiales que habían hecho la demanda, y los oficiales les dijeron que tenían, ahora, la oportunidad de salvar sus vidas, ya que pensaban destruir a la gente y dejar a la ciudad en despojos mortales. Respondiendo a los oficiales, dijeron: 'Si el pueblo debe ser destruido y la ciudad reducida a cenizas, permaneceremos en la ciudad y moriremos con ellos'. Los oficiales volvieron de inmediato y el ejército se retiró, y acamparon a una milla y media de la ciudad. Un mensajero fue enviado inmediatamente, con una bandera blanca del coronel de la milicia de Far West, solicitando una entrevista con el general Atchison y el general Doniphan; pero, cuando el mensajero se acercó al campamento, Bogard, el predicador metodista, le disparó. El nombre del mensajero era Charles C. Rich, ahora general de brigada en la Legión de

Nauvoo. Sin embargo, obtuvo permiso para ver al general Doniphan. También solicitó una entrevista con el general Atchison. El general Doniphan dijo que el general Atchison había sido destituido por una orden especial del gobernador a unas pocas millas de distancia, y había sido enviado de regreso a Liberty, condado de Clay. También afirmó que la razón era que él (Atchison) era demasiado misericordioso con los 'mormones', y Boggs no le permitió tener el mando, sino que se lo dio al general Lucas, del condado de Jackson, y cuyo corazón se había endurecido por sus actos anteriores de rapiña y derramamiento de sangre, siendo uno de los líderes en el asesinato, conducción, saqueo y quema de doscientas o trescientas casas pertenecientes a la gente 'mormona' en ese condado en los años 1833 y 1834.

"El Sr. Rich le pidió al general Doniphan que perdonara a la gente y que no los matara hasta la mañana siguiente, siendo que era muy tarde. Él accedió fríamente a no hacerlo, y agregó que 'todavía no había recibido la orden del gobernador, pero la esperaba en cualquier momento y no debía hacer ningún movimiento hasta que la hubiera recibido; pero él no haría ninguna promesa en lo referente al ejército de Neil Gillum', (habiendo llegado unos minutos antes, y se unió al cuerpo principal del ejército, sabiendo bien a qué hora unirse al cuerpo principal). El Sr. Rich entonces regresó a la ciudad, dando esta información. El coronel inmediatamente despachó un segundo mensajero con una bandera blanca para solicitar otra entrevista con el general Doniphan, con el fin de apelar a su simpatía y compasión, y, de ser posible, para que hiciera todo lo posible por preservar la vida de la gente. Al regreso de este mensajero, nos enteramos de que varias personas habían sido asesinadas por algunos de los soldados que estaban bajo el mando del general Lucas. Al Sr. Carey lo dejaron fuera de combate con la culata de un arma y yació varias horas sangrando, pero no permitieron que su familia se le acercara, ni a nadie más se le permitió aliviarlo mientras yacía en el suelo en la agonía de la muerte. El Sr. Carey acababa de llegar al país desde el estado de Ohio, solo unas horas antes de la llegada del ejército. Él tenía una familia que consistía en una esposa y varios niños pequeños. Fue enterrado por Lucius N. Scovil, quien ahora es el principal guardián de la Logia de Nauvoo. Otro hombre, llamado John Tanner, fue golpeado en la cabeza al mismo tiempo, y su cráneo quedó al descubierto por el ancho de la mano de un hombre, y yació, en apariencia, en las agonías de la muerte durante varias horas; pero con el permiso del general Doniphan, sus amigos lo sacaron del campamento y, con un buen cuidado, lentamente se recuperó y ahora vive. Hubo otro hombre, cuyo nombre es Powell, que recibió un golpe en la cabeza con la recámara de un arma hasta que se le fracturó el cráneo y se le desparramaron los sesos por dos o tres lugares. Él ahora está vivo y reside en este condado, pero ha perdido el uso de sus facultades; varios miembros de su familia también fueron dejados por muertos, pero desde entonces se han recuperado. Estos actos de barbarie también fueron cometidos por los soldados al mando del general Lucas antes de haber recibido la orden de exterminio por parte del gobernador.

"Fue en la tarde del treinta de octubre, según lo que recuerdo, que el ejército llegó a Far West con el sol a media hora de altura. Unos momentos después, Cornelius Gillum llegó con su ejército y formó una unidad. Este Gillum había estado estacionado en Hunter's Mills unos dos meses antes de esa fecha, cometiendo depredaciones sobre los habitantes, capturando hombres, mujeres y niños, y llevándolos como prisioneros, lacerando sus cuerpos con ramas de nogal. Los soldados de *Gillum* estaban pintados como indios, algunos de ellos más obvios que otros, designados con manchas rojas, y él también estaba pintado de manera similar con manchas rojas marcadas en su rostro, y se llamaba a sí mismo *'jefe Delawwe'*. Ellos chillaban y gritaban casi igual que los indios, y continuaron haciéndolo toda la noche. A la mañana, temprano, el coronel de la milicia envió un mensajero al campamento con una bandera blanca para tratar de obtener otra entrevista con el general Doniphan. A su regreso, nos informó que la orden del gobernador había llegado. El general Doniphan dijo 'que la orden del gobernador era exterminar a los mormones por Dios, pero que sería maldecido si *él* obedecía *esa orden,* pero el general Lucas podía hacer lo que le plazca'. Inmediatamente supimos por el general Doniphan que la orden del gobernador que había llegado era solo una copia de la original, y que la orden original estaba en manos del mayor general Clark, quien se dirigía a Far West con un ejército adicional de seis mil hombres'. Inmediatamente después de esto, llegó a la ciudad un mensajero de Haun's Mill trayendo información de una espantosa matanza de la gente que residía en ese lugar, y que una fuerza de doscientos o trescientos, separada del grueso del ejército, bajo el mando superior del coronel Ashley, pero bajo el mando inmediato del capitán Nehemiah Comstoek, quien el día anterior les había prometido paz y protección, pero al recibir una copia de la orden del gobernador de 'exterminar o expulsar' de manos del coronel Ashley, él regresó a ellos al día siguiente, y sorprendió y aniquiló a toda la población de la ciudad, y luego se dirigió a la ciudad de Far West y entró juntamente con el cuerpo principal del ejército. El mensajero nos informó que él, junto con algunos otros, huyó a los matorrales, lo que los preservó de la matanza, y a la mañana siguiente regresaron y recogieron los cadáveres del pueblo y los arrojaron a un pozo; y había más de veinte que estaban muertos o heridos de muerte, y había varios heridos que ahora viven en esta ciudad. A uno de los nombres de Yocum recientemente se le amputó la pierna como consecuencia de las heridas que recibió. Le dispararon una bala en la cabeza que le entró cerca del ojo y le salió por detrás de la cabeza, y otra bala le traspasó uno de los brazos.

"El ejército, durante todo el tiempo que estuvieron acampados en Far West, continuó devastando los campos de maíz, convirtiendo a los cerdos, a las ovejas y al ganado en un botín común y derribándolos por deporte. Un hombre le disparó a una vaca y le sacó una tira de la piel del ancho de su mano, desde la cabeza hasta la cola, y la ató alrededor de un árbol para deslizar su cabestro hasta atar su caballo. La ciudad estaba rodeada de una fuerte guardia, y a ningún hombre, mujer o niño se le permitía salir o entrar bajo pena de muerte. Muchos de los ciudadanos fueron disparados al intentar salir a buscar sustento para ellos y sus familias. Había un campo cercado que consistía en mil doscientas hectáreas, en su mayoría cubiertas de maíz. Fue enteramente destruida por los caballos del ejército, y al siguiente día, cerca de la noche, el coronel Hinkle vino desde el campamento pidiendo ver a mi hermano José, a Parley P. Pratt, Sidney Rigdon, Lyman Wight y a George W. Robinson, afirmando que los oficiales del ejército querían una consulta mutua con esos hombres, al igual que los generales Doniphan, Lucas, Wilson y Graham (sin embargo, el general Graham es una excepción honorable: hizo todo lo posible por preservar la vida de las personas, contrario a la orden del gobernador), él (Hinkle) les aseguró que estos generales les habían prometido por su sagrado honor de que no serían abusados o insultados, sino que serían resguardados de nuevo por la mañana o tan pronto como terminara la consulta. Mi hermano José respondió que no sabía qué podía hacer en ninguna consulta, ya que solo era un individuo privado; sin embargo, dijo que siempre estaba dispuesto a hacer todo el bien que pudiera, y que obedecería todas las leyes de la tierra, y que luego le dejaría el asunto a Dios. Inmediatamente partieron con el coronel Hinkle para bajar al campamento. Mientras descendían, más o menos a mitad de distancia del campamento, se encontraron con el general Lucas y con un batallón de hombres, con un ala a la derecha y otra a la izquierda, y con una cuádruple en el centro. Supusieron que venía con esta fuerza poderosa para protegerlos y que pudieran entrar al campo con seguridad; pero, para su sorpresa, cuando se acercaron al general Lucas, él les ordenó a sus hombres que los rodearan, e Hinkle se acercó al general y le dijo: "Estos son los prisioneros a los que acepté entregar". El general Lucas sacó su espada y dijo: 'Caballeros, ustedes son mis prisioneros', y, en ese momento, el ejército principal estaba en marcha para reunirse con ellos. Vinieron en dos divisiones, se abrieron a la derecha y a la izquierda, y mi hermano y sus amigos caminaron en medio de sus líneas, con una fuerte guardia en el frente y un cañón en la parte trasera del campamento, en medio de los gritos del ejército, tan horribles y terroríficos que asustaron a los habitantes de la ciudad. Es imposible describir los sentimientos de horror y angustia de las personas. Después de ser así traicionados, fueron puestos bajo una fuerte guardia de treinta hombres, armados de pies *a cabeza,* los que eran reemplazados cada dos horas. Esa noche se vieron obligados a acostarse en el suelo frío, y se les dijo en lenguaje directo que nunca más debían esperar ser libres. ¡Menos mal que nos prometieron sus honores! Sin embargo, esto era todo cuanto se podía esperar de una turba bajo el disfraz de autoridad militar y ejecutiva en el estado de Misuri. Al día siguiente se les permitió a los soldados patrullar las calles, maltratar e insultar a la gente a su antojo y entrar en las casas y saquearlas, violar a las mujeres, llevarse todas las armas y cualquier otro tipo de armamento o instrumentos militares. Y, a eso de las doce en punto ese día, el coronel Hinkle vino a mi casa con una fuerza armada, abrió la puerta, me pidió que saliera y me tomó como prisionera. Me rodearon y me ordenaron marchar al campo. Les dije que no podía ir, que mi familia estaba enferma, y yo también, y que no podía salir de casa. Dijeron que no les importaba, y que yo debía ir. Pregunté cuándo me permitirían regresar. No me respondieron, pero me obligaron, con la punta de la bayoneta, a entrar en el campamento y me pusieron bajo la misma guardia que mi hermano José; y en menos de media hora después, Amasa Lyman también fue traído y puesto bajo la misma guardia. Allí nos vimos obligados a quedarnos toda la noche y a acostarnos en el suelo; pero durante esa misma noche, el coronel Hinkle vino a verme y me dijo que había estado defendiendo mi caso ante la corte marcial, pero temía no tener éxito. Dijo que había una sala de la corte en sesión compuesta de trece o catorce oficiales, el juez de circuito A. A. King; y el Sr. Birch, fiscal de distrito; también Sashiel Woods, sacerdote presbiteriano, y otros veinte sacerdotes de las diferentes denominaciones religiosas de ese condado. Dijo que estaban decididos a fusilarnos a la mañana siguiente en la plaza pública de Far West. No le respondí. Al día siguiente, al amanecer, el general Doniphan ordenó a su brigada que siguiera la línea de marcha y que se fuera del campamento. Vino a donde estábamos siendo vigilados para darnos la mano y despedirse. Su primer saludo fue: 'Por Dios, han sido sentenciados por el consejo de guerra a ser fusilados por la mañana; pero seré maldecido si tuviera algún honor o deshonra por esto; por lo tanto, he ordenado a mi brigada que tome la línea de marcha y que salga del campamento, porque considero que es un asesinato a sangre fría, y me despido de ustedes', y se fue. Esta acción del general Doniphan causó considerable agitación en el ejército y hubo considerables murmullos entre los oficiales. Escuchamos con mucha atención, y con frecuencia oímos al guardia mencionar que esta vez los malditos 'mormones' no serían fusilados. En unos momentos, la guardia fue reemplazada por un nuevo grupo; uno de los nuevos guardias dijo que los malditos 'mormones' no serían fusilados esta vez, porque la acción del general Doniphan había frustrado todo el plan, y que los oficiales habían convocado otro consejo de guerra y habían ordenado que fuéramos llevados al condado de Jackson, y allí ser ejecutados. En unos momentos llegaron dos carros grandes y nos ordenaron subir a ellos. Mientras estábamos entrando en ellos, aparecieron cuatro o cinco hombres equipados con armas que se acercaron y nos dispararon para matarnos. Algunas chisporrotearon, otras no dispararon, pero ninguna de sus armas funcionó. Inmediatamente fueron arrestados por varios oficiales, les quitaron las armas y los conductores marcharon. Le pedimos al general Lucas que nos dejara ir a nuestras casas y conseguir algo de ropa. Para hacer esto tuvimos que ser conducidos a la ciudad. Fue con mucha dificultad que pudimos obtener permiso para ir a ver a nuestras familias y conseguir algo de ropa; pero, después de considerables consultas, se nos permitió ir bajo una fuerte guardia de cinco o seis hombres por cada uno de nosotros, y, bajo pena de muerte, no se nos permitió hablar con ninguno de nuestros familiares. El guardia que iba conmigo le ordenó a mi esposa que me trajera algo de ropa en dos minutos; y si no lo hacía, deberíamos irnos sin nada. Me vi obligado a someterme a sus órdenes tiránicas, por doloroso que fuera, con mi esposa y mis hijos aferrados a mis brazos y a las faldas de mis vestimentas, y no se me permitió pronunciarles una palabra de consuelo, y en un momento me alejaron apresuradamente de ellos a punta de bayoneta. Fuimos conducidos a los carros y se nos ordenó subir a ellos, todo en aproximadamente el mismo espacio de tiempo. Mientras tanto, nuestro padre, madre y hermanas se habían abierto paso hasta los carros para obtener permiso para vernos, pero se les prohibió hablar con nosotros, e inmediatamente nos llevaron al condado de Jackson. Viajamos unas doce millas esa noche y acampamos para pasar la noche. Se mantuvo la misma fuerte guardia alrededor nuestro, la cual era reemplazada cada dos horas, y se nos permitió dormir en el suelo. Las noches eran frías, con considerable nieve en el suelo, y por la falta de frazadas y ropa sufrimos mucho por el frío. Como consecuencia de mi exposición a las inclemencias del clima, esa noche me dio un ataque de una enfermedad de la que no me he recuperado por completo hasta el día de hoy. Nuestras provisiones eran carne fresca, asada en el fuego en un palo; como consecuencia de la falta de molinos para moler el grano, el ejército no tiene pan. Al amanecer, nos vimos obligados a reemprender la marcha, y fuimos exhibidos a los habitantes en el camino, al igual que se exhibe una caravana de elefantes o camellos. Fuimos examinados de pies a cabeza por hombres, mujeres y niños, lo único que creo que no nos hicieron fue abrir la boca para mirarnos los dientes. Este tratamiento fue continuo, hasta que llegamos a Independence, en el condado de Jackson. Después de nuestra llegada a Independence, fuimos conducidos por toda la ciudad para ser inspeccionados, y luego nos ordenaron entrar en una vieja cabaña de troncos, y allí nos mantuvimos bajo custodia, como de costumbre, hasta la hora de la cena, la cual nos sirvieron, mientras nos sentábamos en el suelo o en trozos de madera, y nos vimos obligados a permanecer en esa casa toda la noche y el día siguiente. Continuaron exhibiéndonos al público, permitiendo que la gente entrara y nos examinara, y a medida que se iban, daban lugar a otros nuevos, durante todo el día y la noche siguiente; pero en la mañana del día siguiente se nos permitió ir a la taberna a comer y a dormir, aunque nos hicieron pagar nuestros propios gastos de comida, alojamiento y servicio, y por lo cual nos hicieron un cargo exorbitante. Permanecimos en la taberna unos dos días y dos noches, cuando llegó un oficial con la autorización del general Clark para llevarnos de regreso a Richmond, condado de Ray, donde el general había llegado con su ejército para esperar nuestra llegada allí; pero en la mañana de nuestra partida hacia Richmond, el general Wilson nos informó que los soldados esperaban que nos colgaran del cuello por el camino, mientras marchábamos hacia ese lugar, y que esto fue impedido por una demanda hecha por el general Clark, quien tenía la autoridad como consecuencia de su antigüedad, y que era su prerrogativa ejecutarnos él mismo, y que debería entregarnos en manos del oficial que nos llevaría al General Clark, y él podía hacer con nosotros lo que quisiera. Durante nuestra estadía en Independence, los oficiales nos informaron que había ocho o diez caballos en ese lugar, pertenecientes a la gente 'mormona', que habían sido robados por los soldados, y que podríamos tener dos de ellos para montar, si es que podíamos devolvérselos a sus dueños después de nuestra llegada a Richmond. Los aceptamos y los montamos hasta Richmond, y los dueños vinieron allí y los tuvieron de regreso. Comenzamos en la mañana con nuestro nuevo oficial, el coronel Price, de Keytsville, condado de Chariton, Misuri, con varios hombres más para protegernos. Llegamos allí el viernes por la noche, el noveno día de noviembre, y nos pusieron en una vieja casa de troncos con una fuerte guardia sobre nosotros. Después de haber estado allí durante media hora, llegó un hombre, de quien se decía que tenía cierta notoriedad en la penitenciaría, llevando en sus manos una gran cantidad de cadenas y candados. Dijo que el general Clark le había ordenado encadenarnos. Inmediatamente los soldados se levantaron, y, apuntándonos con sus armas, colocaron su pulgar sobre el martillo y sus dedos en el gatillo, y el guardián de la prisión del estado se puso a trabajar poniendo una cadena alrededor de la pierna de cada hombre, sujetándolas con un candado, hasta que siete de nosotros estuvimos encadenados juntos.

"En breve vino el general Clarke y le pedimos que nos dijera cuál era la causa de este tratamiento áspero y cruel. Él se negó a darnos cualquier información en ese momento, pero dijo que lo haría en pocos días; así que nos vimos obligados a continuar en esa situación, acampando en el suelo, todos encadenados juntos sin ninguna posibilidad o medio de tener alguna comodidad, teniendo que comer la comida con los dedos y los dientes en lugar de poder usar cuchillos o tenedores. Mientras estábamos en esta situación, un joven llamado Grant, cuñado de mi hermano William Smith, vino a buscarnos y nos alojó en la taberna donde el general Clark se había establecido. Llegó a tiempo para ver a Clark elegir a los hombres que iban a dispararnos el lunes por la mañana, el duodécimo día de noviembre; los vio elegir sus rifles y cargarlos con dos balas cada uno; y después de que habían preparado sus armas, el general Clark los saludó diciendo: 'Caballeros, el lunes por la mañana, a las ocho en punto, tendrán el honor de fusilar a los líderes mormones'. Pero como resultado de la influencia de nuestros amigos, el pagano general se sintió intimidado, por lo que no se atrevió a llevar a la práctica su plan asesino y envió a un mensajero de inmediato a Fort Leavenworth para obtener el código militar de leyes. Después de que el mensajero regresó, el general estuvo ocupado por casi una semana entera examinando la ley, por lo que el lunes transcurrió sin que nos dispararan. Sin embargo, me pareció una tontería, porque un hombre tan sobresaliente como el general Clark pretendía tener que buscar en la ley militar para averiguar si predicadores del evangelio que nunca habían cumplido un servicio militar podían ser sometidos a un consejo de guerra, sin embargo, el general pareció aprender eso mismo después de buscar en el código militar. Entró entonces en la vieja cabaña de troncos donde estábamos encadenados bajo custodia y nos dijo que había llegado a la conclusión de entregarnos ante las autoridades civiles como culpables de asesinato, traición, incendios premeditados, latrocinio, hurto y robo. El pobre e iluso general no sabía la diferencia entre latrocinio, hurto y robo. En consecuencia, fuimos entregados a las autoridades civiles, y a la mañana siguiente nos quitaron las cadenas y nos llevaron hasta el Palacio de Justicia, donde había una corte simulada en sesión; Austin A. King era el juez y el Sr. Birch, el fiscal de distrito, los dos caballeros honorables en extremo que formaron parte de la corte marcial cuando fuimos condenados a ser fusilados. Los testigos fueron llamados y juramentados a punto de bayoneta, y los amenazaron de que, si no juraban por lo que les dijeron que juraran, morirían instantáneamente; y sé, positivamente, que la evidencia dada por esos hombres, bajo coerción, era falsa. Este estado de cosas continuó durante doce o catorce días, y después de eso, el juez nos ordenó presentar algunas pruebas refutatorias, diciendo que, si no lo hacíamos, seríamos encarcelados. Yo no entendí lo que quiso decir el juez, porque consideré que ya estábamos en la cárcel, y no podía pensar en otra cosa más que en las persecuciones de los días de Nerón, sabiendo que era una persecución religiosa y la corte una inquisición; sin embargo, le dimos los nombres de cuarenta personas que estaban familiarizadas con todas las persecuciones y sufrimientos de la gente. El juez emitió una citación en la que incluyó los nombres de esos hombres e hizo que fuera puesta en manos del notable ministro metodista Bogard, quien tomó cincuenta soldados armados y se dirigió a Far West. Yo vi cómo le dieron la citación a él y a su compañía cuando partieron. Después de unos días regresaron con casi todos los cuarenta y los metieron en la cárcel; y no se nos permitió llevar ni siquiera a uno ante el tribunal; en su lugar, el juez se volvió en contra nuestra con un aire de indignación, y dijo' Caballeros, deben obtener sus testigos, o los enviaré inmediatamente a la cárcel, porque no vamos a mantener el tribunal abierto, con todos los gastos que representa, por mucho más tiempo solo para ustedes'. En ese momento nos sentimos muy angustiados y oprimidos. El coronel Wight dijo: '¿Qué haremos? Nuestros testigos están encarcelados y probablemente continuarán allí, y no tenemos poder para hacer nada; por supuesto, debemos someternos a esta tiranía y opresión; no podemos evitarlo'. Algunos otros, en la agonía de sus almas, dijeron cosas similares, pero mi hermano José no dijo nada; él estaba enfermo en ese momento con dolor de muelas y fiebre en la cara, lo cual era consecuencia de un fuerte resfrío provocado después de estar expuesto a la severidad del clima. Sin embargo, el general Doniphan y el abogado Reese consideraron que deberíamos tratar de conseguir algunos testigos ante la corte. En consecuencia, yo mismo di los nombres de unas veinte personas más; el juez los incluyó en una citación judicial, e hizo que fuera puesta en manos del sacerdote metodista Bogard, y de nuevo partió con sus cincuenta soldados para atrapar a esos hombres como prisioneros, tal como lo había hecho con los otros cuarenta. El juez se sentó y se rio por la buena oportunidad que había tenido de obtener los nombres, para así capturarlos más fácilmente y enviarlos a la prisión a fin de evitar que presentáramos la verdad ante ese falso tribunal, en el cual él mismo era el principal inquisidor o conspirador. Bogard regresó de su segunda expedición con un solo prisionero, a quien también metió en la cárcel.

"La gente de Far West se había enterado de la intriga y habían abandonado el estado, habiéndose familiarizado con el trato que habían recibido los primeros cuarenta testigos. Pero nosotros, al enterarnos de que no podíamos tener ningún testigo, mientras consultábamos en privado lo que debíamos hacer, descubrimos a un tal Allen parado junto a la ventana en el exterior de la casa; haciéndole señas para que entrara. Él entró inmediatamente. En ese momento, el Juez King nos replicó nuevamente diciendo: 'Caballeros, ¿no van a presentar testigos?' Diciendo además que era el último día en el que mantendría abiertos los tribunales, y que si no rebatíamos el testimonio en nuestra contra, nos enviaría a la cárcel. Yo entonces llamé al Sr. Allen a la corte y ante el supuesto tribunal. Le dije al juez que teníamos un testigo, si él era tan amable de ponerlo bajo juramento; parecía no estar dispuesto a hacerlo, pero después de unos minutos de consulta, el abogado del estado se levantó y dijo que debía oponerse a que el testigo fuera puesto bajo juramento y que debía objetar para que ese testigo presentara su evidencia, afirmando que este no era un tribunal para juzgar el caso, sino solo un tribunal de investigación por parte del estado. Ante esto, el general Doniphan se levantó y dijo que 'él sería condenado por Dios si el testigo no era juramentado, y que era una maldita vergüenza que estos acusados fueran tratados de esta manera, que no se les permitiera presentar un testigo ante el tribunal, mientras que todos sus testigos, incluso cuarenta a la vez, habían sido tomados por la fuerza de las armas y metidos en el *corral* para evitar que dieran su testimonio'. Después de que Doniphan se sentó, el juez permitió que se tomara juramento al testigo y que diera su testimonio. Pero tan pronto como comenzó a hablar, un hombre llamado Cook, cuñado del ministro Bogard, el metodista, y teniente, y cuyo lugar en ese momento era supervisar al guardia, se acercó a la supuesta corte y lo agarró de la nuca y le metió la cabeza debajo del poste o tronco de madera que estaba colocado alrededor del lugar donde estaba sentada la inquisición, para así evitar que los observadores interfirieran en la majestad de los inquisidores, lo empujó hacia la puerta y lo pateó fuera del edificio. Inmediatamente se volvió hacia unos soldados que estaban de pie junto a él, y les dijo: 'vayan y dispárenle, maldición; dispárenle al maldito'.

"Los soldados corrieron detrás del hombre para dispararle: él huyó para salvar su vida y con gran dificultad logró escapar. La fingida corte se levantó de inmediato y ordenó que nos llevaran a Liberty, en el condado de Clay, y allí nos metieron en la cárcel. Nos empeñamos en descubrir por qué, pero todo lo que pudimos saber es porque éramos 'mormones'. A la mañana siguiente, un gran carromato llegó a la puerta y un herrero entró en la casa con algunas cadenas y esposas. Dijo que las órdenes del juez eran esposarnos y encadenarnos. Nos informó que el juez había emitido una orden que nos sentenciaba a la cárcel por traición; también dijo que el juez había hecho esto para que no pudiéramos conseguir fianza; también dijo que el juez declaró su intención de mantenernos en la cárcel hasta que todos los 'mormones' fueran expulsados del estado; también dijo que el juez había declarado, además, que si nos permitía salir antes de que los 'mormones' abandonaran el estado, no nos dejarían ir, y que se produciría otro maldito alboroto. También escuché al juez decir, mientras estaba sentado en su falsa corte, que no había ninguna ley para nosotros ni para los 'mormones' en el estado de Misuri; que había jurado verlos exterminados y ver cumplida la orden del gobernador hasta el mínimo detalle, y que así lo haría; sin embargo, el herrero procedió y puso los hierros sobre nosotros, y nos ordenaron entrar en el vagón y nos llevaron al condado de Clay, y mientras viajábamos por el camino, fuimos exhibidos ante los habitantes. Y se hizo una exhibición pública de nosotros durante todo el camino hasta que llegamos a Liberty, condado de Clay. Allí nos metieron en la cárcel otra vez, y nos mantuvieron confinados por espacio de seis meses, y nuestro lugar de alojamiento era el lado cuadrado de un tronco de roble blanco cortado, y nuestra comida era cualquier cosa excepto buena y decente. Nos dieron veneno tres o cuatro veces, y el efecto que tuvo sobre nuestro sistema fue que nos hizo vomitar casi hasta la muerte y luego dormimos dos o tres días en un estado de aturdimiento, sin ninguna preocupación ni deseando la vida. El veneno, siendo administrado en dosis demasiado grandes, inevitablemente habría resultado fatal, mas no era tan poderoso como Jehová, interponiéndose en nuestro favor para salvarnos de su malvado propósito. También estuvimos en la coyuntura de comer carne humana durante cinco días, o no comer nada, excepto por un poco de café o un poco de pan de maíz; y yo prefería esto último antes que lo primero. Ninguno de nosotros comió la carne, excepto Lyman Wight. También escuchamos al guardia que nos vigilaba, burlándose de nosotros, diciendo que nos habían alimentado con 'carne mormona'. He descrito la apariencia de esta carne

215

a varios médicos con experiencia, y han determinado que era carne humana. Más tarde supimos, por uno de los guardas, que se suponía que ese acto de canibalismo salvaje, al alimentarnos con carne humana, sería considerado un acto relevante, pero la gente, al enterarse de que su plan no funcionó, intentó mantenerlo en secreto; pero el hecho se difundió antes de que tomaran esa precaución. Mientras estábamos encarcelados, solicitamos dos veces el *habeas corpus* al tribunal supremo del estado de Misuri, pero fuimos rechazados en ambas ocasiones por el juez Reynolds, quien ahora es el gobernador de ese estado. También solicitamos a uno de los jueces del condado un recurso de *habeas corpus*, el cual se concedió en aproximadamente tres semanas, pero no se le permitió llevar a cabo ningún juicio; solo nos sacaron de la cárcel y nos mantuvieron fuera durante unas horas, y luego nos volvieron a internar en ella. Después de tres o cuatro días después de esa fecha, el juez Turnham entró en la cárcel por la noche y dijo que había permitido que el señor Rigdon pagara una fianza, pero que tenía que hacerlo por la noche, y también tenía que escapar de noche, escondido de los ciudadanos, o lo matarían, porque habían jurado que lo ejecutarían si lo encontraban. Y en cuanto al resto de nosotros, no se atrevió a dejarnos ir por temor de su propia vida, tanto como de la nuestra. Dijo que era muy difícil estar confinado en esas circunstancias, ¡porque él sabía que éramos hombres inocentes! Y él dijo que la gente también lo sabía, y que era una persecución y una traición, y las escenas del condado de Jackson volvieron a repetirse a causa del temor de que nos volviéramos demasiado numerosos en esa parte del país. Dijo que el plan fue tramado por varios hombres poderosos, desde el gobernador hasta el juez más insignificante; y que ese sacerdote bautista Riley estaba yendo a la ciudad todos los días para observar a la gente, incitando sus mentes en contra nuestra todo lo que podía, enardeciéndoles y agitando sus prejuicios religiosos en nuestra contra por temor a que nos dejaran ir. El Sr. Rigdon, sin embargo, obtuvo fianza y se escapó a Illinois. El carcelero, don Samuel Tillery, también nos dijo que el plan había sido preparado por el gobernador hasta el funcionario del nivel más bajo, en esa ciudad, a principios de la primavera anterior, y que el plan se llevó a cabo completamente en el momento en que el general Atchison fue a la ciudad de Jefferson con los generales Wilson, Lucas y Gillum, el autodenominado 'jefe Delaware'. Esto fue en algún momento del mes de septiembre, cuando la turba fue reunida en De Witt, en el condado de Carroll. También nos dijo que el gobernador ahora estaba bastante avergonzado por todo este asunto, y que estaría feliz de librarnos de atreverse a hacerlo; pero, dijo él, no deben preocuparse, porque el gobernador ha determinado un plan para su liberación. También dijo que Esquire Birch, el abogado del estado, había sido nombrado juez en el circuito que atravesaba el condado de Davies, y que se le ordenó a él (Birch) que arreglara los papeles, para que estuviéramos seguros de que pronto ya no tendríamos más problemas.

"En abril nos llevaron al condado de Davies, según ellos, para tener un juicio; pero cuando llegamos a ese lugar, en vez de encontrar un tribunal o un jurado, encontramos otra inquisición, y Birch, que era el fiscal del distrito, el mismo hombre que fue uno de los militares del tribunal cuando fuimos condenados a muerte, ahora era el juez de circuito de esa pretendida corte y el gran jurado que había reunido estaban todos en la matanza de Haun's Mill y decididos actores en ese terrible, solemne y vergonzoso asesinato a sangre fría; y el único intento de excusa que nos ofrecieron fue que lo habían hecho porque el gobernador se los había ordenado. Los mismos que se sentaban en el jurado durante el día eran nuestros guardias por la noche; ellos nos atormentaron y se jactaron de sus grandes logros en Haun's Mill y en otros lugares, diciéndonos cuántas casas pertenecientes a los 'mormones' habían quemado, cuántas de sus ovejas, ganado y cerdos habían dejado libres, y cuántas violaciones habían cometido, y las patadas y chillidos que propinaron a las malditas perras, diciendo que azotaron a una mujer en uno de los bancos de reunión de los malditos 'mormones', atándole las manos y pies, y dieciséis de ellos abusaron de ella tanto como quisieron, y luego la dejaron atada y expuesta en ese estado de angustia. Estos demonios de la región inferior se jactaban de estos actos de barbarie y con ello tentaron nuestros sentimientos durante diez días. Habíamos oído hablar de estos episodios de crueldad antes, pero fuimos lentos en creer que tales actos realmente podrían ser perpetrados. La mujer que fue objeto de su brutalidad no se recuperó para poder auxiliarse a sí misma, hasta más de tres meses después. Este gran jurado celebraba constantemente sus logros con grog y vaso en mano, como los guerreros indios en sus bailes, cantando y contándose mutuamente sus hazañas al asesinar a los 'mormones', saqueando sus casas y quitándoles sus propiedades. Al final de cada canción, repetían el estribillo, '¡Maldito sea Dios, maldito sea Jesucristo, malditos sean los presbiterianos, malditos sean los bautistas, malditos sean los metodistas!' Repitiendo una secta tras otra de la misma manera, hasta que llegaron a los 'mormones'; para ellos cantaron, '¡Malditos sean los malditos mormones! Los hemos enviado al infierno'. Entonces golpeaban sus manos y gritaban: '¡Hosanna, hosanna, gloria a Dios!' Y se caían de espaldas, y pateaban por unos momentos; entonces fingían desvanecerse en un trance glorioso, imitando algunas de las acciones en las reuniones del campamento. Entonces fingían salir de su trance, y gritaban, y otra vez daban palmadas y saltaban, mientras uno tomaba una botella de *whisky* y un vaso, y lo llenaba de *whisky*, y lo vertía cada uno en las gargantas de los otros, gritando 'Maldita sea, tómalo, debes tomarlo'; y si alguien se negaba a beber el *whisky*, otros lo agarraban mientras se lo introducían por la fuerza en la garganta, y lo que no bajaba por adentro bajaba por fuera. Esta es una parte de la farsa interpretada por el gran jurado del condado de Davies mientras sirvieron como nuestros guardianes por diez noches. ¡Y todo esto en presencia del *gran juez Birch*! quien previamente había dicho en nuestra audiencia que no había ley para los 'mormones' en el estado de Misuri. Su hermano actuaba entonces como fiscal de distrito en ese circuito y, en todo caso, era aún un peor caníbal que el juez. Después de esos diez días de embriaguez, se nos informó que habíamos sido acusados de *traición, asesinato, incendio intencionado, hurto, robo y latrocinio*. Pedimos un cambio de sede de ese condado al condado de Marion, pero no nos lo otorgaron; pero nos dieron un cambio de lugar de Davies al condado de Boon, y el supuesto juez Birch envió una orden sin fecha, nombre ni lugar. Nos equiparon con un carro, caballos, y cuatro hombres, además del comisario, quien sirvió como nuestro guardián. Nosotros éramos cinco. Empezamos en Gallatin; el sol estaba a unas dos horas de altura, en la tarde, y fuimos hasta Diahman esa noche, donde nos quedamos hasta la mañana. Allí les compramos dos caballos a la guardia; pagamos uno de ellos con la ropa que llevábamos con nosotros, y por el otro caballo le dimos una nota. Viajamos ese día hasta donde el juez Morin, a una distancia de unas cuatro o cinco millas. Allí nos quedamos hasta la mañana, cuando comenzamos nuestro viaje al condado de Boon, y viajamos por la carretera unas veinte millas. Allí compramos una jarra de *whisky* que le dimos a la compañía, y mientras estábamos allí, el alguacil nos mostró la orden antes mencionada, sin fecha ni firma, y nos contó que el juez Birch le había dicho que no nos llevara al condado de Boon y que nunca mostrara la orden, 'y', dijo él, 'yo me tomaré un buen trago de grog, y me iré a dormir, ustedes pueden hacer lo que quieran'. Otros tres de la guardia bebieron *whisky* libremente, endulzándolo con miel; ellos también se fueron a la cama y pronto se durmieron, y el otro guarda nos acompañó y nos ayudó a ensillar los caballos. Dos de nosotros montamos los caballos, y los otros tres partieron a pie, y comenzamos nuestro cambio de sede hacia el estado de Illinois, y, en el curso de nueve o diez días, llegamos a Quincy, condado de Adam [Illinois], donde encontramos a nuestras familias en un estado de suma pobreza, aunque con buena salud, expulsados previamente del estado por la milicia asesina, bajo la orden de exterminio del Poder Ejecutivo de Misuri. Y ahora la gente de ese estado, o una parte de ellos, estaban felices de lograr que la gente de este estado creyera que mi hermano José había cometido traición, para así mantener su persecución asesina e infernal; y parecen ser implacables y sedientos de la sangre de los inocentes, porque sé, muy positivamente, que mi hermano José no había cometido traición ni había violado una sola porción de la ley o de las reglas del estado de Misuri.

"Pero sí sé que las personas 'mormonas', en masa, fueron expulsadas de ese estado después de que les robaron todo lo que tenían, y apenas escaparon con vida, al igual que mi hermano José, que apenas escapó vivo.

"También le robaron a su familia todo lo que tenía, y escaparon por los pelos, y, todo esto, como consecuencia de la orden de exterminio del gobernador Boggs, la que fue confirmada por la Legislatura de ese estado. Y sé, lo mismo que este tribunal, y todo hombre racional que está familiarizado con las circunstancias, y todos los que en el futuro conozcan los detalles también sabrán, que el gobernador Boggs y los generales Clark, Lucas, Wilson y Gillum, así como Austin A. Rey, han cometido traición contra los ciudadanos de Misuri y han violado la Constitución de los Estados Unidos, y también la constitución y las leyes del estado de Misuri, y desterraron y expulsaron, a punta de bayoneta, a unos doce o catorce mil habitantes del estado; y asesinaron a trescientos o cuatrocientos hombres, mujeres y niños a sangre fría, y de la manera más horrible y cruel posible; y todo fue causado por el fanatismo religioso y la persecución, porque los 'mormones' se atrevieron a adorar al Dios Todopoderoso de acuerdo con los dictados de sus propias conciencias, y de acuerdo con la voluntad divina, como se revela en las Escrituras de la verdad eterna, y se habían apartado de las vanas tradiciones de sus padres, y no adoraban según los dogmas y mandamientos de aquellos hombres que predican y adivinan por dinero, y enseñan por doctrina los preceptos de los hombres, esperando que la constitución de los Estados Unidos los hubiera protegido allí. Pero a pesar de que la gente 'mormona' había comprado más de *doscientos mil dólares en tierras,* la mayoría de las cuales fueron inscritas y pagadas en la oficina de tierras de los Estados Unidos, en el estado de Misuri; y aunque el presidente de los Estados Unidos está familiarizado con estos hechos, y con los pormenores de nuestras persecuciones y opresiones, después de que le hubiéramos apelado a él y al Congreso, sin embargo, ni siquiera han intentado restaurar a los "mormones" sus derechos, ni se les ha asegurado qué pueden esperar de ahora en adelante una reparación de ellos. Y también sé de manera muy positiva y segura que mi hermano, José Smith, padre, no se hallaba en el estado de Misuri desde la primavera del año 1839. Y este deponente no dice más,[2]

"Hyrum Smith".

---

[2] *Times and Seasons,* vol. iv, p. 346

CAP. L
LA FAMILIA SMITH VA A ILLINOIS.

En el momento en que José entró en el campamento del enemigo, el Sr. Smith y yo nos paramos en la puerta de la casa en la que estábamos viviendo y pudimos escuchar claramente sus horribles gritos. Sin saber la causa, supusimos que lo estaban asesinando. Poco después de que comenzaran los gritos, se descargaron cinco o seis pistolas. Ante esto, el Sr. Smith, cruzando los brazos sobre su corazón, gritó: "¡Dios mío! ¡Dios mío! ¡Han matado a mi hijo! ¡Lo han asesinado! ¡Y debo morir, porque no puedo vivir sin él!".

No tuve palabras de consuelo para darle, porque mi corazón se rompió dentro de mí; mi agonía era indescriptible. Le ayudé a ir a la cama, y él cayó de espaldas, indefenso como un niño, porque no tenía fuerzas para sostenerse sobre sus pies. Los gritos continuaron; ninguna lengua puede describir el sonido que nuestros oídos escucharon; ningún corazón puede imaginar las sensaciones en nuestros pechos al escuchar esas *horribles* carcajadas. Si el ejército hubiera estado compuesto de la misma cantidad de perros salvajes, lobos y panteras, no podrían haber hecho un sonido más terrible.

Mi esposo inmediatamente se enfermó y nunca se recuperó del todo, aunque vivió por dos años más y en ocasiones podía estar confortable y atender las reuniones.[3]

Podremos ver por el testimonio de Hyrum que fue llevado por los oficiales al día siguiente de su llegada al campamento, y que estaba sentado con José en un tronco, que fue colocado allí para ese propósito, antes de que se lo llevaran. Los soldados se amontonaron a su alrededor jurando que les dispararían, e hicieron sonar sus pistolas antes de que alguien interfiriera para protegerlos. Al final, el capitán Martin ordenó a sus hombres rodear a los prisioneros con espadas desenvainadas y mosquetes cargados, "y ahora", continuó él (sacando su propia espada), "Juro por

---

[3] Véase *Times and Seasons*, vol. iv. p. 6.

Dios, que si algún hombre intenta dañar un pelo, les cortaré sus malditas cabezas en el momento en que lo hagan. Ustedes (hablándole a sus hombres) protéjanlos, y si alguien intenta levantar su arma para dispararles a estos prisioneros, deténganlos inmediatamente, porque son hombres inocentes, yo sé que son inocentes. Mírenlos, lo muestran claramente en sus rostros".

Este hombre no era más que un capitán, pero asumió la responsabilidad de proteger a mis hijos. Y durante dos noches y un día, se mantuvo constantemente en guardia, manteniendo a sus hombres en sus puestos; él no durmió ni permitió que su compañía descansara hasta que José y Hyrum fueran trasladados del lugar.

Cuando estaban a punto de irse de Far West, llegó un mensajero y nos dijo que, si queríamos ver a nuestros hijos con vida, debíamos ir inmediatamente donde ellos, porque estaban en un carro que partiría en unos minutos para Independence, y, con toda probabilidad, no regresarían con vida... Al recibir esta advertencia, Lucy y yo nos dirigimos directamente al lugar. Al llegar a unos cuatrocientos metros del vagón, nos vimos obligados a detenernos, porque no podíamos avanzar más entre la multitud. Por lo tanto, hice un llamado a los que me rodeaban, exclamando: "Soy la madre del Profeta, ¿no hay un caballero aquí que me ayude a llegar a ese vagón, para poder ver a mis hijos y hablar con ellos una vez más antes de que mueran?". Después de decir esto, un individuo se ofreció como voluntario para abrir un camino a través del ejército, y pasamos, amenazados de muerte a cada paso, hasta que finalmente llegamos al carro. El hombre que nos condujo a través de la multitud le habló a Hyrum, quien estaba sentado delante, y, diciéndole que su madre había venido a verle, le dijo que le extendiera su mano. Así lo hizo, pero no pude verlo: la cubierta era de tela fuerte, y clavada de manera tan ajustada, que apenas podía pasar la mano. Apenas le habíamos dado la mano cuando la turba nos echó, prohibiéndonos cualquier conversación entre nosotros, y, amenazando con dispararnos, le ordenaron al conductor que nos pasara por encima. Nuestro amigo luego nos condujo a la parte trasera del vagón, donde José estaba sentado, y dijo: "Sr. Smith, su madre y su hermana están aquí, y desean darte la mano". José colocó su mano entre la cubierta y el carro, y la agarramos; pero no nos habló a ninguna de los dos, hasta que le dije: "José, vuelve a hablar con tu pobre madre; no puedo irme hasta escuchar tu voz". "¡Dios te bendiga madre!", solloz. Entonces alguien dio un grito, y el carromato salió corriendo, arrancándolo de nosotros justo cuando Lucy estaba presionando su mano contra sus labios para darle el último beso de hermana, porque luego fue sentenciado a morir fusilado.

Por algún tiempo, nuestra casa se llenó de luto, lamentación y pena; pero, en medio de mi dolor, encontré un consuelo que superaba todo bienestar terrenal. Fui llena del Espíritu de Dios, y recibí lo siguiente por el don de profecía: "Deja que tu corazón se consuele con respecto a tus hijos, no serán dañados por sus enemigos; y, en menos de cuatro años, José hablará ante los jueces y los grandes hombres de la tierra, porque su voz será escuchada en sus concilios. Y, en cinco años a partir de este momento, tendrá poder sobre todos sus enemigos". Esto me alivió la mente, y estaba preparada para consolar a mis hijos. Les dije lo que se me había revelado, lo cual los consoló mucho.

Tan pronto como William pudo moverse un poco, le rogó a su padre que se mudara a Illinois, pero el Sr. Smith no quiso, ya que esperaba que nuestros hijos fueran liberados y la paz nuevamente restaurada. William siguió tratando de convencerlo, pero no tuvo ningún efecto, ya que el Sr. Smith declaró que no abandonaría Far West, a menos que fuera por revelación. William dijo que había tenido revelación; que él mismo sabía que tendríamos que dejar Far West. El Sr. Smith finalmente dijo que la familia podría prepararse para mudarse, y que, si nos veíamos obligados a irnos, no habría nada que nos detuviera.

Nuestro negocio en Far West había estado comerciando con maíz y trigo, además de manejar una pensión. Cuando entró la turba, teníamos una considerable cantidad de grano disponible, pero muy poca harina, por lo tanto, enviamos a un hombre que vivía con nosotros para que moliera catorce sacos de grano; pero el molinero consideró inseguro permitir que los hermanos permanecieran en las proximidades de sus instalaciones, ya que la turba estaba cerca, y temía que quemaran sus edificios. En consecuencia, el joven regresó sin su grano molido, y, para hacer el pan, durante mucho tiempo, nos vimos obligados a machacar maíz en un mortero. Muchos subsistieron con maíz reseco durante algún tiempo.

Todos los hermanos fueron expulsados del país. Había un terreno de un acre frente a nuestra casa completamente cubierto con camas, tendidas a la luz del sol, donde las familias se veían obligadas a dormir, expuestas a todo tipo de clima; estos fueron los últimos que llegaron a la ciudad y, como las casas estaban llenas, no pudieron encontrar un refugio. Era suficiente para romperle el corazón a uno al ver a los niños resfriados y llorones alrededor de sus padres para que les dieran comida, mientras que sus padres carecían de los medios para hacerlos sentir cómodos.

Se puede decir que, si José Smith hubiera sido un Profeta, habría previsto este mal y lo habría impedido. A esto yo respondo que él hizo todo lo que estaba a su disposición para convencer a sus hermanos de que se mudaran a Far West antes de que comenzaran las dificultades, y, en una reunión tres semanas antes, instó a los hermanos a que hicieran todo lo posible para mudar tanto sus casas como sus provisiones a la ciudad. Pero este consejo les pareció irracional e inconsistente, por lo tanto, no le prestaron atención. Si los hermanos de Haun's Mill hubieran escuchado su consejo, sin duda les habría salvado la vida; pero, como las consecuencias de su negligencia ya han sido publicadas, y como mi mente no es capaz de detenerse en esos días tan tristes, solo daré aquellos hechos que no han sido publicados.

Mientras la muchedumbre estaba en la ciudad, William salió un día para alimentar a su caballo, pero el caballo ya no estaba. No pasó mucho tiempo, sin embargo, antes de que un soldado, que había estado ausente por un encargo, lo condujera al patio. William tomó el caballo por la brida, y ordenó al soldado que desmontara, lo cual hizo, y dejó el caballo en manos de William otra vez.

Poco después de esto, los hermanos se vieron obligados a deponer sus armas y renunciar a su propiedad. Esto se hizo bastante cerca de nuestra casa, por lo que pude escuchar claramente el notable discurso del general Clark en esta ocasión; y, sin ningún grado de alarma, lo oí declarar, concerniente a José y Hyrum, que "su suerte había sido echada, su perdición arreglada, y su destino sellado".

No mucho después de que Hyrum se fuera de casa, nació José, su hijo menor. Este fue el primer hijo de Mary. Solo vio a su marido una vez más después de tener a su hijo y antes de abandonar el estado. Ella sufrió más allá de toda descripción en su enfermedad, pero, a pesar de todas sus aflicciones, su hermana, la Sra. Thompson, la apoyó atendiéndola y consolándola, y, con los mejores cuidados, obtuvo fuerza suficiente para acompañar a Emma a la prisión una vez antes de irse del estado.

En este momento, mi esposo envió un mensajero a José, para saber si era la voluntad del Señor que deberíamos dejar el estado. Después de lo cual José le envió una revelación que había recibido mientras estaba en la cárcel, la cual satisfizo la mente de mi esposo, y estuvo dispuesto a mudarnos a Illinois lo antes posible.

Después de esto, William se llevó a su propia familia, sin más demora, a Quincy, de allí a Plymouth, donde se estableció, y luego envió los caballos de regreso para la familia de su padre.

Justo cuando metíamos nuestras posesiones en el vagón, un hombre vino y nos dijo que la familia de Sidney Rigdon estaba lista para partir, y que debía tener el vagón disponible inmediatamente. Como consecuencia, tuvimos que retirar nuestras cosas y esperar hasta que los caballos pudieran venir a buscarnos nuevamente. Colocamos nuestras pertenencias en el carro por segunda vez, pero Emma y su familia lo necesitaban, por lo que tuvimos que sacar nuestras cosas nuevamente. Sin embargo, logramos, después de mucho tiempo, conseguir que un carro transportara las camas, la ropa y las provisiones para nuestra familia, la familia de Salisbury y la familia del Sr. M'Lerry, además de un equipaje considerable de Don Carlos, quien, con su familia y el resto de su equipaje, estaban apretados en un cochecito, y pasó a formar parte de la misma compañía que nosotros.

Por la falta de caballos, nos vimos obligados a dejar la mayoría de nuestras provisiones y muebles. Otro inconveniente que sufrimos fue que los caballos estaban enfermos de enfisema, por lo que nos vimos obligados a caminar gran parte del camino, especialmente en las colinas, lo cual fue muy agotador.

El primer día llegamos a un lugar llamado Tinney's Grove, donde pasamos la noche en una vieja casa de troncos muy incómoda. La mitad del día siguiente yo viajé a pie. Esa noche nos quedamos en la casa de un tal Sr. Thomas, quien entonces era miembro de la Iglesia. En el tercer día, por la tarde, comenzó a llover. Por la noche nos detuvimos en una casa y solicitamos permiso para quedarnos hasta la mañana. El hombre a quien le pedimos nos mostró un cobertizo miserable, que era lo suficientemente sucio como para enfermarlo a uno del estómago, y nos dijo que si limpiábamos este lugar y acarreábamos nuestra propia madera y agua, podríamos alojarnos allí. Estuvimos de acuerdo con esto, y, con muchos problemas, logramos un lugar para nuestras camas. Por el uso de esta choza repugnante nos cobró setenta y cinco centavos. Viajamos todo el día siguiente bajo una lluvia torrencial. Pedimos refugio en muchos lugares, pero nos lo negaron. Por fin llegamos a un lugar bastante parecido al de la noche anterior. Allí pasamos la noche sin fuego. El quinto día, justo antes de llegar a Palmyra, en Misuri, Don Carlos llamó al Sr. Smith y le dijo: "Padre, esta exposición es muy mala, y no la soportaré más; el primer lugar que vea que me parezca cómodo, iré y entraré en la casa, y ustedes me seguirán".

Pronto llegamos a una casa de campo, rodeada de toda la apariencia de abundancia. La casa estaba a poca distancia de la carretera, con una gran puerta en el frente. Don Carlos se encaminó hacia el lugar, sin vacilar, para pedir el privilegio, y, después de ayudarnos a pasar, fue a la casa, y al encontrarse con el propietario, dijo: "Yo sé que estoy invadiendo su propiedad, pero tengo conmigo a mi padre anciano que está enfermo, además de mi madre y varias mujeres con niños pequeños. Hemos viajado dos días y medio bajo esta lluvia, y si nos vemos obligados a ir mucho más lejos, moriremos todos. Si nos permite permanecer con usted durante la noche, le pagaremos casi cualquier precio por el alojamiento".

"¿A qué se refiere, señor?", dijo el caballero, "¿No nos consideran seres humanos? ¿Cree que echaríamos a cualquier ser de carne y hueso de nuestra puerta en un momento como este? Conduzca hasta la casa y ayúdele a su esposa y a sus hijos: yo atenderé a su padre, a su madre y al resto de la compañía". El propietario nos ayudó al señor Smith y a mí a entrar en la habitación en la que estaba sentada su señora, pero como ella se encontraba bastante enferma y temía que la humedad de nuestra ropa la hiciera resfriarse, ordenó a un sirviente negro que le preparara un fuego en otra habitación. Él entonces ayudó a cada uno de nuestra familia a entrar en la casa y colgó nuestras capas y chales para que se secasen.

En esta casa teníamos todo lo que podría hacernos sentir cómodos. El caballero, Sr. Mann, nos trajo leche para nuestros hijos, nos llevó agua para lavarnos y nos proporcionó buenas camas para dormir.

Por la noche, comentó que su condado lo había enviado, el año anterior, a la Cámara de Representantes, donde se encontró con un tal Sr. Carroll, quien fue enviado desde el condado en el que los "mormones" vivían; "Y si alguna vez", dijo don Mann, "sentí deseos de pelear con alguien, fue con él. Nunca, ni una vez, levantó su voz ni su mano en nombre de esa gente maltratada una vez que la Cámara entró en sesión.

Nunca había sido miembro de la Cámara de Representantes, y no tenía suficiente confianza como para expresar una opinión en su nombre, como debería haber hecho si hubiera sido un hombre con un poco más de experiencia".

Después de pasar la noche con este buen hombre, continuamos nuestro viaje, aunque continuó lloviendo, y nos vimos obligados a viajar a través del lodo y la lluvia para evitar ser detenidos en las aguas altas. Cuando llegamos a seis millas del río Misisipi, el clima se hizo más frío, y, en lugar de lluvia, tuvimos nieve y granizo; y el suelo entre nosotros y el río era tan bajo y pantanoso que una persona a pie se hundiría por encima de sus tobillos a cada paso; sin embargo, todos nos vimos obligados a caminar, o más bien a vadear, las seis millas.

Al llegar al Misisipi, descubrimos que no podríamos cruzar esa noche, ni encontrar un refugio, ya que muchos santos habían llegado allí antes que nosotros, esperando ir a Quincy. La nieve en ese momento tenía seis pulgadas de profundidad y aún caía. Hicimos nuestras camas y descansamos tan cómodos como pudimos bajo tales circunstancias. A la mañana siguiente, nuestras camas estaban cubiertas de nieve, y gran parte de la ropa de cama con la que me había cubierto estaba congelada. Nos levantamos e intentamos encender un fuego, pero, encontrando que era imposible, nos resignamos a nuestra situación sin consuelo.

Poco después de esto, Samuel vino desde Quincy, y él, con la ayuda de Seymour Branson, obtuvo permiso del barquero para que cruzáramos ese día. Alrededor del atardecer llegamos a Quincy. Aquí Samuel había alquilado una casa, y nos mudamos a ella con otras cuatro familias.

CAP. LI
JOSÉ Y HYRUM ESCAPAN DE SUS PERSEGUIDORES Y REGRESAN A SUS FAMILIAS.

Pasamos la noche después de llegar a Quincy relatando nuestras aventuras y huidas al salir de la tierra de Misuri, y la siguiente circunstancia, durante nuestra conversación nocturna, fue relatada por Samuel, quien, en compañía de varios otros, huyó para salvar su vida ante el enemigo:

Dijo que viajaron por la ruta más apartada que pudieron encontrar, ya que consideraban peligroso ser vistos por los habitantes del área. La caza era muy limitada, por lo que pronto se quedaron sin provisiones, hasta que finalmente se agotaron por completo; sin embargo, continuaron su viaje hasta que estuvieron tan débiles que no pudieron seguir adelante. Luego tuvieron una reunión en la que Samuel fue designado para recibir la palabra del Señor, y se unieron en oración a Dios para que les diera a conocer los medios y el tiempo de su liberación.

Después de una breve súplica, se le manifestó a Samuel que podrían obtener sustento si viajaban una corta distancia en cierta dirección. Él informó esto a la compañía e inmediatamente partió con otros dos en busca de la comida prometida. Después de un corto viaje llegaron a una tienda india, y, por medio de señas, les dieron a entender a los indios que tenían hambre. Ante esto, la india les preparó rápidamente unos pasteles, y les dieron dos a cada uno; después de lo cual envió el mismo número a los que todavía estaban en el bosque, dándoles a entender que enviaría más, pero ella tenía muy poca harina, y sus niños tenían hambre.

A partir de este momento, los hermanos lograron obtener suficientes alimentos para sustentarlos, de modo que ninguno de ellos pereció.

En unos pocos días, Samuel mudó a su familia a otra casa y quedamos menos abarrotados. Poco después de irse, Lucy se enfermó violentamente y durante varios días se negó a comer ningún tipo de alimento. No tuve el privilegio de cuidarla por mucho tiempo, ya que yo misma me enfermé del cólera y, aunque sufrí terriblemente de calambres, los que generalmente acompañan a esta enfermedad, no fue nada en

228

comparación con otro dolor que sufrí en la médula de mis huesos. A veces sentía como si mis huesos fueran a estallar en pedazos.

Recibí todos los tratamientos que se consideran buenos para tales enfermedades, pero sin efecto. Al final, le pedimos ayuda a un joven médico botánico, quien me dio un poco de té de hierbas que me alivió de inmediato.

Durante mi enfermedad, Samuel trajo a Lucy en sus brazos escaleras abajo varias veces para verme, ya que no esperaban que viviera mucho tiempo, y estaban dispuestos a que ella se sintiera gratificada. Cuando me recuperé, descubrí que no había tomado nada más que agua helada mientras estuve enferma, pero me bajó la fiebre, y, gracias a una cuidadosa atención, pronto pude caminar.

Mientras estábamos enfermas, las damas de Quincy nos enviaron todas las delicias que la ciudad tenía para ofrecer; de hecho, estábamos rodeados de los vecinos más amables. Un tal señor Messer y su familia, en particular, buscaron todas las oportunidades para hacernos sentir bien mientras permanecimos en el lugar.

Antes de nuestra enfermedad en Quincy, mi esposo envió al hermano Lamoreaux a Misuri, bajo estrictos mandatos para ver a José y a Hyrum, o a averiguar dónde estaban antes de que él regresara. Cuando Lucy comenzó a caminar un poco, su hermano Partridge y su hermano Morley vinieron a nuestra casa desde Lima para ver si el hermano Lamoreaux había escrito o regresado. Cuando llegaron, no habíamos sabido nada de él, pero mientras estaban con nosotros, él llegó a Quincy y nos envió un mensaje de que no había visto a José ni a Hyrum. Ante esta información, el hermano Partridge estaba desesperado, y dijo que, cuando enviáramos a otro mensajero, iría él mismo, ya que era casi imposible encontrar a un hombre que hiciera lo que se le pedía. Lo escuché por algún tiempo en silencio; al fin el Espíritu, que tan a menudo había consolado mi corazón, nuevamente habló paz a mi alma, y me dio la seguridad de que vería a mis hijos antes de que la noche se volviera a cerrar sobre mi cabeza. "Hermano Partridge", exclamé, con lágrimas de alegría, "veré a José y a Hyrum antes de mañana por la noche". "No, madre Smith", dijo él, "estoy completamente desanimado; no creo que los volvamos a ver nunca más en este mundo. En cualquier caso, no se ilusione pensando que estarán aquí tan pronto como eso, porque le digo que se decepcionará. Siempre le he creído, pero no veo ninguna posibilidad de que esta profecía se cumpla; pero, de ser así, nunca volveré a cuestionar su palabra". Le pregunté si se quedaría en la ciudad el tiempo suficiente como para comprobar si mis palabras serían verdaderas o falsas. Él prometió hacerlo. Poco después, los hermanos Partridge y Morley se fueron de la casa para obtener más información sobre el tema.

Después de quedarme dormida esa noche, vi a mis hijos en una visión. Estaban en la pradera viajando, y parecían muy cansados y hambrientos. Solo tenían un caballo. Los vi detenerse y atarlo al tronco de un árbol quemado y echarse en el suelo para descansar; se veían tan pálidos y débiles que me angustiaba. Me levanté de un salto y le dije a mi esposo: "Oh, señor Smith, puedo ver a José y a Hyrum, y están tan débiles que apenas pueden soportarlo. ¡Ahora están durmiendo en el suelo helado! ¡Oh, cómo me gustaría poder darles algo de comer!".

El Sr. Smith me suplicó que guardara silencio, diciendo que estaba nervioso; pero me era imposible descansar (todavía estaban ante mis ojos), los vi acostados allí por dos horas; luego uno de ellos se fue a buscar algo para comer, pero, al no tener éxito, siguieron adelante. Esta vez, Hyrum montó y José caminó a su lado, aferrándose al estribo de cuero. Lo vi tambalearse de debilidad, pero no podía prestarle ayuda. Mi alma estaba afligida; me levanté de mi cama y pasé el resto de la noche caminando en círculos.

Al día siguiente hice los preparativos para recibir a mis hijos, segura de que los pobres y afligidos viajeros llegarían a casa antes del atardecer. En algún momento de la tarde, Lucy y yo bajábamos por las escaleras; ella estaba delante de mí. Cuando llegó al pie de la escalera, ella se adelantó y exclamó: "Allí está el hermano Baldwin. Mis hermanos, ¿dónde están?". Este era Caleb Baldwin, quien fue encarcelado con ellos. Nos dijo que José y Hyrum estaban cruzando el río, y que pronto estarían en Quincy. Lucy, al oír esto, corrió a llevarle las noticias a la familia de Hyrum, pero la emoción no fue suficiente como para mantener sus fuerzas. Cuando llegó a la puerta, cayó postrada. Después de recuperarse un poco, les comunicó las buenas noticias.

Cuando Hyrum y José llegaron, fueron inmediatamente a ver a sus familias, y, al día siguiente, ellos, junto con sus esposas y el resto de nuestras amistades, nos visitaron. Los Quincy Grey también vinieron a nuestra casa y saludaron a mis hijos de la manera más educada. Durante la tarde, les pregunté a José y a Hyrum, en presencia de la compañía, si no habían estado en la pradera la noche anterior en la situación que ya he mencionado. Ellos respondieron afirmativamente. Luego le pregunté al hermano Partridge si creía lo que le había dicho dos días antes. Él respondió que, después de esto, me reconocería por siempre como una verdadera profetisa. El día transcurrió agradablemente, y mis hijos regresaron a sus hogares, felices con su libertad y en la compañía de sus amigos.

Poco tiempo después de que José y Hyrum llegaron a Illinois, George Miller, que ahora es el segundo obispo de la Iglesia, vino y nos informó que tenía una cantidad de tierra en su posesión; también, que había una cantidad de casas de madera sobre esta tierra, que los hermanos podían ocuparlas si querían, y que él no les cobraría nada por su uso, a menos que fuera por repararlas un poco, ya que necesitaban algo de este tipo.

Mis hijos estaban contentos con su ofrecimiento, y Samuel, Don Carlos y W. J. Salisbury, alquilaron algunas de estas tierras, se mudaron a sus instalaciones tan pronto como pudieron hacer preparativos para sus familias.

CAP. LII

UNA COMPRA HECHA EN LA CIUDAD DE COMMERCE; JOSÉ, EL PROFETA, VA A WASHINGTON; LA MUERTE DE JOSÉ SMITH PADRE.

En la primavera de 1839, José y Hyrum compraron un terreno en Commerce de un tal Sr. White, y, después de mudar a sus familias a ese lugar, enviaron al hermano Jacob Bigler a que nos buscara al Sr. Smith y a mí.

Cuando nuestro buen amigo el Sr. Messer supo que estábamos a punto de dejar Quincy, vino y pasó un día entero con nosotros. Al día siguiente salimos para Commerce. Después de recorrer unas diez millas, nuestro carruaje se averió y, aunque mi esposo estaba bastante enfermo, nos vimos obligados a permanecer al sol al menos tres horas antes de que pudiéramos conseguir otro vehículo. Después de esto, partimos, y pronto llegamos a Bear Creek, al sur de Lima. Encontramos esta corriente tan alta que era peligroso vadearla, especialmente quienes no estaban familiarizados con el cruce; pero, afortunadamente, tomamos la dirección correcta y, con mucha dificultad, logramos cruzar. Esa noche nos quedamos con la hermana Lawrence, y al día siguiente llegamos a Commerce, donde encontramos a nuestros hijos con buena salud.

Nos mudamos a una pequeña habitación adjunta a la casa en la que vivía José. Aquí podríamos haber estado muy bien, pero el Sr. Smith continuó sintiéndose peor, su salud fallaba constantemente, hasta que descubrimos que la medicina no le servía de nada.

A medida que avanzaba la temporada, los hermanos comenzaron a sentir los efectos de las dificultades que habían soportado, y también la insalubridad del clima en el que nos encontrábamos. Se enfermaron de fiebres hepáticas a tal punto que había familias enteras en las que nadie era capaz de servirse un trago de agua fría. Entre los enfermos estaban Hyrum y su familia, así como mi hija Lucy. José y Emma, al ver tal angustia, comenzaron a llevar a los enfermos a su propia casa, con el objetivo de cuidarlos y hacerlos sentir más cómodos. Continuaron haciéndolo hasta que su casa estuvo tan llena que se vieron obligados a armar una tienda de campaña para la parte de la familia que todavía estaba de pie, para dejar espacio en la casa para los enfermos. Durante este momento de angustia, Silas Smith, el hermano de mi esposo, vino desde el condado de Pike, Illinois, para consultar con el Sr. Smith sobre algunos asuntos de la Iglesia, y regresó con la intención de traer a su familia aquí, pero se enfermó y murió antes de que pudiera lograrlo, y nunca lo volvimos a ver. Mi hijo William también vino de Plymouth por esta época, y nos informó que había enviado a Misuri por nuestras provisiones y muebles, pero que todo había sido destruido por la turba. Cuando regresó a casa, se llevó a Lovina, la hija mayor de Hyrum, con él, con la esperanza, ya que estaba enferma, de que el viaje fuera de beneficio para ella. En esto quedó decepcionado, ya que empeoró en lugar de mejorar, por lo que en poco tiempo consideró necesario enviar a buscar a su padre, puesto que no se esperaba que viviera. Como su padre no pudo levantarse cuando llegó el mensajero, Lucy y yo fuimos en su lugar. A nuestra llegada a Plymouth, encontramos a Lovina mejor, y continuó mejorando hasta que recuperó la salud por completo. Pero la fiebre se apoderó de Lucy, y ella permaneció completamente bajo el poder de la enfermedad hasta que la situación en Commerce había mejorado tanto que José pudo hacernos a una visita.

Cuando llegó, Lucy yacía en la escalera con una fiebre alta. Al oír su voz abajo, saltó de la cama y voló por las escaleras, como si estuviera completamente bien, y se alegró tanto al escuchar que sus parientes seguían viviendo, y en mejor estado de salud que cuando los vio por última vez, que la emoción la curó por completo. Ella pronto recuperó su fuerza y regresamos a casa.

Ahora era necesario que José viajara a la ciudad de Washington en cuando su familia estuviera en una situación tal que él pudiera irse de casa, porque había sido ordenado por el Señor, mientras estaba en la cárcel, que pidiera reparación a los pies del presidente, así como del Congreso.

En consecuencia, José partió, en compañía de Sidney Rigdon, Elias Higbee, el Dr. Foster y Porter Rockwell, para cumplir este mandato. Después de llegar a Washington, José y Sidney visitaron al excmo. Sr. Martin Van Buren, pero pasó un tiempo antes de que tuvieran la oportunidad de presentar sus quejas ante él; sin embargo, al fin lograron llamar su atención. Después de escuchar toda la historia de la opresión y el abuso, que habíamos recibido a manos de nuestros enemigos, él respondió: "Caballeros, su causa es justa, ¡pero no puedo hacer nada por ustedes!".

Sin embargo, el asunto fue presentado ante el Congreso. Ellos también concluyeron que nuestra causa era justa, pero que no podían hacer nada por nosotros, ya que Misuri era un estado soberano e independiente; y que los "mormones" podrían recurrir al estado mismo para obtener reparación, porque, en su opinión, a Misuri no le faltaba el poder ni carecía de la disposición para reparar los errores de sus propios ciudadanos.

Durante la ausencia de José, el Sr. Smith estuvo a veces muy débil y tosió terriblemente, por lo que algunas noches tuve que levantarlo de la cama. En una ocasión de este tipo, él expresó su temor de morir solo conmigo. Le dije que este no sería el caso, porque tuve la impresión de que, cuando muriera, tendría a sus hijos cerca de él. Esto lo consoló mucho, porque estaba muy ansioso por vivir hasta que José regresara, para así poder bendecirlo nuevamente antes de morir.

Esto fue en el invierno de 1840. Antes de la primavera se mejoró un poco, así que pudo caminar y asistir a algunas reuniones de bendiciones, en una de las cuales bendijo a la Sra. Page, la esposa de uno de los Doce, y a una joven a quien el hermano Page había bautizado y confirmado en Bear Creek unos días antes. Al bendecir a este último, el Sr. Smith repitió una profecía que se había pronunciado sobre la cabeza de la joven durante su confirmación, de manera tan precisa como si hubiera estado presente cuando se había dicho, afirmando que el espíritu le había testificado que estas cosas habían sido predichas sobre su cabeza durante su confirmación, lo que la sorprendió mucho, ya que sabía que él no había recibido ningún indicio de lo mismo, excepto por el Espíritu de Dios.

En marzo de 1840, José regresó de la ciudad de Washington. En ese tiempo, el Sr. Smith había sufrido una recaída y estaba confinado en su cama. A la llegada de José, él le administró, y, por un corto tiempo estuvo mejor. En el mes de abril siguiente tuvo lugar una Conferencia en Nauvoo (antes llamada Commerce), durante la cual se les informó a los hermanos del resultado de la misión de José en Washington; quienes, después de enterarse de que su petición había sido rechazada, concluyeron, que habiendo probado ya su suerte en cada tribunal al que tuvieron acceso en la tierra, solo queda presentar su caso ante la Corte del Cielo y dejarlo en las manos del Gran Dios.

José, poco después de su llegada, hizo construir una casa para nosotros cerca de la suya más cómoda que la que estábamos ocupando anteriormente.

Cuando llegó el calor del verano siguiente, la salud de mi esposo comenzó a decaer más rápidamente que antes. Esto fue causado quizás, en parte, por la renovación de las persecuciones en Misuri, ya que nuestros hijos ahora eran buscados por las autoridades de Illinois como prófugos de la justicia. Como consecuencia de lo cual, se vieron obligados a ausentarse de la ciudad hasta que las órdenes emitidas para su arresto fueran devueltas.

Alrededor de este tiempo, John C. Bennett llegó a la ciudad y se propuso diseñar un plan mediante el cual José y Hyrum, además de otros hermanos que fueron perseguidos de la misma manera, pudieran permanecer en paz en sus casas. No sé lo que hizo, solo sé que parecía estar comprometido con la ley, así como con el Evangelio. Mi corazón estaba demasiado angustiado por mi esposo como para preguntar mucho sobre asuntos que no entendía, sin embargo, el resultado fue que José volvió de Iowa.

En la noche de su regreso, mi esposo comenzó a vomitar sangre. Mandé llamar inmediatamente a José y a Hyrum, quienes, tan pronto como llegaron, le dieron algo que alivió su angustia. Esto fue el sábado por la noche. A la mañana siguiente, José entró y le dijo a su padre que, al menos por el momento, no debía preocuparse más por los habitantes de Misuri; "Y", dijo él, "ahora puedo quedarme contigo todo lo que desees". Después de lo cual le informó a su padre que era entonces el privilegio de los Santos bautizarse por los muertos. El Sr. Smith estuvo encantado de escuchar estas cosas, y solicitó que José fuera bautizado por Alvin inmediatamente; ya que como esperaba vivir por poco tiempo, deseó que sus hijos se quedaran con él constantemente tanto como pudieran.

Todos estaban con él, excepto Catharine, que fue retenida por su esposo enfermo. El Sr. Smith, al enterarse de esto, envió a Arthur Miliken, quien poco tiempo antes había estado casado con nuestra hija menor, a buscar a Catharine y sus hijos; pero, antes de ir, mi esposo lo bendijo, temiendo que cuando regresara fuera demasiado tarde. Tomó a Arthur de la mano y dijo:

"Hijo mío, te he dado a mi niña más querida, y serás amable con ella". 'Sí, padre", respondió," lo haré". "Arthur", continuó, "serás bendecido, y serás grande a los ojos del Señor; y si eres fiel, obtendrás todos los deseos de tu corazón en justicia. Ahora, quiero que vayas a buscar a mi hija Catharine, porque sé que, debido a la fidelidad de tu corazón, no volverás sin ella".

Arthur se fue y mi esposo se dirigió a mí:

"Madre, ¿no sabes que eres la madre de una gran familia, la más grande que nunca haya vivido sobre la tierra? El mundo ama lo suyo, pero a nosotros no nos ama. Nos odia porque no somos del mundo; por lo tanto, toda su malicia se derrama sobre nosotros y buscan quitarnos la vida. Cuando veo a mis hijos y me doy cuenta de que, aunque fueron criados para hacer la obra del Señor, deben pasar por problemas y aflicción mientras vivan sobre la tierra; y me da miedo dejarlos rodeados de enemigos".

Al oír esto, Hyrum se inclinó ante su padre y dijo: "Padre, si te vas, ¿no intercederás en el trono de la gracia para que nuestros enemigos no tengan tanto poder sobre nosotros?". Luego puso sus manos sobre la cabeza de Hyrum, y dijo:

"Hijo mío, Hyrum, sello sobre tu cabeza tu bendición patriarcal, la cual conferí previamente sobre tu cabeza, porque eso se verificará. Además de esto, ahora te doy mi bendición de muerte. Tendrás un tiempo de paz, para que descanses lo suficiente como para realizar la obra que Dios te ha encomendado. Serás firme como las columnas del cielo hasta el fin de tus días. Ahora sello sobre tu cabeza el poder patriarcal, y bendecirás a la gente. Esta es mi bendición de muerte sobre tu cabeza en el nombre de Jesús. Amén".

A José le dijo:

"José, hijo mío, fuiste llamado a un llamamiento elevado y santo. Incluso has sido llamado para hacer la obra del Señor. Mantente fiel y serás bendecido, y tus hijos después de ti. Incluso vivirás hasta terminar tu trabajo". Ante esto José gritó, llorando, "¡Oh, padre! ¿Lo haré?". "Sí", dijo su padre, "vivirás para establecer la base de todo el trabajo que Dios te ha pedido que hagas. Esta es mi bendición de muerte sobre tu cabeza, en el nombre de Jesús. También confirmo tu previa bendición sobre tu cabeza; porque se cumplirá. Así sea. Amén".

A Samuel le dijo:

"Samuel, has sido un hijo fiel y obediente. Por tu fidelidad has traído a muchos a la Iglesia. El Señor ha visto tu diligencia y eres bendecido, porque nunca te ha castigado, sino que te ha llamado a casa para que descanses; y hay una corona reservada para ti que se hará más y más brillante hasta el día perfecto.

"Cuando el Señor te llamó, dijo: 'Samuel, he visto tus sufrimientos, he oído tus llantos y he visto tu fidelidad; tus vestimentas están limpias de la sangre de esta generación'. Por estas cosas, yo sello sobre tu cabeza todas las bendiciones que hasta ahora he pronunciado sobre ti; y esta es mi bendición de muerte que sello sobre ti. Así sea. Amén".

A William le dijo:

"William, hijo mío, has sido fiel en declarar la palabra, incluso antes de que la Iglesia estuviera organizada. Has estado enfermo, pero has viajado para advertir a la gente. Y cuando no podías andar, te sentabas al lado del camino e invocabas al Señor, hasta que él te proporcionaba una manera de que fueras transportado. Estabas enfermo y afligido cuando estabas lejos de la casa de tu padre, y nadie lo sabía, para poder ayudarte en tus aflicciones; pero el Señor vio la honestidad de tu corazón y fuiste bendecido en tu misión. William, serás bendecido, y tu voz se oirá en tierras lejanas, de lugar en lugar, y ellos considerarán tus enseñanzas. Serás como un león rugiente en el bosque, porque te escucharán y oirán. Y serás el medio para traer a muchas gavillas a Sion, y serás grande a los ojos de muchos, y te bendecirán, y yo te bendeciré, y a tus hijos después de ti. Y las bendiciones que sellé sobre tu cabeza antes, ahora las confirmo nuevamente, y tus días serán muchos, harás *un* gran trabajo, y vivirás todo el tiempo que desees. Así sea. Amén'.

A don Carlos le dijo:

"Carlos, mi querido hijo, cuando te bendije, tu bendición no fue escrita, y no pude hacerlo, pero ahora quiero que tengas mi libro, el cual contiene las bendiciones de mi familia. Toma tu pluma y llena todas las partes de tu bendición que no fueron escritas. Tendrás el Espíritu del Señor y podrás llenar todos los espacios que Oliver dejó en blanco cuando lo escribió. Serás grande a los ojos del Señor, porque él ve y conoce la integridad de tu corazón, y serás bendecido; todos los que te conocen te bendecirán. Tu esposa y tus hijos también serán bendecidos, y vivirás para cumplir todo lo que el Señor te ha enviado a hacer. Así sea. Amén".

A Sofronia le dijo:

"Sofronia, mi hija mayor, estuviste enferma cuando fuiste joven, y tus padres lloraron por ti para que el Señor te salvara la vida. Has visto problemas y tristezas, pero tus problemas se disminuirán, porque has sido fiel en ayudar a tu padre y a tu madre en la obra del Señor. Y serás bendecida, y las bendiciones del cielo recaerán sobre ti. Tus últimos días serán los mejores. Aunque verás problemas, tristezas y luto, serás consolada, y el Señor te levantará y te bendecirá a ti y a tu familia, y vivirás tanto como quieras. Esta bendición de muerte pronuncio y sello sobre tu cabeza, junto con tus otras bendiciones. Así sea. Amén".

Después de esto descansó un tiempo, y luego dijo:

"Catherine ha sido una niña afligida, ha visto problemas, el Señor la ha visto y ha notado su paciencia, y ha oído sus lamentos. Ella será reconfortada cuando sus días de tristeza se acaben, entonces el Señor la verá y ella tendrá las comodidades de la vida, y las cosas buenas de este mundo, entonces ella se levantará y defenderá su causa. Ella vivirá para criar a su familia; y con el tiempo, su sufrimiento se acabará, porque viene el día cuando los pacientes recibirán sus recompensas. Entonces ella se levantará sobre sus enemigos, y tendrá caballos y tierra, y cosas a su alrededor para alegrar su corazón. Yo, en esta bendición de muerte, confirmo su bendición patriarcal sobre su cabeza, y ella recibirá la vida eterna. Así sea. Amén".

A Lucy le dijo:

"Lucy, eres mi hija menor, mi querida. Y el Señor te dio a nosotros para que fueras un consuelo y una bendición para nosotros en nuestra vejez, por lo tanto, debes cuidar bien de tu madre. Eres inocente, y tu corazón es justo delante del Señor. Tú has estado con nosotros a través de todo el hostigamiento; no has visto más que persecución, enfermedad y angustia, excepto cuando el Señor ha animado nuestros corazones. Si tú permaneces fiel, serás bendecida con una casa y tierra; tendrás comida y vestidos, y ya no serás perseguida ni expulsada, como lo has sido hasta ahora. Ahora sigue siendo fiel y vivirás mucho tiempo, y serás bendecida y recibirás una recompensa en el cielo. Esta bendición de muerte, y también tu bendición patriarcal, te sello sobre tu cabeza en el nombre de Jesús. Así sea. Amén".

Después de esto, él me habló nuevamente y dijo:

"Madre, ¿no sabes que eres una de las mujeres más singulares del mundo?". "No", le respondí: "No lo sé", "Bueno, yo sí", continuó; "has criado a mis hijos junto al hogar, y, cuando me fui de casa, los reconfortaste. Has criado a todos mis hijos, y siempre pudiste consolarlos cuando yo no pude. A menudo, deseábamos que ambos pudiéramos morir al mismo tiempo, pero no debes desear morir cuando yo lo haga, porque debes quedarte para consolar a los niños cuando yo ya no esté. Entonces no llores, sino que debes tratar de sentirte reconfortada. Tus últimos días serán los mejores, y tendrás más poder sobre tus enemigos del que has tenido. Nuevamente digo, sé reconfortada".

Luego se detuvo por un tiempo, exhausto. Después de lo cual, dijo, en un tono de sorpresa, "puedo ver y escuchar tan bien como siempre". *[Una segunda pausa, de considerable longitud]*. "Veo a Alvin". *[Tercera pausa]*. "Viviré siete u ocho minutos". Luego, enderezándose, juntó las manos; después de lo cual comenzó a respirar más corto, y, en aproximadamente ocho minutos, su respiración se detuvo sin siquiera una lucha o un suspiro, y su espíritu tomó vuelo hacia las regiones donde los justificados descansan de sus labores. Partió tan tranquilo, que, durante un tiempo creímos que volvería a respirar.

Catherine no llegó hasta la tarde del segundo día; aun así, nos vimos obligados a asistir a sus exequias el día después de su fallecimiento, o correríamos el riesgo de ver a José y a Hyrum arrancados del cadáver de su padre antes de ser enterrado, y llevados por sus enemigos a la prisión. Después de haber depositado sus últimos restos en su pequeña casa, mis hijos huyeron de la ciudad y yo regresé desolada a mi hogar; y entonces pensé que el mayor dolor que me era posible sentir había caído sobre mí con la muerte de mi amado esposo. Aunque esa parte de mi vida, la cual yacía frente a mí, parecía ser un desierto solitario y sin dirección, sin embargo, no pensé que, al transitar por la vida, pudiera encontrar una tristeza más profunda o una calamidad más terrible que la presente. Pero, mientras me apuro a llegar al final de mi historia, el lector podrá formarse una opinión con respecto a la exactitud de mi conclusión.

CAP. LIII
JOSÉ ARRESTADO EN QUINCY; LIBERADO EN MONMOUTH; JOSÉ ACUSADO DE INTENTAR ASESINAR AL EXGOBERNADOR BOGGS.

En el mes de diciembre de 1840, recibimos una carta de ciudad para Nauvoo con amplios privilegios; y, en febrero del mismo invierno, también recibimos cartas para la Legión de Nauvoo y para la Universidad de la Ciudad de Nauvoo.

No mucho después, José recibió el oficio de teniente general por voto del pueblo y por una comisión del gobernador del estado. En la primera parte del mismo invierno, hice una visita al hermano Knowlton en Bear Creek. Mientras estuve allí, tuve la desgracia de torcerme una rodilla al salir de un vagón, y, al enfriárseme la parte lesionada, el reumatismo le siguió. Poco después de regresar a casa quedé confinada en la cama, y, por seis semanas, tuve a gente cuidándome todas las noches. Sofronia estaba conmigo, su esposo ausente en una misión, y ella ayudó a Lucy y a Arthur a cuidarme. Fueron infatigables en sus atenciones, y, gracias a su fiel cuidado, me ayudaron, después de un largo período de impotencia, a volver a ponerme de pie.

El veinticinco de enero de 1841, Mary Smith, la esposa de Samuel, murió a consecuencia de su exposición al clima en Misuri.

El 5 de junio del mismo año, José fue, en compañía de varios otros, a visitar Quincy. Cuando regresó, el gobernador Carlin envió una de las órdenes de Misuri contra él, y lo hizo arrestar por asesinato, traición, etc. José decidió ser juzgado en Monmouth, condado de Warren; los oficiales lo llevaron a Nauvoo, y, después de procurar testigos, se dirigieron a Monmouth. Don Browning habló en defensa de José, y fue movido por el espíritu que sintió como respuesta a las oraciones de los santos; y, basta decir, ganó el caso. El abogado opositor hizo todo lo posible para condenar a José por los crímenes mencionados en la orden, pero antes de haber hablado por algunos minutos, se enfermó y vomitó a los pies del juez; lo que, unido a la defensa del caso de los habitantes de Misuri,

240

llamados "*vómitos*" por sus compatriotas, le dieron la misma denominación, y fue una fuente de mucha diversión en la corte.

Cuando José regresó, la Iglesia se regocijó mucho y le suplicó que nunca más abandonara la ciudad.

Alrededor del primero de agosto, Don Carlos se enfermó, y el siete murió. Los detalles de su muerte se darán a continuación.

El primer día de septiembre, Robert B. Thompson, cuñado de Hyrum, y socio de Don Carlos en la publicación del *Times and Seasons,* Murió de la misma enfermedad que se llevó a Carlos fuera de este mundo, supuestamente tuberculosis.

El 15 de septiembre murió el hijo menor de José; se llamaba Don Carlos, como su tío.

El veintiocho de septiembre, el segundo hijo de Hyrum, llamado Hyrum, murió de fiebre.

El invierno siguiente nos dejó llorando por los estragos que la muerte había causado en nuestra familia, sin interrupción; pero la enfermedad cesó entre nosotros, y la turba se retiró a sus hogares.

El 6 de mayo de 1842, Lilburn W. Boggs, exgobernador de Misuri, fue asesinado. Y, como consecuencia de los perjuicios que habíamos sufrido, la sospecha cayó inmediatamente sobre José, quien fue acusado de haber cometido el crimen. Pero, como ese día estuvo en un ejercicio de los oficiales de Nauvoo, a varios cientos de millas de donde Boggs residía, y hubo cientos de testigos, y, al día siguiente, en un entrenamiento público, donde miles lo observaron, supusimos que el crimen, al ser echado sobre él, era un ultraje tal al sentido común, que cuando sus perseguidores se enteraran de estos hechos dejarían de acusarlo. Pero en esto quedamos decepcionados, porque cuando les resultó imposible continuar con la acusación, la cambiaron para hacerla más probable. Esta vez acusaron a mi hijo de enviar a O. P. Rockwell a Misuri con órdenes de dispararle al exgobernador; y, a partir de este momento, persiguieron tanto a José como a Porter con toda diligencia, hasta que lograron llevarlo a la cárcel en Misuri.

José, prefiriendo no caer en sus manos, huyó de la ciudad y se escondió, a veces en un lugar, a veces en otro. Generalmente tenía con él a algún amigo confiable que venía con frecuencia a la ciudad. Así se mantuvo la comunicación entre José, su familia y la Iglesia. En ese momento, el hermano John Taylor estaba muy cansado por la fiebre, y estaba tan afectado que no podía mantenerse en pie. José lo visitó, y, después de decirle que deseaba partir esa noche en un viaje de cincuenta millas, le pidió al hermano Taylor que lo acompañara, y él le dijo que, si lo hacía, cabalgaría todo el camino. Partieron juntos y realizaron el viaje con facilidad. Esta vez José se mantuvo alejado por dos semanas; luego nos hizo una visita corta a su familia y a mí, después de lo cual nos dejó nuevamente. Así vivió, escondiéndose primero en un lugar, y luego en otro, hasta que se abrió la sesión de la Legislatura, cuando, por consejo del gobernador Ford, fue a Springfield y fue juzgado ante el juez Pope por el delito del que se le acusaba; a saber, el de ser cómplice del intento de asesinato del exgobernador Boggs. Fue nuevamente dejado libre, y, cuando regresó a su hogar, se celebró un jubileo en toda la ciudad. El resto del invierno y la primavera siguiente los pasamos en paz.

A mediados de junio de 1843, José fue con su esposa a visitar a la señora Wasson, hermana de su esposa. Mientras estaba allí, J. H. Reynolds, de ese estado, y Harmon Wilson, de Carthage, condado de Hancock, Illinois, quien en principio era un misuriano, intentaron secuestrarlo y llevarlo a Misuri. Usted ha leído el testimonio de Hyrum y puede juzgar el trato que José recibió de sus manos. Basta decir que fue maltratado vergonzosamente. Wilson tenía autorización del gobernador de Illinois para capturar a José Smith y entregarlo en manos del mentado Reynolds; pero como ninguno de los dos mostró más autoridad que un par de pistolas, José lo tomó por una detención ilegal. Luego obtuvo un mandato de *habeas corpus* del maestro en la cancillería del condado de Lee, retornable al tribunal más cercano que estuviera autorizado para determinar sobre dichos recursos; y, al ser el tribunal municipal de Nauvoo la corte más cercana investida con este poder, se realizó un examen ante dicho tribunal, donde se comprobó que el escrito era defectuoso y nulo; además, que él era inocente de los cargos alegados en su contra. Fue en este caso que se dio el testimonio de Hyrum, el cual fue incluido en un capítulo anterior.

No mucho después de esto, dejé el servicio de la casa, y, a petición de José, me instalé en su casa. Poco después de lo cual me enfermé gravemente y estuve cerca de la muerte. Por cinco noches Emma no me abandonó, sino que permaneció de pie junto a mi cama toda la noche, y al final de ese tiempo ella estaba abrumada por la fatiga y enferma. José tomó su lugar y pasó conmigo las cinco noches siguientes, tan fielmente como lo había hecho Emma. Aproximadamente en esos días comencé a recuperarme, y, después de algunas semanas, pude caminar un poco por la casa y sentarme durante el día. Desde entonces, apenas si puedo cruzar la calle.

El tercer día de octubre de 1843, Sofronia, segunda hija de Don Carlos, murió de escarlatina, dejando a su madre viuda doblemente desolada.

CAP. LIV
JOSÉ Y HYRUM ASESINADOS.

Alrededor del tiempo en que John C. Bennett dejó Nauvoo, se llevaron a cabo elecciones para el cargo de alcalde, y José, siendo uno de los candidatos, fue elegido. Menciono este hecho para explicar una circunstancia que tuvo lugar en el invierno de 1843 y 1844, que fue la siguiente. José, al organizar la policía de la ciudad, comentó que, "si no fuera por enemigos dentro de la ciudad, no habría peligro de enemigos fuera de ella", y agregó, "si no fuera por algún Bruto, podría vivir tanto como Cesar habría vivido".

Alguien que sospechaba que José estaba hablando de William Law fue a ver a este último y le informó que José lo consideraba un Bruto; y, que era su propia opinión que él (Law) estaba en peligro inminente. Law, al escuchar esta historia, se dirigió inmediatamente a José, quien convocó un concilio e hizo que todo lo que se sabía sobre el asunto fuera reunido, y así logró satisfacer a Law de que no le deseaba ningún mal en lo que había dicho.

Por esta época, un hombre llamado Joseph Jackson, quien había estado en la ciudad varios meses, deseoso de casarse con Lovina Smith, la hija mayor de Hyrum, le preguntó a su padre si estaba dispuesto a recibirlo como yerno. Al respondérsele negativamente, fue y le pidió a José que usara su influencia a su favor. Como José se negó a hacerlo, le pidió Law, nuestro enemigo secreto, que lo ayudara a robar a Lovina de su padre, y, desde este momento en adelante, continuó buscando a nuestros enemigos, hasta que consiguió que un número de personas se le uniera en una conspiración para asesinar a toda la familia Smith. Comenzaron a celebrar reuniones secretas, a una de las cuales asistió un hombre llamado Eaton, que era nuestro amigo, y él reveló la trama.

Este hombre declaró que los Higbee, los Law y los Foster estaban conectados con Jackson en sus operaciones. También había otro individuo, llamado Augustine Spencer, un personaje disoluto (aunque miembro de una excelente familia) que, a mi parecer, estaba preocupado por esta conspiración. En el momento de las revelaciones de Eaton, este hombre fue a la casa de su hermano Orson, quien maltrató a mis hijos y a la Iglesia de tal manera que Orson finalmente le dijo que debía detenerse o que tendría que irse de la casa. Augustine se negó y pelearon. En la batalla, Orson fue herido considerablemente. Él inmediatamente se dirigió a José y, al explicarle el caso, pidió una orden de arresto. José le aconsejó que fuera a ver al Dr. Foster, un juez de paz. En consecuencia, fue y exigió una orden de Foster, pero fue rechazado. A causa de esta negativa, Foster fue llevado ante don Wells y juzgado por incumplimiento de su deber. En este juicio, José se encontró con Charles Foster, el hermano del doctor, quien intentó dispararle tan pronto como se encontraron, pero fue obstaculizado por José al tomarle las manos y sostenerlo con fuerza, por lo que José se vio obligado a confinarlo por más de una hora para preservar su propia vida.

Jackson y los apóstatas continuaron reuniendo fuerzas, hasta que, finalmente, establecieron una imprenta en medio de nosotros. Por medio de ese órgano vomitaron lo más intolerable y las mentiras más negras que jamás fueron echadas sobre una comunidad. Siendo aconsejado por hombres de influencia y posición que se eliminara esa prensa escandalosa, el ayuntamiento tomó el asunto en consideración y, al descubrir que la ley les permitía hacerlo, la declararon una molestia y la trataron como correspondía.

Ante esto, los apóstatas abandonaron la ciudad enfurecidos, jurando venganza contra José y el consejo de la ciudad, y, de hecho, contra toda la ciudad. Fueron inmediatamente a Carthage y obtuvieron órdenes judiciales contra José y todos aquellos que participaron en la destrucción de la prensa. Pero, al no tener esperanzas de que se les hiciera justicia en ese lugar, los hermanos pidieron una orden de *habeas corpus* y fueron juzgados ante don Wells, en Nauvoo. Los apostatas no quedaron satisfechos con esto. Luego recurrieron a un tal Levi Williams, quien, cuando estaba lo suficientemente sobrio como para conocer sus propios sentimientos, era un enemigo enconado de nosotros, ya que era un bruto borracho, ignorante y analfabeto que nunca tuvo una partícula de carácter o influencia hasta que comenzó a convocar reuniones de la turba y se puso a la cabeza de una chusma como él mismo, para expulsar a los "mormones", en ese momento se le unieron algunos innombrables en Warsaw y Carthage; y por su celo en promover el control por parte de la turba, se convirtió en amigo íntimo de algunos predicadores, abogados y representantes, y, finalmente, de Joseph Jackson y los apóstatas. Tanto él como el coronel Levi Williams comandaban la milicia (alias la turba) del condado de Hancock. Fue a este hombre a quien le pidieron ayuda para arrastrar a José y Hyrum, junto con el resto del consejo, a Carthage. Williams juró que sería hecho y reunió a su banda. José, no queriendo caer en manos de lobos o tigres, llamó a la Legión para que estuviera lista para defender la ciudad y sus derechos constituidos. Justo en esta crisis, el gobernador Ford llegó a Quincy. Los apóstatas de la turba entonces apelaron al gobernador. Ante esto, él entró en medio de la turba y les preguntó si estarían a su lado en la ejecución y defensa de la ley. Dijeron que lo harían, y así los organizó en una milicia; y luego exigió que los hermanos recibieran un juicio basado en la orden emitida contra Smith (ya que él eligió no reconocer el derecho de *habeas corpus* que se nos otorgó en la carta de la ciudad). Al mismo tiempo, nos aseguró su confianza en el estado de que los hermanos estarían protegidos de la violencia de la turba. Los solicitados en la orden hicieron su aparición en Carthage el 24 de junio de 1844. En la mañana del veinticinco, José y Hyrum fueron arrestados por traición, con una orden judicial basada en los juramentos de A. O. Norton y Augustine Spencer.

No me detendré en la horrible escena que siguió. Mi corazón está dolorido por la indignación, y mi sangre se cuaja en mis venas cada vez que hablo de eso.

A mis hijos los metieron en la cárcel, donde permanecieron tres días, en compañía de los hermanos Richards, Taylor y Markham. Al final de este tiempo, el gobernador disolvió a la mayoría de los hombres, pero dejó una guardia de ocho en la cárcel, compuesta por nuestros peores enemigos, y sesenta más con las mismas características a unos cien metros de distancia. Luego vino a Nauvoo con una guardia de cincuenta o sesenta hombres, hizo un breve discurso y regresó de inmediato. Durante su ausencia de Carthage, el guardia se apresuró a sacar al hermano Markham del lugar a punta de bayoneta. Poco después de esto, doscientos de los que fueron dispersados por la mañana se precipitaron hacia Carthage, armados y pintados de negro, rojo y amarillo, y en diez minutos huyeron nuevamente, dejando los cuerpos asesinados y destrozados de mis hijos.

Al dejar el lugar, algunos de ellos encontraron a Samuel entrando en Carthage, solo, a caballo, y, al descubrir que era de nuestra familia, intentaron dispararle, pero él escapó de sus manos, aunque lo persiguieron a toda velocidad por más de dos horas. Al día siguiente logró llegar a Nauvoo a tiempo para salir y encontrarse con la procesión con los cuerpos de Hyrum y José, ya que la turba tuvo la *amabilidad* de permitirnos el privilegio de traerlos a casa y enterrarlos en Nauvoo, a pesar de la inmensa recompensa que los habitantes de Misuri ofrecieron por la cabeza de José.

Sus cuerpos fueron atendidos en casa por solo dos personas. Ellos eran el hermano Willard Richards y el señor Hamilton; al hermano John Taylor le dispararon en la prisión y casi lo mataron, por lo que no pudo ser trasladado hasta un tiempo después.

Después de lavar los cadáveres y vestirlos con sus ropas funerarias, nos permitieron verlos. Durante mucho tiempo había reforzado cada nervio, despertado cada energía de mi alma y pedido a Dios que me fortaleciera; pero cuando entré en la habitación y vi a mis hijos asesinados tendidos ante mis ojos, y escuché los sollozos y gemidos de mi familia y los gritos de "¡Padre! ¡Esposo! ¡Hermanos!", de los labios de sus esposas, hijos, hermanos y hermanas, fue demasiado, me hundí, clamando al Señor, en la agonía de mi alma: "Dios mío, Dios mío, ¡por qué has abandonado a esta familia!". Una voz respondió: "Me los he llevado para mí, para que puedan descansar". Emma fue llevada a su habitación casi en un estado de insensibilidad. Su hijo mayor se acercó al cadáver y se arrodilló, y apoyando su mejilla contra la de su padre, y besándolo, exclamó: "¡Oh, mi padre! ¡Mi padre!". En cuanto a mí, fui llevada a la profundidad de mis aflicciones; y aunque mi alma estaba llena de un horror más allá de la imaginación, y estaba muda, me levanté de nuevo para contemplar el espectáculo ante mí. ¡Oh! en ese momento, mi mente pasó por cada escena de dolor y angustia que pasamos juntos, en la que demostraron la inocencia y la simpatía que llenaba sus corazones inocentes. Mientras miraba sus serenos y sonrientes semblantes, casi parecía escucharles decir: "Madre, no llores por nosotros, hemos vencido al mundo por medio del amor; les llevamos el Evangelio, para que sus almas se salven; nos mataron por nuestro testimonio, y así nos pusieron más allá de su poder; su victoria es por un momento, el nuestro es un triunfo eterno".

Entonces pensé en la promesa que había recibido en Misuri, que en cinco años José tendría poder sobre todos sus enemigos. El tiempo había transcurrido y la promesa se cumplió.

Dejé la escena y regresé a mi habitación para reflexionar sobre las calamidades de mi familia. Poco después de esto, Samuel dijo: "Madre, he tenido un terrible dolor en mi costado desde que fui perseguido por la turba, y creo que he recibido una lesión que me enfermará". Y, de hecho, no podía sentarse, ya que estaba imposibilitado para poder descansar, además de haber quedado terriblemente fatigado por la persecución, lo que, unido al impacto ocasionado por la muerte de sus hermanos, le provocó una enfermedad de la que nunca se curó del todo.

Al día siguiente, acudimos a los ritos funerarios de los asesinados en medio del terror y la alarma, porque la turba había hecho los arreglos para quemar la ciudad esa noche, pero, gracias a la diligencia de los hermanos, se los mantuvo controlados hasta que se desanimaron y regresaron a sus hogares.

En poco tiempo, Samuel, quien continuaba mal, fue confinado a su cama, y duró hasta el treinta de julio, cuando su espíritu abandonó su tabernáculo terrenal y fue a reunirse con sus hermanos y los antiguos mártires en el Paraíso de Dios.

En ese momento, William estaba ausente en una misión en los estados del este. Y se había llevado a su familia con él, a causa de que su esposa sufría de hidropesía, con la esperanza de que el viaje pudiera ser beneficioso para ella. Así es que quedé desolada en mi angustia. Había criado seis hijos hasta la edad adulta, y de todos ellos, uno solo permaneció, y él estaba demasiado lejos como para decirme una palabra de consuelo en esta hora difícil. Hubiera sido una satisfacción para mí si hubiera podido esperar su regreso inmediato, pero su esposa estaba yaciendo al borde de la muerte, lo que le obligó a permanecer donde estaba. Su caso era, de ser posible, peor que el mío, ya que tenía que soportar solo su dolor en una tierra extraña, confinado al lado de su esposa moribunda, y ausente de aquellos que sentían el más profundo interés por su bienestar, mientras que yo estaba rodeada de amigos, estando en medio de la Iglesia; mis hijas también estaban conmigo, y obtuve gran consuelo de su compañía.

La Iglesia en esa época estaba en un estado de suspenso sombrío. Al no saber quién tomaría el lugar de José, la gente se llenó de ansiedad por temor a que un impostor se levantara y engañara a muchos. De repente, Sidney Rigdon hizo su aparición en Pittsburgh e insinuó que la Iglesia debería elegirlo, no como presidente, sino como guardián; porque "José", dijo él, "sigue siendo presidente, y la Iglesia debe ser edificada sobre él". Pero antes de que pudiera llevar sus medidas a la práctica, los Doce, que también habían estado ausentes, llegaron y asumieron sus lugares correspondientes, siendo todo establecido en sus derechos.

William, sin embargo, no regresó hasta la primavera de 1845, cuando, con gran dificultad, llevó a su esposa a Nauvoo. Ella sobrevivió poco tiempo después de su llegada, y, en aproximadamente dos semanas, completando la suma de las aflicciones de William, él la siguió hasta la tumba. La enfermedad de su esposa fue provocada por su exposición al clima de Misuri, por lo que ella era lo que podría llamarse una mártir indirecta de la causa de Cristo, lo que hace que la suma de los mártires de nuestra familia sea no menos de seis.

Poco después del regreso de William del este, fue ordenado patriarca de la Iglesia, reemplazando a Hyrum, quien tenía las llaves de ese Sacerdocio antes de su muerte.

Aquí termina la historia de mi vida, así como la de mi familia, en la medida en que pretendo vivirla en el presente. Y dejaré que el mundo juzgue, como bien les parezca, lo que he escrito. Pero además diré esto, que el testimonio que he dado es verdadero y permanecerá para siempre; y en el día del Dios Todopoderoso, cuando encuentre de quienes he testificado ante los ángeles y los espíritus de los justos hechos perfectos, ante los Arcángeles y los Serafines, los Querubines y los Dioses mi testimonio será el mismo; donde la breve autoridad del hombre injusto se reducirá a la nada ante Él, el Señor de los señores, y el Dios de los dioses; y donde la justicia del justo los exaltará en la balanza en la que Dios pesa los corazones de los hombres. Y ahora que yo, al igual que los santos, pedí en vano justicia a Lilburn W. Boggs, Thomas Carlin, Martin Van Buren, Thomas Ford, les doy un último adiós, hasta que aparezca con ellos ante Él, quien es el juez de los vivos y los muertos; a quien apelo solemnemente en nombre de Jesucristo. Amén.

UN DIARIO ESCRITO POR DON C. SMITH, MIENTRAS ESTABA EN UNA MISIÓN CON GEORGE A. SMITH, SU PRIMO.

En una reunión del Sumo Consejo celebrada en Adam-ondi-Ahman, fui llamado, junto con mi primo George A. Smith, Lorenzo D. Barnes y Harrison Sagers, para llevar a cabo una misión al este y al sur, con el propósito de recaudar fondos para pagarles a los miembros de la turba en el condado de Davies, Misuri; también para efectuar un intercambio de granjas entre los hermanos en el este y los miembros de la chusma en nuestro vecindario inmediato.

El veintiséis de septiembre de 1838 nos despedimos de nuestros amigos y comenzamos nuestra misión, en compañía del hermano Earl, quien propuso llevarnos en su vagón hasta Richmond, a una distancia de setenta millas. Nos detuvimos en Far West para ver al hermano José. Él aprobó nuestra misión y nos dio la bendición de Dios. En nuestro camino a Richmond quedamos a pasar la noche con el capitán Alpheus Cutler, del Ejército de los Estados Unidos. Él y su familia nos trataron con mucha amabilidad. También visitamos a John Goodson, que unos días antes había compartido libremente la hospitalidad de la casa de mi tío, pero no tuvo la cortesía de pedirle a su primo George o a mí que tomáramos el desayuno con él.

Cuando llegamos al llano, encontramos el río muy bajo, y solo un barco, que era el *Kansas.* Mientras esperábamos este barco, tuvimos una entrevista con David Whitmer. No tenía confianza para mirarnos a la cara, porque se había convertido en nuestro enemigo; sin embargo, cuando nos separamos, nos estrechó la mano cordialmente y nos deseó éxito.

El 30 de septiembre, abordamos el *Kansas;* este fue un transporte muy lento, porque una de las ruedas estaba rota; además de que el río está muy bajo y lleno de enganches y bancos de arena, así que avanzamos lentamente en nuestro viaje. Aquí viajamos en compañía del general Wilson y Samuel Lucas, además de muchos otros que habían participado activamente en la expulsión de los santos del condado de Jackson en 1833.

El general Atchison también estaba a bordo. Al llegar a De Witt, encontramos a unos setenta de los hermanos con sus familias rodeados por una turba de doscientos hombres. Cuando el barco atracó, las mujeres y los niños estaban muy asustados, suponiendo que nosotros también éramos parte de la turba. Nos habríamos detenido para ayudarles como pudiéramos, pero estábamos desarmados, y, al consultar, se consideró aconsejable que cumpliéramos nuestra misión, así que volvimos al bote y continuamos nuestro viaje. A partir de aquí, los "mormones" fueron el único tema de conversación, y no se escucharon más que las imprecaciones más amargas en su contra. El general Wilson relató muchas de sus nobles hazañas con la turba de Jackson, una de las cuales fue la siguiente: "Fui, en compañía de otras cuarenta personas, a la casa de un tal Hiram Page, que era mormón, en el condado de Jackson. Buscamos troncos y rompimos cada puerta y ventana en el mismo instante; y, apuntando con nuestros rifles a la familia, les dijimos que seríamos maldecidos si no les disparábamos a todos si Page no salía. En eso, una mujer alta hizo su aparición, con un niño en brazos. Les dije a los chicos que era demasiado alta. En un momento, los chicos le quitaron la ropa y descubrieron que era Page. Les dije que le diesen una buena paliza. Le dimos sesenta o setenta latigazos con ramas de nogal que habíamos preparado. Entonces, después de sacar el techo de esta casa, fuimos a la casa del siguiente mormón maldito y lo azotamos de la misma manera. Esa noche continuamos hasta que azotamos a diez o quince malditos mormones y demolimos sus casas.

"Si los de Carroll hicieran eso, podrían conquistarlos; pero no sirve de nada tratar de expulsarlos a menos que sean cuatro a uno. Ojalá pudiera quedarme, ayudaría a llevar a los malditos mormones al infierno, con el viejo Joe y todo lo demás".

Ante esto, miré seriamente al general y le dije que no era ni republicano ni caballero, sino un salvaje, sin un solo principio de honor. "Si los 'mormones' han violado la ley", dije, "que se los condene estrictamente; pero tales actos antirrepublicanos e inconstitucionales, como estos mencionados por usted, están por debajo de los brutos". Estábamos en la cubierta del barco, y un gran número de la compañía presente estaba escuchando la conversación. Cuando dejé de hablar, el general puso su mano sobre su pistola, pero me sentí a salvo, porque el primo George estaba a su lado, observando cada movimiento que hacía el general, y lo habría tirado al río al instante si hubiera intentado sacar un arma letal. Pero el general Atchison le evitó la molestia al decir: "Seré maldecido si Smith no tiene razón". Ante esto, Wilson dejó la compañía, más bien cabizbajo. En el curso de la conversación, Wilson dijo que el mejor plan era apresurarse a ir al asentamiento "mormón", asesinar a los hombres, esclavizar a los niños, tomar posesión de sus propiedades y usar a las mujeres como quisieran.

Había un caballero presente de Baltimore, Maryland; él dijo que nunca había estado entre una manada de malditos salvajes tal como fue descrita; que había pasado por Far West, y no había visto nada más que buen orden entre los "mormones". Luego, sacando sus pistolas, las descargó; y volviendo a cargarlas, dijo: "Si Dios perdona mi vida hasta que salga del Alto Misuri, nunca más volveré a encontrarme con esos demonios".

Poco después de esto, fuimos invitados a predicar a bordo. El élder Barnes les dio un buen discurso, y yo di el testimonio. El resto del camino nos trataron con más cortesía, pero al ser pasajeros de cubierta y tener muy poco dinero, sufrimos mucho por la comida. En una ocasión pagamos doce centavos y medio por una docena de mazorcas de maíz; y después de rallarlo, le pagamos a una mujer doce centavos y medio más por hornearlo en pan; aunque estaba mal hecho, no estando cernido ni habiéndole sacado todos los granos, estábamos tan hambrientos que nos alegramos de comerlo.

Continuamos nuestro viaje juntos a través de toda clase de dificultad y fatiga, hasta el once de octubre, cuando el élder Barnes y H. Sagers se fueron, después de que les dimos todo el dinero que teníamos; ellos partieron hacia Cincinnati, y nosotros a visitar las iglesias en el oeste de Tennessee. Poco después, Julian Moses, quien había venido con nosotros durante el camino, nos dio una moneda de cinco francos y se despidió. Esto dejó al primo George y a mí solos en una tierra extraña; y pronto descubrimos que el espíritu de la turba estaba aquí, así como también en Misuri, porque no pasó mucho tiempo antes de que nos atormentaran cerca de veinte hombres, rodeando la casa por la noche y aterrorizando mucho a la familia; sin embargo, logramos alejarlos.

Después de lo cual, continuamos nuestro viaje hasta que llegamos a donde el hermano Utley, en el condado de Benton, un vecindario donde los hermanos Patten y Woodruff habían sido acosados algunos años atrás.

Pronto hicimos conocer nuestro propósito a todos los santos, quienes dijeron que harían todo lo posible por ayudarnos con su dinero y sus medios, algunos en el otoño y otros en la primavera. Recibimos del hermano West veintiocho dólares para cubrir nuestros gastos; y, de otros, actos de bondad que nunca serán olvidados.

Aproximadamente en esa época, nuestras mentes se apoderaron de un espantoso presentimiento, el horror parecía habernos asido y permanecimos despiertos noche tras noche, porque no podíamos dormir. Nuestros presentimientos aumentaron, y estábamos seguros de que no todo estaba bien; sin embargo, continuamos predicando hasta que el Señor nos mostró que los santos serían expulsados de Misuri. Luego partimos a casa, y al llegar a Wyatt's Mills, que estaba en el camino de regreso, nos dijeron que si predicábamos allí nos costaría la vida. Predicamos en la casa de la hermana Foster, una viuda rica. Ella nos aconsejó que dejáramos de hacerlo; pero, como ella no temía por sí misma, por su propiedad o por su familia, decidimos cumplir con nuestra cita. Llegó la hora de la reunión, y muchos asistieron. El primo George predicó alrededor de una hora; durante ese tiempo, un hombre llamado Fitch entró a la cabeza de otros doce miembros de la turba que tenían grandes garrotes de nogal, y se sentaron con sus sombreros puestos. Cuando el primo George tomó su asiento, me levanté y me dirigí a ellos por una hora y media, tiempo durante el cual les dije que era un patriota, que era libre, que amaba a mi país, que amaba la libertad, que despreciaba tanto a las turbas como a sus miembros, que ningún caballero, o cristiano de corazón, sería partícipe en tales cosas, ni las toleraría. Por fin la turba se quitó el sombrero, dejó sus garrotes y escuchó con la respiración casi entrecortada.

Después de la reunión, el Sr. Fitch vino y nos dijo que estaba avergonzado de su conducta, y nunca volvería a hacerlo, que algunos fanáticos religiosos le habían informado mal sobre nosotros.

Continuamos nuestro viaje hasta que llegamos a la ciudad de Columbus, condado de Hickman, Kentucky. Aquí permanecimos con el capitán Robinson, exoficial del ejército, quien nos trató muy amablemente, asegurándonos que podíamos quedarnos en su casa hasta que llegara un barco, aunque fueran tres meses. Mientras estuvimos allí, una compañía de mil trescientos indios Cherokee acampó en la orilla del río para esperar el transbordador. Se sentían profundamente heridos al tener que salir de su tierra natal hacia el oeste. Dijeron que estaban dejando una buena tierra, rica en minerales, y que los blancos sabían muy poco de su valor. Esto cautivó mucho nuestras simpatías; y pensé que mi propia esposa y mis indefensos bebés no eran objeto de mayor misericordia que estos.

Finalmente, llegó un barco y subimos a bordo. Tuvimos que pagar todo nuestro dinero (cinco dólares) por la tarifa, y comer y acostarnos entre los negros cuando tomamos un pasaje de cubierta. A unas noventa millas de St. Louis, nuestro bote se encalló y permaneció allí durante tres días. Durante este tiempo, no teníamos nada que comer excepto un poco de maíz reseco. Finalmente abandonaron el bote y lo dejaron allí. Fuimos al empleado y obtuvimos dos dólares de regreso de nuestro dinero, luego de lo cual subimos a bordo de un bote que nos llevó a St. Louis a la mañana siguiente. Aquí encontramos al élder Orson Pratt; nos dijo que José estaba preso con muchos otros, y que David Patten había sido asesinado, dándonos un largo y doloroso relato de los sufrimientos de los Santos, lo que llenó nuestros corazones de tristeza.

A la mañana siguiente, comenzamos nuevamente nuestro viaje. A la mañana siguiente, comenzamos nuevamente nuestro viaje. Cuando llegamos a Huntsville, nos detuvimos en la casa de George Lyman para descansar, un tío del primo George, a quien ahora le dolían los pies de tanto viajar. Aquí escuchamos terribles historias sobre nuestros amigos en el condado de Davies: que todos habían sido asesinados, y que mis hermanos, José y Hyrum, fueron disparados con cien balas.

No habíamos pasado mucho tiempo en Huntsville cuando la turba hizo un mitin para matarnos como al resto de los Smith, y, a petición sincera de nuestros amigos, pensamos que era mejor seguir adelante. El viento estaba en nuestras caras, el suelo estaba resbaladizo, era de noche y muy oscuro, sin embargo, continuamos nuestro viaje. Viajando veintidós millas, llegamos al río Chariton, el cual estaba congelado pero demasiado débil como para soportarnos, y el barco en el lado oeste del río. Fuimos hasta el siguiente transbordador. Al descubrir que no había ningún bote allí, y que en el vecindario cercano a un hombre lo golpearon hasta sacarle los sesos por ser un "mormón", volvimos al primer transbordador y tratamos de gritar para despertar al barquero del otro lado del río, pero no lo logramos. Estábamos casi entumecidos por el frío, y, para calentarnos, empezamos a forcejear y saltar y golpeamos los pies contra los troncos para activar la circulación de sangre; pero finalmente el primo George tenía tanto frío y sueño que dijo que no podía soportarlo más, y se acostó. Le dije que se iba a morir congelado; lo rodé por el suelo, lo golpeé, y luego corté un palo y dije que le pegaría. Ante esto se levantó y se dispuso a golpearme, esto agitó un poco su sangre, pero pronto se acostó de nuevo; sin embargo, el barquero llegó en poco tiempo y nos llevó al otro lado del río. Luego viajamos hasta la hora del desayuno, cuando nos detuvimos en la casa de un hombre que, después nos enteramos, era el senador Ashby, quien había comandado a la turba en Haun's Mill. Esa noche nos quedamos en la casa de uno de los miembros más amargos de la chusma, llamado Fox, y partimos a la mañana siguiente sin desayunar. Nuestra ruta se extendía a través de una pradera salvaje que tenía muy poco camino demarcado, y solo una casa en sesenta y seis kilómetros. El viento del noroeste soplaba ferozmente en nuestros rostros, y el suelo estaba tan resbaladizo que apenas podíamos mantenernos en pie, y cuando llegó la noche, para nuestra mayor perplejidad, perdimos el rumbo. Poco después de eso, tuve tanto frío que evité congelarme con mucha dificultad. También nos dio una sed extrema; sin embargo, encontramos un remedio para esto cortando tres pulgadas en el hielo. Mientras estábamos bebiendo, oímos una campana de vaca; esto hizo que nuestros corazones saltaran de alegría, y nos levantamos y dirigimos nuestros pasos hacia el sonido. Pronto entramos en una arboleda que nos protegió del viento, y nos sentimos más cómodos. En poco tiempo llegamos a una casa en donde George era bien conocido; allí nos hicieron sentir bienvenidos y nos atendieron amablemente. Nos acostamos a descansar a eso de las dos de la mañana, después de haber recorrido ciento diez millas en dos días y dos noches. Después del desayuno, partí hacia Far West, dejando a George enfermo con nuestro hospitalario amigo. Cuando llegué, tuve la suerte de encontrar a mi familia viva y con una salud tolerable, que era más de lo que podría haber esperado, teniendo en cuenta las escenas de persecución por las que habían pasado.

CARTAS DE DON CARLOS SMITH A SU ESPOSA, AGNES.

Cohocton, Yates Co., 25 de junio, 1836.

Querida compañera,

Recibí tu carta con fecha del 15 de junio, la cual examiné con entusiasmo, siendo la primera que recibí de ti durante mi ausencia. Me alegro de saber que estabas tan bien como lo expresaste, pero lamento que tu descanso se vea perturbado por el malestar nervioso del que hablas. Dices que estás dispuesta a someterte a la voluntad del Señor en todas las cosas, esto también es fuente de gran consuelo para mí; porque, si estos son tus sentimientos, incluso cuando estás privada de mi compañía avanzando el reino de Dios (ya que ninguna otra cosa me arrancaría de ti), siento que el Señor te bendecirá, te guardará, te preservará y defenderá, así que no dejes que tu fe falle, o que tus oraciones cesen, y serás sanada de tu inquietud nerviosa y de todas las demás aflicciones. Porque Dios está dispuesto, y abundantemente capaz, a levantarte y darte todos los deseos justos de tu corazón, porque él ha dicho: "Pide y recibirás", y él nunca ha mentido, y puedo decir que él ha sido mi ayuda en todo momento de necesidad.

Cuando salí de casa, dirigí mi vista, como un pedernal, hacia Boston, hasta que descubrí que era mi deber regresar a casa. Al llegar a Seneca Falls, presenté el asunto ante Samuel y Wilber, y unimos nuestros corazones en oración ante el Señor, quien nos indicó, por la voz de su Espíritu, que Samuel debía continuar su viaje, pero que nosotros debíamos, después de un corto tiempo, regresar a nuestras familias; así que dile a Mary que no lo hemos abandonado; no, ni lo haremos nunca, porque él es tan fiel como el sol; el Señor no lo abandonará, y los ángeles lo levantarán y lo sacarán triunfante y victorioso. Mientras estaba en Aven me enteré de la muerte de la abuela; no pude evitar llorar por ella, aunque sé que fue a descansar. Cuando salí de Kirtland, visité al tío John; la abuela estaba dormida, puse mi mano sobre su cabeza y le pedí al Señor que la salvara, para poder verla de nuevo en la carne. Pero cuando me fui, sentí que se la llevaría antes de que yo pudiera volver, lo que me hizo sentir triste; pero no deseo hacerla regresar a este mundo de problemas. Debo terminar diciendo que espero trabajar en la viña hasta que parta de regreso a casa. Y, si el Señor lo quiere, te veré a finales de julio, entonces ahora terminaré esta carta.

Tuyo, hasta la muerte, Agnes M. Smith. Don C. SMITH.

En el mes de junio de 1839, Don Carlos vino del condado de Mc Donough a Commerce con el propósito de hacer preparativos para establecer una imprenta. Como la prensa y las teclas tipográficas habían sido enterradas durante los problemas de Misuri, y estaban considerablemente dañadas por la humedad que habían acumulado, fue necesario ponerlas en uso lo antes posible; y para esto, Don Carlos se vio en la necesidad de limpiar un sótano, a través del cual fluía constantemente un manantial, ya que no había otro lugar donde estuviera en libertad de armar la prensa. La humedad del lugar y su trabajo le causaron un fuerte resfriado que le duró un tiempo; sin embargo, continuó su trabajo, hasta que puso en funcionamiento la prensa y publicó un ejemplar del periódico. Luego fue a Mc Donough y visitó a su familia, después de lo cual regresó a Commerce, pero se encontró con una angustia tan grande que no se podía hacer nada. A su llegada a Commerce, escribió a su esposa la siguiente carta, que muestra la situación de la Iglesia en ese momento, así como su afectuosa disposición, la cual transmitió en cada palabra que le escribió a su familia y que estampó en cada línea que les escribió cuando estaba ausente.

Agnes Smith,
Commerce, 25 de julio, 1839.
Amada,

Estoy con una salud decente, y acabo de levantarme implorando al Trono de Gracia, en nombre de ti y de nuestros hijos, para que Dios los preserve a todos en salud y les dé todas las bendiciones necesarias, y los proteja de día y de noche. Cuando llegué aquí, no se había hecho nada en la oficina, ya que el hermano Robinson estuvo enfermo todos los días desde que me fui. Y he hecho muy poco trabajo desde que regresé, excepto para luchar contra el destructor y atender a los enfermos; no hay suficientes para atender a los enfermos; sin embargo, ha habido una sola muerte desde mi regreso. Mc Lerry, Sofronia y Clarinda están muy enfermas. La hermana E. Robinson ha estado cerca de la muerte. El martes pasado, yo, en compañía de George A. Smith, administré a dieciséis almas y vi forjar algunos milagros notables bajo nuestras manos. Nunca tuve un poder tan grande sobre la enfermedad como lo he tenido esta semana: Dios sea glorificado por esto. Ahora hay entre cincuenta y cien enfermos, pero generalmente están mejorándose; no sé de más de dos o tres que están en un estado que se considere peligroso. Te envío dinero para que no estés en una situación indigente, en caso de que estés enferma y necesites algo que no tengas en la casa. Agnes, el Señor es mi ayudante, no pasarás necesidad; el Dios de Elías te bendecirá, y yo te bendeciré, porque estás entrelazada alrededor de mi corazón con lazos más fuertes que la muerte, y el tiempo no puede cortarlos. Privado de tu compañía, y la de mis bebés parlanchines, la vida sería fastidiosa. ¡Oh! Que podamos vivir y disfrutar de salud y prosperidad hasta la venida del Hijo del Hombre, para que podamos ser un consuelo mutuo, e infundir en las mentes tiernas y nobles de nuestros hijos, principios de verdad y virtud que permanecerán con ellos para siempre, es mi oración constante. De tu marido, que siempre se mantendrá devoto y afectuoso, tanto en el tiempo como en la eternidad,

DON C. SMITH.

Mientras Don Carlos estaba trabajando en el sótano antes mencionado, sintió un fuerte dolor en el costado que nunca desapareció del todo. Unas dos semanas antes de su muerte, su familia se enfermó gravemente; y, al ocuparse de ellos, contrajo un violento resfriado, fiebre y el dolor en su costado aumentó, y a pesar de todos nuestros esfuerzos, no pudimos detener la enfermedad, que no tengo duda de que fue tuberculosis, contraída mientras trabajaba en una habitación húmeda en la que imprimió su periódico.

ELEGÍA
POR LA MUERTE DEL QUERIDO Y MUY LAMENTADO PADRE EN ISRAEL, JOSÉ SMITH, PADRE, UN PATRIARCA EN LA IGLESIA DE JESUCRISTO DE LOS SANTOS DE LOS ÚLTIMOS DÍAS, QUIEN MURIÓ EN NAUVOO, EL 4 DE SEPTIEMBRE DE 1840.
POR LA SEÑORITA E. R. SNOW.

Los hijos más nobles de Sion están llorando;
    Ved a sus hijas bañadas en lágrimas,
Donde el patriarca está durmiendo,
    El sueño de la naturaleza; el sueño de los años.
Cada nota de alegría es callada
    Cada juglar se inclina por completo.
Cada corazón está afinado con la tristeza.
    Cada pecho siente el golpe.
    Los hijos de Sion lo amaban mucho;
    Zion era su cuidado diario:
Que su pérdida se siente sinceramente,
    Declaran mil Santos llorando;
Miles, que han compartido su bendición,
    Miles de personas a quienes su servicio bendijo,
por su fe y oraciones suprimiendo
    Maldades que oprimen sus vidas.
    Fe y obras, muy dulcemente mezcladas,
    Demostró sincero su corazón firme;
Y el poder de Dios asistió
    Sus trabajos oficiales aquí;
Por mucho tiempo detuvo los poderes de la oscuridad,
    Como un ancla en el diluvio:
como un roble en medio de la tempestad,
    Audaz y valientemente se levantó.
    Los años han sido testigos de sus devociones,

Por el amor de Dios inspirado,
Cuando las emociones puras de su espíritu,
    Fueron con santo ardor despedidas.
A menudo, él lloró por la doliente Sion;
    Todas sus penas eran suyas:
cuando pasó por pruebas graves,
    Sus opresiones lo agobiaban.
    Ahora que se ha ido, no lo llamaremos
    De un paraíso de bienaventuranza,
donde ningún mal puede hacerle daño,
    A un mundo cambiante como este.
Su amado nombre nunca perecerá,
    Ni su memoria coronará el polvo;
Porque los Santos de Dios apreciarán
    El recuerdo de lo Justo.
    La dulce voz de consolación de la Fe,
    Alivia nuestro dolor: su espíritu ha volado,
Arriba a una estación más santa,
    Más cerca del trono celestial;
Allí para defender la causa de Sion,
    En el consejo del Justo;
En la corte, los Santos cuentan

    Poder ajustar causas pendientes.
    Aunque su parte terrenal está durmiendo,
está muy cerca de la grana de la pradera;
    Pronto la tumba cederá su celda.
Cederle vida al hombre de Dios.
    Cuando los cielos y la tierra sean sacudidos,
cuando todas las cosas sean restauradas;
    Cuando la trompeta de Dios despierte
a los que duermen en Cristo el Señor.

LÍNEAS ESCRITAS SOBRE LA MUERTE DEL GEN. DON CARLOS SMITH.
POR LA SEÑORITA E. R. SNOW.

"Tu asta voló tres veces, y tres veces mi paz fue asesinada".
La muerte del arquero insaciable, una vez más,
ha bañado su asta en sangre humana;
El arco carmesí del monarca pálido,
una vez más ha eliminado a un hombre bueno.
Si las lágrimas de amor pudieran salvar
a una noble víctima de la tumba;
Si el fuerte afecto alguna vez tuvo poder
Para rescatar a la hora de morir;
Si la simpatía afín podría contener
Una joya en su sagrado redil;
Si la amistad puede producir un encanto,
El tirano desalmado para desarmarse;
Si el valor reconocido ampliamente pudiera ser
Una pantalla del destino mortal;
Si la integridad pura del corazón
Pudiera confundir el dardo maligno de la muerte;
Si la utilidad y el celo noble,
Dedicación al bienestar de Sion,
Una conducta adornada con un objetivo determinado,
Una reputación libre de culpa,
Pudiera salvar a un mortal de la tumba,
Y sellar con un florecimiento eterno;
Él nunca se habría inclinado a la muerte,
O cedido su aliento mortal.
Nuestra es la pena, nuestra la pérdida,
porque, a través de los triunfos de la Cruz,
su parte noble, liberada por la muerte,
con las alas de la inmortalidad,
siguiendo los pasos que el Salvador dio,

ha llegado al paraíso de Dios.
Allí se reúne con el coro rescatado.
Allí, allí saluda a su noble padre,
Un patriarca de estos últimos tiempos,
Cuya bondad la memoria ama rastrear
Con reverencia, gratitud y amor;
Nos dejó por los tribunales de arriba.
Allí con los espíritus de los justos,
Donde se habla del bienestar de Sion,
Una vez más, sus esfuerzos para combinar
En la causa de Sion. ¿Y lloraremos
Por los que han sido llevados hacia arriba?
    ¿Y fluirá el dolor de la Legión,
Como si su jefe hubiera sido eliminado,
Quien abandonó su blasón
Para unirse a la Legión formada en lo Alto?
Sí, laméntense. La pérdida es grande para la tierra,
Una pérdida de un valor grandemente exaltado.

EL ASESINATO DE JOSÉ Y HYRUM SMITH, PRIMEROS PRESIDENTES DE LA IGLESIA DE JESUCRISTO DE LOS SANTOS DE LOS ÚLTIMOS DÍAS, QUIENES FUERON ANIQUILADOS POR UNA TURBA EN CARTHAGE, CONDADO DE HANCOCK, ILL., EL 27 DE JUNIO DE 1844.

POR LA SEÑORITA E. R. SNOW.

¡Los cielos asisten! ¡Que toda la tierra escuche!
Que Dioses y Serafines, hombres y Ángeles escuchen;
Los mundos en lo alto: el universo sabrá
¡Qué horribles escenas se realizan aquí abajo!
Si la Naturaleza tuviera un corazón, su corazón sangraría,
Porque nunca, desde que el Hijo de Dios murió,
Sangre tan noble ha fluido de vena humana,
Como lo que ahora, en Dios, pide venganza
Desde "La tierra de la libertad", desde las paredes de la prisión de
Carthage
¡Oh! ¡Illinois! Tu suelo ha bebido la sangre de
Profetas, martirizado por la verdad de Dios.
¡La una vez amada América! ¿Qué puede expiar
Por la pura sangre inocente que has tomado?
Eran todos tus arroyos en torrentes llorosos
Llorando el destino de aquellos ilustres muertos,
¡Qué vano el tributo, por el más noble valor
Que adornaba tu superficie, tierra degradada!
¡Oh! ¡Miserables asesinos! ¡Feroces por la sangre humana!
Han matado a los Profetas del Dios viviente,
Que han soportado la opresión desde su temprana juventud,
Para plantar en la tierra los principios de la verdad.
¡Sombras de nuestros padres patriotas! ¿Puede ser?
¡Debajo de tu bandera de libertad manchada de sangre!
¡Los firmes partidarios de la causa de nuestro país,
Son asesinados, mientras se someten a sus leyes!
¡Sí, hombres intachables, difamados por mentiras infernales,

Han sido ofrecidos como un sacrificio
Para apaciguar los rumores de un clan brutal,
Que ha desafiado las leyes de Dios y del hombre!
No fue el crimen o culpa que cayeron;
Contra las leyes, nunca se rebelaron.
Fieles a su país, mantuvieron su fe implícita
  ¡Ha demostrado ser un instrumento de muerte cruel!
¿Dónde están tus famosas leyes, Columbia, donde
Tu alardeo de libertad, tu cuidado protector?
¿Es esta una tierra de derechos? Duros hechos dirán:
Si la justicia legal aquí mantiene su dominio,
Los poderes oficiales del estado son pura pretensión,
Cuando se ejercen en defensa de los santos.
  Grandes hombres han caído, y hombres poderosos han muerto;
Las naciones han llorado a sus favoritos y a su orgullo;
Pero dos, tan sabios, tan virtuosos, grandes y buenos,
Antes en la tierra, ambos a la vez, nunca han estado
Desde la creación. Hombres a quienes Dios ordenó
Publicar la verdad donde el error había reinado desde hacía tiempo,
De quienes el mundo se demostró indigno.
No los conocía, pero los hombres con odio se movieron,
Y con espíritus infernales se han combinado
Contra lo mejor, lo más noble, de la humanidad.
  ¡Oh! ¡Persecución! ¿Tu mano púrpura
Extenderá destrucción total en la tierra?
¡La bandera de la libertad no se desplegará más!
 ¿La paz, en efecto, ha sido retirada del mundo?
  Tú, Dios de Jacob, en esta hora difícil,
Ayúdanos a confiar en tu poder omnipotente.
Apoya a tus santos bajo este espantoso golpe,
Desnuda tu brazo para romper el yugo de opresión.
Lloramos a tu Profeta, de cuyos labios fluyeron
Las palabras de vida que tu Espíritu ha otorgado;
Una profundidad de pensamiento que ningún arte humano podría
alcanzar,
A veces, enrollado en el discurso más sublime,
De la fuente celestial, a través de su mente,

Para purificar y elevar a la humanidad.
La inteligencia rica por él producida,
Es como el rayo del sol que se extiende sobre la tierra.

    Ahora Sion llora, llora una cabeza terrenal;
¡El Profeta y el patriarca están muertos!
La acción más negra que conocen los hombres o los demonios
Desde la escena del Calvario, ha entristecido a los hermanos.
Uno en su vida y el otro en la muerte: demostraron
Cuán fuerte era su amistad, cómo amaban realmente;
Fieles a su misión, hasta la muerte se pusieron de pie,
Y sellaron su testimonio con su sangre.

    Todos los corazones con tristeza sangran, y todos los ojos
Se bañan en lágrimas; cada seno exhala un suspiro.
¡Los gemidos agonizantes de las viudas descorazonadas
Se mezclan con los gemidos de los huérfanos indefensos!

    ¡Oh, Santos! Estad quietos, y sabed que Dios es justo,
Con firme propósito en su promesa de confianza.
¡Ceñido de cilicio, es dueño de su poderosa mano,
Y espera sus juicios en esta tierra culpable!
Los nobles mártires ahora se han ido a avanzar
La causa de Sion en los tribunales de arriba.

ÍNDICE

INTRODUCCIÓN v

PRÓLOGO de Orson Prat xii

CAPÍTULO I. Solomon Mack, el padre de Lucy Mack; extracto de su narrativa 1

CAPÍTULO II. Historia de Jason Mack 7

CAPÍTULO III. Lovisa y Lovina Mack 9

CAPÍTULO IV. La suerte de Stephen Mack 15

CAPÍTULO V. Lydia Mack, tercera hija de Solomon Mack 18

CAPÍTULO VI. Daniel Mack; rescata a tres hombres de una tumba de agua 19

CAPÍTULO VII. Solomon Mack 21

CAPÍTULO VIII. Vida temprana de Lucy Mack; su matrimonio con José Smith 22

CAPÍTULO IX. Siete generaciones de la familia Smith; cuatro generaciones de la familia Mack 24

CAPÍTULO X. Un regalo de mil dólares, de John Mudget y Stephen Mack, a la autora 33

CAPÍTULO XI. Enfermedad en Randolph 34

CAPÍTULO XII. José Smith padre pierde su propiedad y se empobrece. Recibe una visita de Jason Mack; su historia concluye 37

CAPÍTULO XIII. El sueño de la autora 42

CAPÍTULO XIV. Primera visión de José Smith padre; la caja; segunda visión; el árbol y el edificio espacioso 44

CAPÍTULO XV. Enfermedad en Lebanon; recuperación milagrosa de Sofronia 48

CAPÍTULO XVI. Los sufrimientos de José Smith, hijo, con una fiebre; extracción de grandes fragmentos de hueso de una de sus piernas..50

CAPÍTULO XVII. José Smith, padre, viaja a Norwich y de ahí a Palmira; su sueño de las imágenes del juicio 53

CAPÍTULO XVIII. La historia de José el profeta comienza; séptima visión de José Smith padre.......................................59

CAPÍTULO XIX. El ángel visita a José otra vez; José le cuenta a su padre lo que vio y oyó; se le permite mirar las planchas; recibe más instrucciones; le cuenta lo mismo a la familia; toma las planchas en sus manos; le son quitadas y es retado; su decepción 68

CAPÍTULO XX. La enfermedad y muerte de Alvin........................73

CAPÍTULO XXI. Agitación religiosa; la profecía de José; él trabaja para el sr. Stoal; conoce a Emma Hale................................76

CAPÍTULO XXII. José Smith padre pierde su granja; José hijo se casa; tiene otra entrevista con el ángel, quien lo reta; recibe más instrucciones...79

CAPÍTULO XXIII. José obtiene las planchas...................................84

CAPÍTULO XXIV. José trae el pectoral a la casa; Martin Harris y su esposa son presentados; comienza la traducción; la Sra. Harris se opone a la obra 90

CAPÍTULO XXV. Se le permite a Martin Harris llevar el manuscrito a su casa; lo pierde; la temporada de duelo que le sigue..........99

CAPÍTULO XXVI. La perfidia de Martin.......................................103

CAPÍTULO XXVII. El Urim y Tumim le es quitado a José; lo recibe otra vez...105

CAPÍTULO XXVIII. Oliver Cowdery comienza a escribir para José; se ocupan de las ordenanzas del bautismo 108

CAPÍTULO XXIX. La Sra. Harris demanda a José 112

CAPÍTULO XXX. José y Oliver van a Waterloo; completan la traducción.. 115

CAPÍTULO XXXI. Se les muestran las planchas a los doce testigos; José hace los arreglos para imprimir el libro de mormón 118

CAPÍTULO XXXII. Comienza la impresión; se realiza una reunión de los ciudadanos con referencia al libro................................ 123

CAPÍTULO XXXIII. El periódico Dogberry de Don Cole; segunda reunión de los ciudadanos.. 127

CAPÍTULO XXXIV. La iglesia organizada..................................... 130

CAPÍTULO XXXV. José Smith, padre, y don Carlos visitan Stockholm 133

CAPÍTULO XXXVI. José Smith padre, en prisión; un intento de atrapar a Hyrum.. 138

CAPÍTULO XXXVII. La familia de José Smith padre, se muda a Waterloo 143

CAPÍTULO XXXVIII. La primera misión al oeste; José Smith, hijo, se muda a Kirtland 146

CAPÍTULO XXXIX. Las diferentes ramas de la iglesia se mudan a Kirtland; milagro en Buffalo.. 150

CAPÍTULO XL. Primera misión de Samuel Smith a Misuri 160

CAPÍTULO XLI. Lucy Smith visita Detroit.................................... 162

CAPÍTULO XLII. Un extracto de la historia de José el profeta; la transgresión de Sídney Rigdon; problemas en el condado de Jackson 167

CAPÍTULO XLIII. Lucy Smith construye una escuela; José y Hyrum regresan de Misuri; cuentan la historia de sus problemas..... 173

CAPÍTULO XLIV. La casa del señor en Kirtland es iniciada; una carta del profeta a su tío Silas 177

CAPÍTULO XLV. La casa del Señor completada; división en la iglesia 183

CAPÍTULO XLVI. José Smith, padre, y su hermano John van a una misión al este; muerte de Jerusha Smith 187

CAPÍTULO XLVII. La persecución se revive; Don Carlos y su padre huyen de sus enemigos; José se muda a Misuri 189

CAPÍTULO XLVIII. Joseph Smith, padre, se muda con su familia a Misuri; comienza la persecución en Caldwell 192

CAPÍTULO XLIX. Testimonio de Hyrum Smith 198

CAPÍTULO L. La familia Smith va a Illinois 221

CAPÍTULO LI. José y Hyrum escapan de sus perseguidores y regresan a sus familias 228

CAPÍTULO LII. Una compra hecha en la ciudad de Commerce; José, el profeta, va a Washington; la muerte de José Smith padre 232

CAPÍTULO LIII. José arrestado en Quincy; liberado en Monmouth; José acusado de intentar asesinar al exgobernador Boggs 240

CAPÍTULO LIV. José y Hyrum asesinados 250

APÉNDICE

Un diario escrito por Don C. Smith, mientras estaba en una misión con George A. Smith, su primo 228

Cartas de Don Carlos Smith a su esposa, Agnes 256

Elegía por la muerte del querido y muy lamentado padre en Israel, José Smith, padre, un patriarca en la Iglesia de Jesucristo de los Santos de los Últimos Días, quien murió en Nauvoo, el 4 de septiembre de 1840 259

Líneas escritas sobre la muerte del Gen. Don Carlos Smith 261

El asesinato de José y Hyrum Smith, primeros presidentes de la Iglesia de Jesucristo de los Santos de los Últimos Días, quienes fueron aniquilados por una turba en Carthage, Condado de Hancock, Ill., el 27 de junio de 1844.. 264

www.ingramcontent.com/pod-product-compliance
Lightning Source LLC
Chambersburg PA
CBHW060009050426
42448CB00012B/2671